读书与读人

DUSHU YU DUREN

彭南生 著

华中师范大学出版社

新出图证（鄂）字10号

图书在版编目（CIP）数据

读书与读人/彭南生著. —武汉：华中师范大学出版社，2023.5（2024.8重印）

ISBN 978-7-5622-9596-9

Ⅰ. ①读… Ⅱ. ①彭… Ⅲ. ①高校管理—研究 Ⅳ. ①G647

中国版本图书馆CIP数据核字（2023）第067943号

读书与读人

©彭南生 著

责任编辑：陈兰枝 **责任校对**：童 雯 **封面设计**：闰江文化

编 辑 室：综合编辑室 **电话**：027-67867370

出版发行：华中师范大学出版社

社址：湖北省武汉市洪山区珞喻路152号 **邮编**：430079

电话：027-67863246（发行部） **传真**：027-67863291

网址：http://press.ccnu.edu.cn **电子邮箱**：press@mail.ccnu.edu.cn

印刷：湖北新华印务有限公司 **督印**：刘 敏

开本：710mm×1000mm 1/16 **印张**：20

版次：2023年6月第1版 **印次**：2024年8月第2次印刷

字数：320千字 **定价**：68.00元

欢迎上网查询、购书

自序 从木兰湖到桂子山

我的家在黄陂木兰湖畔！

木兰湖本不因湖得名，在我小时候，它只是一座名为夏家寺的水库。每逢春节，我和堂兄一起高高兴兴地乘坐机动木船到水库对面的姨表姑家去拜年，清澈见底的湖水中，鱼儿自由自在地游动，湖中林木茂密的小岛上，孕育着绿的生机，春的希望。但那时我并不怎么在意这一汪清澈的湖水，也无心多看一眼郁郁葱葱的湖中小岛，倒是一心想着亲戚家那顿丰盛的待客饭。在物资短缺的年代，小孩总盼着过年、拜年，农村人辛苦劳作一年，总会尽其所能地把好吃的攒到过年那几天。

我家的土屋坐西朝东，木兰湖就在门前二百米的地方，说是湖，其实也就是夏家寺水库依山就势地伸进来的一个水汊，涨水时站在家门口可以清楚地看到白汪汪的一片，平时则是汇入水库的一条小河。土屋后是一座小山岗，岗上有一座庙，我所在的那个村庄就自然而然地被叫作“庙脚下”，一个土得不能再土的村名。村名虽土，但却背山面水，风水绝佳。站在村里开阔处往后看，山峦叠嶂，群峰绵延，最高的就是木兰山。其实，木兰山也不高，海拔八百多米，但山不在高，有仙则名，木兰山可谓闻名遐迩，香火旺盛，民间有“木兰山的菩萨，应远不应近”之说，因此，本地求神拜佛的人反不如外地徒步而来的信众那么多。改革开放后，随着农村文化活动逐渐恢复，木兰山上的佛道文化又重新兴盛起来。经常有从河南远道而来的女香客，绑着裹腿，成群结队上山进香，成为木兰山上的一道风景线！

庙脚下村二十余户，人口不多，但无杂姓，清一色姓彭，往前追溯，大家共一个祖先。因此，邻里关系和谐，不是叔伯姑婶，便是堂兄弟妹，村风纯朴，门不闭户，邻居间串门唠天拉家常，像一家人似的。村后山岗上的那座庙，是一座四合院式的长方形建筑，南北走向，北高南低，中间一个大天井，四周是各种殿堂。说是庙，但既无菩萨，也没罗汉，很早的时候就改为了一所小学，名为姚岗小学，附近四乡八村的孩子都在这里上学，我小学一至三年级就是在这里度过的。村里人谈不上崇文重教，没有几个像样的读书人，“文革”前也没出一个大学生，但都懂得读书的重要性。老一辈人大多能读书识字，精通一门借以谋生的手艺，尤以泥瓦匠、剃头匠居多。村里孩子上学以断文识字为最高目标，读书全凭兴趣和天资，并不刻意追求成绩。但是，恢复高考后，希望自家的孩子能够考上大学，至少能考个吃“商品粮”的中专，逐步成为很多家庭的追求，特别是在村里出现第一个大学生之后，读书之风更盛，考上大学、大专或中专的也慢慢多了起来。

我有幸成为庙脚下村第一个大学生，并非纯粹偶然或运气。在读书这一点上，我比不上我的大哥，他天赋甚好，只是由于“文革”没能继续完成学业。我虽谈不上天资聪颖，但却小有悟性，且兴趣浓厚，家庭寄予我的莫大希望成为我无时不在的动力。父亲本是一个技艺精湛、朴实憨厚的泥瓦匠，黄陂以“九佬十八匠”出名，手艺人很多，父亲大概算得上是一位能工巧匠，他会做砖瓦，会烧土窑。新中国成立初期，他是位于汉阳琴断口附近的武汉砖瓦厂的工人。1962 年，响应党和政府关于精减二千万城镇职工的号召，父亲回到家乡务农，直到上个世纪八十年代初，国家陆续落实政策，才按月补发给他一些补贴，每年年终一次性领取。母亲是一个勤劳、能干的家庭妇女，虽没有上过学，但却明事达理，是家里的主心骨。她与父亲在一些事情上常常意见相左，但在子女们读书这一点上，却出奇地一致。在我读高中时，夏天的夜晚，我在家里做作业，母亲会默默地坐在身边，一边用蒲扇给我扇风，一边驱赶蚊子。父亲则在改革开放初期，重操旧业，和我的哥哥一道，在外地办起了一座简易窑厂。一天课间，班主任杨老师拿来一张 20 元的汇款单给我，我一看是父亲和哥哥给我寄来的，心底顿时涌起了一股辛酸，这可是父亲和哥哥的血汗钱啊！这么多年过去了，坐在我身边扇扇子的母亲和父亲的那张汇款单，还清晰地印在我的脑海里。我的父母亲就是这样，虽未千叮咛、万嘱托，但行胜于言，给了我无形的、无穷的力量。

正是在这些力量的激励下，我在临考的那一年还是用了一些苦功的。那时的黄陂三中是黄陂县的重点中学，集中了北片一带最好的学生，也集中了黄陂北片最强的师资，教历史的陈咸城老师、教语文的徐修业老师都是“文革”前华中师范学院的高材生，还有从上海交大、兰州大学下放过来改造的“右派”老师。此外，教数学的陈庆彦老师、邹昌林老师、杨仁发老师，教语文的彭光荣老师、教地理的胡才发老师、教化学的胡业建老师，教英语的彭文思老师、尹春海老师，等等，都是从各公社中学抽调上来的名师。高考竞争十分激烈，老师常常告诫我们说，高考成绩高一分，挤掉几百人。为了多得一分，就要比别人多一分勤奋。于是，我和同班的罗辉（后考入武汉师范学院）、徐运生（后考入黄陂师范）、张礼中（后考入黄陂师范）等同学在高考前夕，每天晚上寝室熄灯后，会躲进学校的防空洞学习。在昏暗的煤油灯下，我们相互鼓励，进行针对性的复习。

功夫不负苦心人，1981 年我被华中师范学院历史系录取，从木兰湖畔来到了桂子山（华中师范大学师生称学校为“桂子山”，因学校建在桂子山上）上，从此，我与华师结缘一辈子！

桂子山不高，但满山都是参天大树。从北大门到物理楼（现已改为行政楼），两边是高耸的梧桐树。从一号教学楼到图书馆的桂中路，两旁是四季常青的香樟树，夏日里，浓荫蔽日，使桂子山多了几分清凉。当然，桂子山上最多的树种自然要数桂花树了，几乎是无处无桂树，秋天桂花盛开时，满山花香，沁人心脾！尤其是从喷水池到露天电影场那段百来米的小道，两边的树冠连成一个茂密的穹顶，犹如桂树走廊，夏天是透不进一丝阳光的。桂子山长满大树，四季常青，是一个理想的求学问道之所。比大树更加宝贵的是桂子山上的大师，历史系的张舜徽、章开沅、涂厚善、熊铁基等先生，中文系的邢福义、黄曼君、王先霈、刘守华等先生，政治系的高原先生，物理系的刘连寿先生，化学系的张景龄先生，都是各个领域如雷贯耳的大家，当然后来逐步成长起来的名师还有很多很多！我在这里度过了人生最为宝贵的大学时代，进校距今已经四十余年了，那段美好的时光至今仍然历历在目。在进校四十年的时候，我曾以“我的大学岁月”为题，把这些难忘的经历与感受永远定格在我的一篇回忆文章里。

万万没有想到的是，大学毕业分配时，我被留校工作，成为一个普通的青年教师。在那个人才青黄不接的年代，本科生留校任教并不稀奇，我所在的1981级，就有40多位同学留在学校不同的岗位上，我的岗位在历史系中国近现代史教研室。身份转变了，并不意味着学识与能力的增长，因此，我没有直接上讲台，而是从助教开始，先听老教师讲课，同时，学校还安排我兼任新生的辅导员。当年的暑假，我就在历史系党总支副书记李金权老师的带领下参加了招生工作，我认真地审核每一位新生的档案，记住每一位新生的特征，等到新学期开学，第一次与新生见面时，来自湖北的绝大部分学生，我都能叫出他们的名字，在他们惊讶之余，也一下子拉近了与学生的距离。我住在学生宿舍楼，吃在学生食堂，课余与学生一起活动在篮球场，以自己刚刚过去的大学生活经验与他们交心谈心。这就是我的第一份工作，虽然忙碌，但很充实，特别是与自己年龄相仿的大学生朝夕相处，我没有什么身份上的不适应。

但是，当真正成为一名老师的时候，这种不适应感就立刻产生了。在兼任了一年半的学生辅导员后，我回到了教研室，开始备课。起初我只是给襄阳、荆州、南阳、黄冈等地的函授生上课，这些学生都有丰富的工作经验，有些年龄比我还大。因此，我备课十分卖力，讲课十分投入，也真正体会到了教学工作中的“一杯水”与“一桶水”的关系，并暗暗地下定决心，一定要进一步深造，打牢基础。于是，我先后在职攻读了中国近现代史专业的硕士、博士研究生，并于1990年、1998年先后获得历史学硕士、博士学位。在章开沅、刘望龄、董方奎、苏中立等先生的指导下，我系统地研读了一些史学著作，训练了历史研究方法，明确了研究方向，初步踏入了史学研究的殿堂，同时我给1990级至1993级共四个年级本科生教授中国近代史基础课，可谓站稳了三尺讲台。

获得博士学位后，我很想摆脱杂务的纷扰，集中一段时间心无旁骛地从事历史研究。于是，我鼓起勇气写信给南京大学历史系的茅家琦先生，希望能在他的指导下进入博士后流动站。茅先生很快给我回了信，表示欢迎我到南大历史系博后站，但他本人已退休，便给我介绍了蔡少卿先生和张宪文先生。我按照茅先生的指引，与蔡、张二先生联系，先后收到两位先生热情洋溢的回复，两位先生都同意我在蔡少卿先生名下从事博士后研究。从1998年9月至2000年11月，我在南京大学历史系博士后流动站做了两年有余的博士后研究工作。

博士后出站后，我回到了日思夜念的华师的中国近代史研究所。我喜欢桂子山上的香樟、梧桐，它们顶天立地，为桂子山人撑起了一片阴凉；我喜爱桂子山上的桂花、玉兰、梅花和牡丹，它们让桂子山四季飘香。我更欣赏桂子山上的雨露和太阳，它们为树木花草的生长提供了足够的水分和阳光。但我最最在意的，还是她一百多年来传承下来的深厚人文底蕴和大爱情怀，桂子山上的学术氛围宽松、自由，学风严谨、踏实，这不正是大学应有的学术品格吗！我所在的中国近代史研究所更是一个团结、和谐、友好、温馨的学术团队。那些年，我一心扑在学术上，先后出版了《中间经济：传统与现代之间的中国近代手工业（1840—1936）》《半工业化：近代中国乡村手工业的发展与社会变迁》《行会制度的近代命运》等专著，发表了数十篇论文，获得了全国优秀博士学位论文奖、教育部人文社会科学优秀成果二等奖和其他诸多学术荣誉。

就在我以为可以顺利地沿着学术道路大步往前走的时候，我的人生遇到了岔路口。2008 年历史文化学院行政班子换届，在组织和同事们的信任下，我走上了学院院长的岗位，一干就是四年。在一届任期将满的时候，碰上了学校中层干部轮岗，我又被交流到了新设立的科研部，担任科研部部长兼社科处处长，未及届满，又被教育部任命为副校长，分管与本科生培养相关的工作。此后，分工不断调整，除了基建、后勤、组织、宣传外，其他工作我都分管或较长时间代管过。

无论是在教学科研岗位，还是在管理岗位，我始终以教师为第一身份。在我看来，高校里一个没有专业背景的“官儿”或一个不把管理当专业的什么“长”，无形中会助长大学的官气！我首先是个教书人，首要任务是育人或者服务育人的人。虽然别人会不自觉地把我当作领导看，甚至当成什么“官儿”，但在我心里，从未将大学里那些带“长”的岗位当成什么“官儿”来做。我的最大幸福就是走在校园里，学生把我当成老师，老师把我当成朋友，相互点头微笑。

从木兰湖到桂子山，从一个学生成长为一位教师，又从一个普通教师成长为一位大学教授，从大学教授走上管理岗位，我的位置在变，我的岗位也在变，唯一不变的是，我是从木兰湖走上桂子山的华师人！

（写于 2022 年）

目录

Contents

第一篇 良师益友当书读

第二篇　书当快意读易尽

第三篇　教改探索留书香

第四篇　书山路上回眸看

第五篇　书中自有师生情

第一篇

良师益友当书读

“学贵得师，亦贵得友！”良师益友是一本厚重的书！是人生旅途中的正能量！在我们成长的道路上，良师教我们做人，益友给我们助力，为我们鼓劲。当我们学习遭遇坎坷时，良师给我们指点迷津，益友与我们辨析疑惑。当我们的事业遭遇挫折时，良师帮我们把脉问诊，益友分担我们的苦涩。良师益友是用高尚的情操和行为写成的一本无字书，值得我们收藏一辈子，细细地读，慢慢地品。我生而有幸，在成长的道路上，遇见了很多这样的良师益友，我读他们的书，更把他们当书读，不仅学到了知识，更学会了做人的道理。本篇主要写我大学以来的一群良师益友，限于篇幅，其他未提及的师友将珍藏在我的内心深处。

读人与读书

每个人都是一本书，每本书背后都有一个人或一群人。把人当书读，这本书是人用一辈子写成的无字书。因为没有文字，读人自然比读书难得多。把书当人读，因为书中有人，文如其人，读有字书能更好地读懂无字书，读写书人赋予在字里行间的微言大义，读写书人的情怀、思想和理想。

读人即读书，读书亦即读人！

把人当作一本书，书有绪言、正文和结语，人生也有三部曲，从呱呱坠地到接受完正规的教育，就是这本书的绪言部分，也是一个人的人生序曲阶段，是为正文作铺垫，也是为人独立于社会做准备。当有了工作，正式走进社会，一个人的人生之书就开始了正文的书写，人生章节也由此铺开。有的人一生为官，奉献于政治人生；有的人一世教书，书写着教育人生；有的人一辈子勤于学问，编织着学术人生；有的人终生忙于经商，追寻着生意人生。不同的人，有不同的人生取向，干着不同的职业，也就有了不同的人生轨迹。直到从工作岗位上退下来，这本书才算是写到了结语部分，也是人生的收官阶段。如何收官？不同的人，也有不同的书写方式，有的人退而不休，老而弥笃，著书立说，老有所为；有的人退而修身，喝喝茶，下下棋，写写字，弹弹琴，画画画，老有所乐；有的人退而难休，仍需为老有所依而奔走。有的人收官完美，即便人生谢幕了，仍长存于他人的心间；有的人却草草收场，为正文的草率而吞下苦果。有的人苟活着，却在人们心中荡然无存，正如当代诗人臧克家纪念鲁迅先生所说的那样：有的人死了，他还活着，有的人活着，却已经死了。每个人写出来的书不一样，有的人盖棺定论，或好或坏，泾渭分明，有的人盖棺未定论，众说纷纭，有的人棺未盖论已定，还有的人，无论盖棺不盖棺，别人都不予置评。

把人当书，有的篇幅很长，但却碌碌无为，乏善可陈；有的篇幅很短，但却精彩绝伦，引人入胜。有的跌宕起伏，意味深长；有的波澜不惊，平淡无奇。有的文字华丽，花言巧语，但却思想平庸，徒有其表。有的装帧考究，但内容一般；有的封面简朴，但有丰富的内涵。那些当面一套背后一套的人，那些虚伪狡诈的人，那些口是心非的人，那些搬弄是非的人，即便相貌堂堂，衣冠楚楚，也不会是一本好书，他们留下的或许只是一本本负面教材！书籍的厚重与否并不在于字数的多少，人生价值的大小并不完全取决于生命的长短，读书重在学会做人的道理和做事的方法，读人却要善于辨识被读者的人生厚度，有的人天天见，但你却不想见，有的人只是偶遇，但却终生难忘。

把人当书读，有的应该深读，有的只需泛读，有的不值得读。大千世界，人海茫茫，有的人思想深邃，于低调中成大事，言论与行为超越时代，堪称先知先觉先行者，值得细细地品，慢慢地读，常读常新，回味无穷。有的人缺乏主见，没有思想，或人云亦云，随波逐流，这样的人，无须深读，一眼便可望穿！古人所谓阅人无数，大概就是对人的泛泛而读，借用今人的语言，就是快餐式阅读，阅的人多了，自然就能达到“老眼阅人真烂熟”的境界。那些言行不一、表里不符的人，那些张口便大话连篇、好喊口号的人，那些投机取巧、阿谀奉承的人，那些道貌岸然的人，遭人鄙视，不值得读！

读人往往从身边人开始，读父母，读兄弟，读老师，读同学，读朋友，读同事。他们或与我们朝夕相处，或情同手足，或为我们授业解惑，或与我们肝胆相照，或共同创业。在读他们的同时，我们也在读自己，并为他们所阅读。只有读懂了父母，才能做好儿女；只有读懂了儿女，才能做好父母；只有读懂了老师，才能做好学生；只有读懂了学生，才能做一个好老师；只有读懂了朋友，才能与之成为志同道合的挚友；只有读懂了他人，才能成就自己！

读人即读书，读书亦即读人！

把书当人读，书中有人，书中的世界是人世间的再现。小说家通过情节构建创造出一个个鲜活、性格迥异的人物。剧作家通过人物冲突和故事的曲折烘托剧情，那些善于把握角色的演员便要通过剧本读懂和理解戏中的人物，再通过演技把角色呈现给观众。历史学著作中有各个时代的历史人物，通过史学家的妙笔呈现，他们复活了，他们的“生命”得到了延续。即便那些深邃、抽象的哲学著作，那些看不见人物的书籍，它们的文字也是有温度的、理性的，字里行间也闪烁着写书人的智慧、情感和思想。读书以观人，有良知的写书人总是站在人类进步的阶梯上，不仅对自己的研究对象有准确的认识，而且善于把自己的思想、智慧准确用文字表达出来。读这类书，更要读人，去感受那些写书人的理性光辉。

把书当人读，要在写书人所传递的知识之外，读懂写书人的世界观、人生观和价值观，学习他们认识人生、认识世界的方法。作为一位历史学者，我喜读哲学著作。哲人是人类智者，他们彻悟人生，洞悉世界，辨明是非。哲学是一切学科的基石，是科学皇冠上的明珠。从马克思主义哲学到凝聚人类传统智慧的中国哲学和西方哲学，从一分为二的认识论到一分为三的方法论。哲人在他们的论著中书写的是抽象的人，关注的是人类的终极走向。

把书当人读，是要读懂写书人的思想。我喜欢文史哲书籍，尤其偏好史学著作，在历史学家的笔下，许多历史人物鲜活起来了，那是因为写书人走进了历史人物的内心世界，与古人对话，达到了“理解之同情与同情之理解”的境界，正如王国维先生所言“入乎其内，故有生气”。培根说，读史使人明智。读史也是读人，而且是读古人。读懂了书中的人，读懂了写书的人，就能够善解人意，深明事理。明白了做人的道理，做事的原则，那就不枉为一个读书人。

把书当人读，是要理解写书人的感悟、情怀和境界。闲暇之余，我喜欢读点小说、诗词，尤爱读那些写实性的小说。从曹雪芹的《红楼梦》到沈从文的《边城》，从历史恢宏场面的铺陈到人物内心世界的刻画，小说有着史书无可比拟的优势。小说虽是文学作品，但却反映了创作者对其所处的历史时代的认识，读懂了《红楼梦》和《边城》，便有助于了解曹雪芹和沈从文所处的历史时代。诗词能够陶冶人的性情，腹有诗书气自华。培根说，读诗使人灵秀。有些诗歌描绘山水，借物抒情，以诗明志，每每给人启迪。李白用“飞流直下三千尺，疑是银河落九天”书写名山大川的壮美，又用“高堂明镜悲白发，朝如青丝暮成雪”表达他对韶华易逝的人生感悟。苏轼用“横看成岭侧成峰，远近高低各不同”揭示观察事物的朴素哲理，又用“人生到处知何似，应似飞鸿踏雪泥”表达其豁达的人生态度。于谦借吟石灰，表达“粉身碎骨浑不怕，要留清白在人间”的高尚情操与坦荡襟怀。郑板桥以“衙斋卧听萧萧竹，疑是民间疾苦声”表达对民间疾苦的深切同情。

读人即读书，读书亦即读人！读书人要读懂人，要读懂书中的人，读懂写书的人，因为读人读书的最高境界是做人！

（写于 2022 年 4 月）

我的大学岁月

我的大学岁月镶嵌在 20 世纪 80 年代初，改革开放初期，那是一个充满生机、满怀希望的年代。

一

1981 年 8 月，在经过预考、高考等层层选拔考试后，我从激烈的竞争中脱颖而出，被华中师范学院①历史系录取。接过邮递员送来的通知书的那一刻，我一颗悬着的心总算放下来了，多年的努力终于得到了回报，祖父母、父母也为家族里出了第一个大学生而感到欣慰。虽然只是被一所师范学院录取，而且读的是被人视为“副科”的历史教育专业，但在那个跳出农门为农家子弟最高奋斗目标的年代，那一丝遗憾很快被即将吃上“商品粮”的憧憬与兴奋所淹没！只要有学上，师范也吃香！记得在填报学校志愿时，教我们历史课的陈咸城老师坚持要我填报武汉师范学院，认为这样可以确保有学上；教语文的徐修业老师则坚持要我填报华中师范学院，他认为以我的分数，肯定能被华师录取，但一定要填写“服从学校调剂”。陈老师和徐老师都是“文革”前华中师范学院的毕业生，他们也都清楚两个学校的地位。就这样，我被华中师范学院

① 华中师范学院为华中师范大学前身，1985 年华中师范学院更名为华中师范大学。华师为华中师范学院与华中师范大学简称，校友一般称母校为华师，尤其在有关母校文化传承等方面的文章中均用简称。

录取了，但从中文专业调剂到了历史专业。

此前，我有过一次高考失败的经历。1980 年夏季，我在顺利通过预考后，到学校继续学习，准备参加高考，家人对我寄予了莫大希望，那时社会上普遍认为通过了预考，等于一只脚已经跨进了大学校门。不料，我就读的黄陂三中在那年春夏间出现了一场流行范围颇广的疥疮，很多同学不幸染疫，我也没能幸免。当时几十名同学住在一个大教室里，床挨床，铺连铺，加速了疥疮的传染。疥疮的症状是瘙痒难忍，忍不住就抓，一抓就破，破皮后的水流到哪，疥疮就长到哪，传染性极强。记得当时有一种用硫黄配制的、外敷的膏药，但效果不好，直到高考前夕，疥疮也未能完全治愈。从预考到高考期间，我一直为疥疮所折磨，坐卧不宁，寝食不安。这次突如其来的疫情严重影响了那一届学生的高考成绩，当时整个文科班仅有一位叫陈新寿的同学考上了孝感师专。得知结果的那一刻，心情是悲伤的，我找到三中教导主任陈咸城老师，陈老师表示，可以再来复习一年，只需要交几块钱的学杂费。父母亲和家人也支持我再复读一年，于是，那年的秋天，我又返回学校与下一届文科班同学一道投入到高考复习中。功夫不负苦心人，我和另外八名同学如愿以偿，进入包括中国人民大学、厦门大学、华中师范学院、西南政法学院、武汉师范学院等在内的大学学习，成为当时孝感地区高考的一段佳话。不久之后，陈咸城老师也因工作成绩突出被调到黄陂县教育局。

二

拿到通知书后，十里八乡认识的人都投来羡慕的眼光，我和家人反倒比较冷静，没有请客收礼，只盼着早一点去学校报到。学校规定的报到时间是 9 月 1～3 日，但我已迫不及待，在我大哥的陪同下，提前两天到汉口前进四路 122 号我的姨伯家住下。9 月 1 日，大哥挑着一只木箱和铺盖，送我到新华路长途汽车站华中师范学院迎新点，之后，我便与其他报到的新生一起乘坐校车来到了位于广埠屯的华中师范学院。迎新场面十分热闹，校车一到，各系迎新人员举着各系的牌子，将新生迎至各系专门设立的迎新点，办好报到手续，然后由高年级的同学热情地帮新生拿行李，送到宿舍。历史系的迎新是由 1979 级负责的，王焕清学兄帮我提行李。他中等偏高，身材偏瘦，戴着一副眼镜，全身充满了书卷气，路上热心地向我介绍了历史系的简况。虽然是到一个全新的学校，但我却丝毫没有陌生感。到了宿舍，就像是回到了家，让人感受到家的温馨！宿舍位于西区 2 栋 1 楼，20 平方米大小，靠墙摆放着四张木式高低床，上下各 4 个床位，贴着 7 位新生的名字，分别是谭莫羡、张大春、郝志成、陈志刚、张毅佳、罗任权和我，下面空出来的一个床位给同学们存放箱子，宿舍中间摆放着几张书桌，供同学们自习用。

我是报到较早的新生之一，宿舍里只有一位来自湖南衡阳的谭莫羡同学比我更早，他已经铺好床铺，躺在床上休息，随后，同寝室的其他同学陆续到达。次日，在辅导员王震宇老师的安排下，我们部分早到的同学参加了随后两天的迎新工作，为同为新生的女生搬运行李。报到时间为三天，其实绝大部分同学前两天都已到学校。第三天的晚上，新生到 1201 教室集中，辅导员王震宇老师给我们介绍了历史系的基本情况，并交代了新生注意事项，接着分了班，指定了学生干部，我被分配在 8101 班。王老师很年轻，皮肤白皙，身材偏矮，微胖，一口标准的普通话，讲起来滔滔不绝。他介绍说，他从事世界古代史的教学和研究，系里安排他做我们的辅导员。当时他很年轻，我们认为他很有学问。随后不久，系里举行了新生欢迎会，系主任吴量恺教授代表全系教师欢迎新生的到来，详细介绍了历史系的情况，并围绕大学生如何学习谆谆教诲。吴先生温文尔雅，讲话慢条斯理，声音不大，一口纯正的北方口音，吐字非常清晰，还有一位姓向的总支书记也对我们四年的大学生活提出了具体要求。

1981 级共有 60 人，被编为两个班，每个班 30 人。辅导员指定汪季石同学为年级学生会主席，一班班长为陈志刚同学，团支部书记为杜芳同学。与中学不同的是，除英语分班教学和集体活动有时分班开展外，专业课、基础课都是合班上课，所以，我们的小班意识并没有那么强。大约两个月左右，王震宇老师到东北师范大学进修，我们的辅导员由马良怀老师暂代。记得有一天早晨早操后，我们在西区 1、2 号学生宿舍中间的篮球场外集中，马老师自我介绍说，他姓马，野马的马，脾气不好，从今天起他暂代辅导员工作，希望同学们遵守纪律。事后我们得知，他与王震宇老师是同属 1975 级的大学同学，彼此关系很好。是否出于这种关系才接手辅导员工作不得而知，但王震宇老师进修回来后，没多长时间，我们的辅导员就由刚刚毕业留校的，1977 级的夏安凌老师接任。

我们的课堂学习很快就开始了，世界上古史是罗静兰老师授课，中国古代史由徐俊老师开讲。两位老师上课都很认真，特点也十分鲜明！罗静兰老师总是站着授课，一口流利的广东普通话，语速中等，同学们听起来并不费劲，她习惯性地眼睛向上看，从没正眼看课堂上的学生，但她讲课条理清晰。我们那几届的高考，世界上古史的内容所占比例较低，高中老师讲得少，甚至是策略性地放弃，同学们对世界上古史比较陌生，因此上课有新鲜感，但上古史内容庞杂，头绪很多，学起来并不轻松。徐俊老师则喜欢坐着讲课，他操着一口标准的武汉话，慢条斯理。他讲了“历史”二字的构成与意义，他说繁体的“歷”，本义是指禾苗的一个完整生长周期，意指事物的完整过程，繁体的“史”，本义是指上古时期手握弓钻、占卜记事的官职，意指秉笔直书。他进一步引申说，学习历史者就是要掌握人类社会完整的演进过程，弄清楚事物的原貌。这节课给我们留下了深刻的印象，也帮助我们树立了正确的历史学习的观念。给我们上过的公共基础课和授课老师分别为：中国古代史熊铁基老师、戴成兴老师，中国近代史董方奎老师，中国现代史黄华文老师、江抗美老师（后移民美国，并改名江侠）、吴韫山老师，世界中古史李隆庆老师、贺须曙老师，世界近代史李其荣老师、王扬老师，世界现代史揭书安老师、黄正柏老师。选修课较多，同学们的兴趣各异，各自选修的课程也不同。我选修较多的课程集中在中国近现代史方面，譬如，董方奎老师的近代立宪派，刘望龄老师的辛亥革命史、戴绪恭老师的近代政党史、谭克绳老师的鄂豫皖革命根据地史，吴韫山老师的抗日战争史，等等。此外，我还“蹭”了多位老师的课，如吴量恺老师的明清经济史，涂厚善老师的印度文化史，等等。老师们讲课各有特点，吴量恺老师的课如和风细雨，他声量不高，语速平缓，但对问题的分析却十分透彻，常常给人以一种“于无声处听惊雷”的震撼！涂厚善老师的课如霏霏细雨，娓娓道来，他讲复杂的印度史总是信手拈来，举重若轻。他对印度种姓制度、佛教起源的分析，对佛教语言与日常生活语言的关联阐释使我懂得了什么叫研究。黄华文老师的课犹如狂风暴雨，于理性中常带感性。他善于营造课堂气氛，讲到激动处，激情飞扬，语速加快，中间不断句、不停顿，一口气讲完，经常脸憋得通红，深深地感染了我们。

那是一个知识贫乏的年代，“天之骄子”们如饥似渴地学习，大学生活基本上就是三点一线：寝室—教室（图书馆）—食堂。教室（图书馆）是学习的主要场所，我们的通史课教学、包括部分选修课集中在一号教学楼二楼中间的 1204 教室，60 个人把 1204 教室坐得满满当当，学习认真的同学经常提前到教室，抢坐在前几排。那时的课堂教学主要是老师讲，学生记，老师们备课认真，一节课通常要讲的内容很多，有时多达十几页，信息量很大，学生们在课堂上拼命做笔记，秩序很好，但课堂上师生间的互动较少，通常，每门课会安排一两次课专门用于讨论。由于通史课课时多，同学们的专业基础还是打得比较牢的，但学习压力不大，考试一般不超出笔记范围，有些老师考试前还划复习重点。当时学校以教学为主，主要目标是培养合格的中学历史教师，因此，非常重视基础教学和训练。我不太重视知识的记忆，学习带有一定的“投机”心理，加之承担了一些班级服务工作，一段时间担任班长，一段时间担任团支书，又比较贪玩，因此，考试成绩不拔尖。从我们这一届开始，国家实行了推荐免试研究生政策，我们历史系 1981 级有两个指标，班上的汪季石同学和周柏青同学因成绩优秀而免试直接攻读研究生。我既羡慕，又有些不甘心，于是，我报考了中国现代史专业的硕士研究生。当时戴绪恭、谭克绳两位教授联名招生 2 名，其中汪季石同学占用了一个指标，我的考试分数排在第二，第一名是河南大学的沈志安（毕业后留校任教，现为华师历史文化学院副教授），这样我便无缘计划内录取。那时，各大学都面临着人才青黄不接的状况，一些高校采取委托方式，定向培养一些急需人才。有一天傍晚，我在图书馆自习，时任历史系主任的戴绪恭老师找到我，说位于十堰的湖北汽车工业学院要代培一名中国现代史专业的硕士生，问我是否愿意，我当时觉得那个位置比较偏远，就没有马上答复，表示要征求一下家里父母亲的意见。一天后，我放弃了那个学校的委培计划，并作好了到中学教书的心理准备。后来，在填写分配意向表的时候，我把广州的一所中学作为我的志愿之一。

三

三年级上学期的实地考察给所有同学留下了深刻印象。从 1980 级开始，历史系组织学生进行实地考察。作为一种重要的教学形式，实地考察受到了同学们的普遍欢迎。我们年级的考察线路是“武汉—长沙—湘潭—萍乡—井冈山—庐山—九江—武汉”，为了做好考察工作，历史系特别派出吴镒山老师、江抗美老师、刘海涛老师（系办公室工作人员）带队，出发前由张亚东同学打前站，他是我们年级优秀的“外交官”，特别善于联络，他把我们的行进线路、交通工具、考察场馆、住宿伙食、交流活动等一一安排妥当。我们刚刚学习过中国近现代史，这条线路应该是按近现代史的教学方案设计的，近现代史上，湖湘大地伟人众多，江西萍乡则发生过著名的安源煤矿工人大罢工，井冈山革命根据地更是中国革命走向武装割据，形成“农村包围城市”革命道路的起点，庐山则是近代名人荟萃之地，又有著名的庐山会议。在长沙，我们住在湖南师范大学招待所，参观了湖南革命烈士纪念馆，爬了岳麓山，还与湖南师范大学历史系进行了篮球、足球友谊赛。我们 1981 级虽然人数不多，但爱好体育运动的人不少，两场比赛我们均小胜对方。我参加了篮球比赛，参加比赛的还有汪季石、赵明生、王志平、钟育强、张毅佳、刘海涛（当时历史系办公室一位年轻的工作人员，与我们年龄相仿）等人，同时，我还作为守门员参加了与湖南师范大学历史系的足球比赛。在湘潭，我们参观毛泽东故居，游览滴水洞，还拜谒了毛泽东父母墓地。在萍乡，我们参观了安源工人大罢工纪念馆、安源煤矿旧址。随后，我们分乘两辆大客车，直奔井冈山。20 世纪八十年代，中国的公路等级较低，从萍乡到井冈山又多是山路，道路弯弯绕绕，高高低低，险峻难行，车子在行进中时常颠簸，我们路上差不多走了整整一天，才到达位于井冈山中心的茨坪，入住井冈山宾馆。井冈山宾馆是当时整个茨坪最好的建筑，虽然主楼只有三四层楼高，但院内环境优雅，古树参天。宾馆房间宽敞，内空较高，入住的客人也不多，宁静舒适。当时的茨坪，只是群山环抱中的一个小镇，人口不多，建筑物少，也没有什么高楼大厦，显得十分宁静。令我们惊奇的是，茨坪镇上的人大多操着一口流利的普通话，待人朴实。参加工作后，我又多次去过井冈山，发现茨坪的楼房盖多了，人口变多了，街上的商业气氛变浓了，来来往往的游客川流不息。当初那个宁静、朴实的茨坪小镇再也找不到了，取而代之的是一个喧闹的小城。在井冈山，我们参观的革命旧址是湘赣之行中最多的，包括井冈山革命纪念馆、黄洋界、大井、小井、红军医院等，这些地方相距较远，从一个地方到另一个地方都需要乘车前往，因此，在井冈山停留的时间也是最长的。大家特别珍惜这样的学习机会，有的同学在参观时，边听讲解员讲解，边记录，有的同学抄写展板上的文字，为撰写考察报告做准备。

井冈山是一座天然的植物园，山清水秀，翠绿的竹子漫山遍野，自然风景优美。在考察之余，带队老师安排我们去参观井冈山的一处自然景观——龙潭。来到龙潭，首先映入眼帘的是由郭沫若先生题写的“龙潭”二字，格外醒目。带队老师提醒我们注意安全后，同学们就分成不同的小组，浏览龙潭。在我印象中，那时的龙潭还没有大规模开发，尽显原生态。景区道路陡峭，大多是原始的泥泞小道，湿滑难行，同学们相互帮扶，说说笑笑，好不快活！就这样，走走歇歇，停停看看，花了大半天，眼看着到了吃午饭的时间，我们那个小组在江抗美老师的带领下，走出龙潭，步行返回茨坪。同行者大约有六七人，其中有黄慧、赵明生、张毅佳等同学。本打算回到茨坪再吃午饭，但从龙潭到茨坪有一段不短的距离，同学们已是饥肠辘辘，饿得发慌，却找不到一家饭馆。我们走进路边村庄里的一家农户，说明来意，希望老乡能给我们煮一顿饭，我们付钱。这是一户客家人，家里只有一个婆婆和她的儿子，在勉强听懂了我们的来意后，他们开始热情地给我们煮饭、炒菜，婆婆坐在土灶旁添柴烧火，农家大哥在灶台上炒菜，忙得不亦乐乎。一个小时后，农家大哥端上了用农村木甑蒸的热乎乎、香喷喷的米饭和盛满一个脸盆大小的菜盆、用猪油炒的包菜。饭菜端上后，同学们迫不及待地盛满饭，围坐在方桌旁，狼吞虎咽起来，吃得津津有味。同学们感激不尽，饭后，我们拿出饭菜钱，老乡却百般婉拒，但我们坚持让他们收下。也许是饿到了极致，那顿饭菜香辣可口，与美味佳肴相比，毫不逊色！特别是老乡的热情、厚道、质朴，给我们留下了深刻的印象。几十年过去了，同学们聚在一起，每每想起，依然回味无穷！

结束井冈山考察后，我们乘车来到庐山，庐山是天下名山，不仅自然风光秀丽，而且留下了许多人文景观，我们参观了庐山的历史遗址，又饱览了庐山的美丽风光。最后，我们在九江乘船返回武汉。整个考察，我们没有花一分钱，所有费用均由学校提供，最后结账时，尚有节余，每位同学还得到了一些补助。这次的考察为期三周，我们收获良多。一是同学们增进了友谊，平时有些不怎么交流的同学，在行进途中，有说有笑，逐渐熟悉；还有许多男生帮女生背行李，体现了同学之间的互助友爱。二是这样的考察，使我们对革命道路问题有了更加深刻的认识，书上得来终觉浅，绝知此事要躬行。比如，在实地察看井冈山革命根据地后，我们对南昌起义后，毛泽东、朱德同志为什么选择井冈山作为中央革命根据地有了更加深切的认识，对毛泽东同志提出的“以农村包围城市，武装夺取政权”的革命道路有了更加深入的理解。读万卷书，行万里路，我们常常在学校一号教学楼前碰到张舜徽先生，他总要用口音浓厚的湖南话，不厌其烦地强调说，你们既要读有字书，也要读无字书，通过实地考察，我们懂得了无字书的意义。对我个人而言，考察激发了我的学术兴趣，更加坚定了我从事中国近现代史研究的决心。

四

大学四年级上学期的实习，是师范生培养过程中一个不可或缺的重要环节。在进入实习学校前，周孝梅老师、徐策伟老师开设了有关中学历史教材教法方面的课程。周老师的课堂语言生动风趣，常常逗得同学们开怀大笑。徐策伟老师的课很适用，他当时刚从襄阳一所中学调到华中师范学院，对中学历史教材十分熟悉，但他原汁原味的黄梅话可是让同学们吃尽了苦头。此外，实习前我们还观摩了汉阳铁中汪学毅老师、武汉中学李崇义老师、文华中学丁木森老师的现场教学，三位老师三种风格，但他们的课堂组织设计、对教学内容的把握、师生间的互动、肢体语言的运用等，从不同方面为实习前的我们树立了典范。

历史系 1981 级学生被分为 6 个小组，每组 10 人，分别前往华师一附中、武昌实验中学、武汉中学、武汉市三十九中学、首义路中学、汉阳三十二中等学校实习，我所在的小组被安排到华师一附中实习，成员包括赵嵘、杨清秀、袁群珍、赵明生、徐楚桥、周柏青、罗任权、陈志刚、吴龙荣和我，我和明生同学担任小组长，楚桥同学负责宣传，指导教师是曹莲莲老师。曹老师主要从事世界史的教学与研究，她身材微微发胖，和蔼可亲，眼睛高度近视，戴着一副眼镜，工作认真负责。实习前两周，她每天早出晚归，乘坐公交车往返于广埠屯与一附中所在地的千家街，为我们圆满地完成实习任务付出了极大的辛劳！

华师一附中是湖北中学界的“北大”，也是全国名校，老师牛，学生更牛，在那里实习既是一种挑战，更是一次极好的锻炼。到达华师一附中后，并没有想象中的热烈欢迎实习生的场面，以至于到实习结束，我们还不知道校长是谁。或许是由于华师一附中是华中师范学院的附中，我们是一家人，既不必客套，也无须官方程式。再者，也许是因为华师一附中每年接纳的实习生人数众多，也没有什么新鲜感。而我作为一个即将毕业的大学生，以准教师的身份来到华师一附中，还是颇感新鲜的。我们一行十人被安排住在操场边上一栋独立的三层楼房的阁楼上，阁楼虽然破旧，但还算整洁。

我们的教学实习安排在初中一、二年级，一年级的教学实习内容是中国古代史，指导教师是邹桂琴老师。她与我们的首任辅导员王震宇老师是大学同学，年约三十，像一位热心的大姐一样对待每一位学生。二年级的教学实习内容是中国近代史，指导教师是汪学年老师，四十多岁，对实习生要求严格，据说她的爱人毕业于华中师范学院历史系，也在华师一附中教书，是十分有名的政治课把关老师。我被安排在二年级，在汪老师的指导下开展中国近代史的教学实习，同时，还要开展班主任实习工作。我的实习班组是初二（1）班，班主任是孙丽娟老师，也是我的班主任实习指导教师。孙丽娟老师很年轻，是华中师范学院中文系1978级毕业生，当时只有二十三四岁，但已俨然成长为一位颇为老成的中学老师。她对工作充满了激情，与学生打成一片，学生们都很服她。机缘巧合的是，她于1999年考入华中师范大学中国近代史研究所，在朱英教授指导下攻读博士学位，那时我正在南京大学从事博士后研究，后来我回到华师近代史所工作，她还是近代史所的博士生，在选题与写作上，我也与她有过一些讨论。她的博士学位论文《清代商业社会的规则与秩序——从碑刻资料解读清代中国商事习惯法》后来被列入“中国社会科学博士论文文库”，由中国社会科学出版社出版，受到学术界好评，她本人博士毕业后进入中南财经政法大学法学院任教。

我们的教学实习时间约为七周，大体上第一、二周为见习周，主要任务就是观摩指导教师的现场教学，汪老师经验丰富，课堂组织驾轻就熟。从第三周开始，我们进入备课、试讲、上课环节，按照教学实习要求，我们至少要上八节课才算合格。我们小组从备课、试讲开始，精心组织，先是同学之间相互听课，再在大学指导教师的指导下，二次试讲，最后在中学指导教师的指导下，第三次试讲。纵然我们备课十分认真，试讲时也难免状况频出，譬如，有的同学45分钟的内容，20分钟就讲完了，剩余时间不知如何打发。有的同学45分钟到了，内容只讲了一半，剩余内容不知咋办。有的同学站上讲台，看着台下几分钟仍紧张得难以开口；有的同学眼睛不离讲稿，活脱脱一副电台播音员形象；有的同学讲课像背诵课文，自娱自乐，等等，不一而足。万事开头难，第一次上讲台既是神圣的，也是艰难的，走进教室、站上讲台的那一刻，我们心里还是像打鼓一样，七上八下。有的同学出了错，却丝毫没有意识到，比如，罗任权同学在讲太平天国“天京事变”时，几次将杨秀清说成了杨清秀，因此，出现了东王杨清秀专权、东王杨清秀被杀等语句。巧合的是，我们实习组就有一位杨清秀同学，她也坐在教室后面听课，大家虽明知罗任权同学讲错了，但也不敢笑出声来。

按照周孝梅老师的安排，每个小组要上一节公开课或观摩课，曹莲莲老师将这个光荣任务交给了我，我只能勉为其难。实习期内，有一节课的内容是关于边疆危机的，正好在观摩课的时间点上，我便将这节课定为小组公开课。“边疆危机”那节课的内容并不复杂，就是讲19世纪80年代，西方列强蚕食中国边疆地区，建立各自的势力范围，中国面临着瓜分豆剖的危机，但要讲好并不容易。经过反复琢磨，我决定从教具入手，用好历史地图，针对初中生形象思维占主导的特点，激发学生的兴趣。近代仁人志士敏锐地觉察到了民族危机，为了唤醒国民的民族意识，1898 年谢缵泰创作了一幅漫画，名为《时局图》。在这幅漫画上，俄国像一头盘踞在中国北方的熊；英国则是一只对长江流域虎视眈眈的虎；美国犹如一只俯视中华大地的巨鹰；德国像一条蛇死死地缠绕着山东半岛；法国像一只青蛙，四条腿霸占着从越南到我国两广的广阔地带；日本这颗"初升的太阳"，却像一只面目狰狞的人形怪物觊觎着中国的福建、台湾。我回历史系资料室借了一幅 19 世纪 80 年代的中国地图，然后用泡沫薄板分别剪成熊、虎、鹰、蛇、青蛙等动物形状，对着地图，给学生们讲述帝国主义侵略瓜分中国，划分势力范围的历史，在讲到各个列强时，把相应的动物图案贴上去，这节课清晰流畅，课堂活跃，自制的教具更生动形象，得到了指导教师的好评。

在班主任实习中，需要组织一次班会，做一次家访。孙丽娟老师毫无保留地传授她的经验与方法。组织一次班会，我没费多大精力，毕竟担任了多年的学生干部，有一定的组织能力与策划能力，可谓驾轻就熟。但做一次家访，就不是我能独立完成的，孙老师联系了一位在七一九所工作的学生家长，决定带着我和她一起家访。家访的细节我完全不记得了，但在家访路上的尴尬却让我终生难忘。那是一个傍晚，我吃罢晚饭，与孙老师一起出发前往七一九所，她推着一辆自行车，原本希望我骑车带她。当她说让我骑车时，我简直无地自容，因为那时我还不会骑自行车，她也不好意思骑车带我，于是，一路上她只好推着自行车步行到学生家里，好在从千家街（华师一附中所在地）到七一九所距离不算太远。

七周的实习转瞬即逝，我却像磨掉了一层皮，返回学校时，我明显瘦了一圈！但我尝到了初为人师的快乐与幸福！实习结束时，班上的学生自发组织欢送晚会，鲜花、掌声、歌声汇聚成一首悦耳的交响曲，长久地存放在我记忆的深处！有的学生自做小卡片，上面写满了给我们的祝福寄语，有的学生流着热泪与我们依依惜别。实习结束后，我与初二（1）班的同学长时间保持着联系。后来，听孙老师说，那个班上的学生考取名校的有好几个，哪怕只是一名实习老师，我也感到非常自豪。

五

大学四年，我们的课余生活谈不上丰富，但还算充实。20 世纪 80 年代初期，学校规定不允许大学生谈恋爱，历史系 1981 级的同学比较本分，谨遵校规，谈恋爱的很少，直到大四上学期外出教学实习时，才有赵勇彪、向济萍同学发展为恋人关系，后来他们结婚、成家，修成了正果！或许是看到1981级的同学太过老实，恋爱的同学实在太少，到大学四年级临近毕业时，分管学生工作的党总支副书记李金权老师曾暗示，男女同学间有合适的可以进一步发展，这不仅是放开管制，简直就是提倡谈恋爱了。这之后，有的同学开始蠢蠢欲动，可惜为时已晚，1981级学生终究未能发展出第二对恋人。既然不能谈恋爱，相应地，交际舞也是不允许跳的，直到大学四年级，学校才有所松动，校园里开始出现舞会，但大多数同学还是舞盲，于是，我们一班从班费中拿出部分经费，派了几位同学去学习交际舞。我记得，赵力、张毅佳等同学参加了学习，他们学成回来后，再教班上其他同学跳舞。

我们的课余生活之一便是周末看电影，华师的露天电影场是那个年代同学们的共同记忆。每到周末，广播台里就会播放电影消息，大致内容是：电影消息、电影消息，今晚×点在我校电影场放映×××（电影名），欢迎同学们前往观看。一听到播放电影消息的乐曲后，同学们就会不由自主地停下脚步侧耳倾听，在一周的紧张学习后，难得周末放松一下，因此，周末看电影成为同学们翘首以待的节日盛宴。在电影放映前，同学们便三三两两，拎着小板凳，从各自的宿舍楼涌向露天电影场，也有情侣们（校规管住了胆小的同学，管不住胆大的同学，与历史系1981级相邻的1980级和1982级，谈恋爱的就不在少数）提前很长时间到达电影场，在电影开演前抓紧时间交流，一解相思之苦。周末看电影是上世纪八十年代大学校园的一道文化风景线！

如果说，看电影算得上是大学校园里最为受欢迎的文娱活动的话，那么，球类运动就是最为普遍的体育活动了。历史系1981级爱好足球、篮球、排球的同学不在少数，尤其是篮球爱好者多，汪季石、赵明生、张毅佳、王志平、钟育强、曹松林等都是篮球场上的高手。我也喜欢篮球运动，虽未经过正规训练，但从小就喜欢打野球。记得上小学时，学校离家里只有一公里左右，为了躲避家务活，下午放学后，我常常一个人在学校简陋的操场上练习投篮，有时月亮出来了，还借着月光打球。后来我喜欢打篮球，既是小时候养成的兴趣与习惯，也是那时候练出的童子功。大学四年，我很多课余时间是在篮球场上度过的。每天下午课后，几位球友都会相约打球。虽然只是露天球场，水泥场地，但由于打球者众多，通常还得有人提前去占位。有时候打得很晚，回来后泡碗方便面，拎一瓶开水，在宿舍楼东头的阳台上，边吃边喝边聊到深夜。1981级虽然人数不多，但除了1978级外，与其他年级的篮球比赛，我们总是负少胜多，好几位同学还成为历史系系队的篮球队员。

那时国家虽还不富裕，但被视为天之骄子的大学生不用交学费，每月还有固定的生活费和多少不等的助学金。我们每个月生活费 17.5 元，其中 12.5 元的菜票，32 斤饭票，每个月还有 2～3 元不等的助学金。那个年代饭菜价格不高，通常素菜几分钱一份，粉蒸肉也就是 2 角钱一份。有一次，我们寝室的谭莫羡同学与室友打赌，说他能吃 5 份粉蒸肉。于是，在场的每位同学各出 2 角钱，共 1 块钱，买了 5 份粉蒸肉，堆了满满一瓷碗。赌约如下：如果能吃完，就算室友请客，如果吃不完，谭莫羡就要退还 1 块钱。他开始吃得很快，吃到三分之二时，他慢了下来，后来实在是吃不了，他退还了 1 块钱。可见，当时菜价不高，分量也很足，菜票基本够用，但对男生来说，32 斤饭票就不太够吃，部分男生到每个月的下旬总会青黄不接，这时，年级生活委员谭邦柱就会到三楼女生那里去“化缘”，讨来一些她们用不完的饭票，用来接济男生。

岁月如梭，岁月如歌！四十年前，我们从“希望的田野上”，来到桂子山，唱着“年轻的朋友们，今天来相会”，在一起学习、生活了四年。这是我们朝夕相处的四年，这四年，是青涩的，也是甜美的！是紧张的，也是活泼的！是浪漫的，也是现实的！四十年弹指一挥间，如今，1981 级的同学大多数即将步入花甲之年。我们的确不再年轻，但我们曾经年轻过，桂子山上刻满了我们奋斗、拼搏的青春足迹。大学时光永远定格在桂子山上，也永远珍藏在我们心中！

2021 年 8 月于桂子山

（附记：2021 年是 1981 级同学进校四十周年纪念，同学们本计划举行返校纪念活动，但因新冠肺炎疫情取消线下活动，遗憾之余，特撰此文献给历史系 1981 级全体同学！祝老同学们身体健康，生活愉快，家庭幸福！）

不逝的先生，永远的校长

敬爱的章开沅先生永远地离开我们了。举校同悲，学界同泣！他的逝世是我国史学界、教育界的重大损失，国内学术界从此少了一位睿智的思想者。

一

2021年5月28日早上，我正在赶往武汉市洪山宾馆参加仙桃市校企合作创新平台推介暨科技成果转化对接会的路上，8点25分，手机不停地震动，一看屏显，是马敏老师打来的电话，我急忙打开接听，他悲伤地告知我，章先生当天早上8:15走了。听到这个噩耗，我不敢也不愿相信，太突然了！这才一个多月，记得4月2日去泰康之家楚园探望先生时，先生的精神与气色俱佳，面色红润，双眼有神，那温暖而有力的双手，那清晰与兴奋的回忆话语，让我觉得章先生很快就可以康复回家了。无论是在校内还是在校外，学界同仁与章门弟子关切地问起先生的健康状况时，我总是信心满满地说，先生很好，应能冲刺一百岁，这也是学生发自内心的愿望啊！此前两天，我访问澳门大学，拜见文学院院长徐杰教授和近代史学界茅海建、王笛两位学长，他们也问及章先生近况，我也同样乐观地予以答复。但是，天不遂人愿，先生突然驾鹤西去。他多么想回到他工作了一辈子的学校啊！哪怕冥冥之中有所预感，他应该也想回家小住两天。但是，这一切都来不及了！

上午11点，我与华中师范大学的郝芳华校长、马敏所长以及校办刘宏达、宣传部王长华、老干处何小红等有关人员一道，前往楚园送别章先生，同时看望先生的老伴黄老师并商量章先生后事安排。到达楚园后，在工作人员的引导下，我们来到了先生生前居住的房间。看到章先生像睡熟了一样躺在床上，面容十分安详，我与先期来到楚园的省人大常委会副主任周洪宇教授肃立床边，一起向先生行三鞠躬礼。想到先生再也不会醒来，再也听不到他的谆谆教诲，我禁不住潸然泪下。随后，殡仪馆工作人员为章先生举行了庄重的告别仪式，我们鞠躬护送载着章先生遗体的灵车启程。灵车渐行渐远，章先生一路走好！

接着，我们回到楚园会议室与先生的大女儿章明明商议先生的后事安排，并决定于 30 日上午八时三十分在武昌殡仪馆天元厅举行遗体告别仪式，同时在华中师范大学国际文化园区逸夫楼一楼设立灵堂，接受社会各界悼念，在华中师范大学博雅广场上章先生亲笔题写的博雅石旁设立追思点，供校内师生追思怀念。

二

4 月 2 日下午，清明节前，天气乍暖还寒，天空中飘着小雨。我和马敏所长以及近代史所几位年轻同事徐炳三、刘莉，山东大学博士后张晓宇（近代史所博士毕业生，其时正在整理章氏家族文献资料）等，分乘两辆车前往泰康之家楚园看望章先生。约三四十分钟后，我们到达了位于严西湖畔的楚园门口，办好必要的入园手续，工作人员带领我们来到一间公共接待室，在这里，我们等候章先生和黄师母。大约半小时后，工作人员推着坐在轮椅上的章先生、黄师母从宿舍楼来到接待室。我和马老师立即迎上前去，章先生伸出手来先后与我们握了握。先生的手温暖有力，看到章先生气色正，精神好，我感到十分欣慰。落座后，同行的张晓宇博士捧出刚刚辑录成册的“章维藩信函”，并简要地进行了介绍。谈到章维藩任宣城县令，张晓宇说，过去多以为是贬任，其实宣城县令是一个肥缺，谈不上是贬任。章先生不时插话，补充一些文献上没有的记载。谈到章世恩（章维藩堂弟）时，章先生动情地回忆起了一段往事，他说，章世恩之子章兆春毕业于日本陆军大学，可惜抗战时期被误作汉奸而活活烧死。

随后，同行的刘莉拿出一张放大的老照片，黄师母看到这张照片时，脸上挂满了笑意，立刻沉浸在对往事的回忆中。这是一张摄于 2007 年的、章先生与黄师母的合影照。章先生穿着笔挺的西服，打着领带，黄师母则穿着一身特制的礼服。黄师母一看到这张老照片就滔滔不绝地说，当时她陪同章先生访问日本创价大学，受到了崇高的礼遇，创价大学的离任校长、接任校长和该校女子短期大学校长热情接待了他们夫妇，黄师母还被授予创价大学女子短期大学荣誉奖！多数礼仪场合自然是章先生演讲，但在女子短期大学授予黄师母荣誉奖仪式结束后，面对在场欢迎的师生，主持人热情地邀请黄师母讲话。在主持人看来，这是对获奖人的至高礼遇，但黄师母却因突如其来的礼遇而有些“惊吓”，不过教师出身的她很快镇定下来，理了理思路，便围绕女性在社会和家庭中的自主、自立、自强和女性对社会的贡献侃侃而谈！章先生在一旁静静地听着，不时插话补充，听完了还发表感想说，黄师母平时柔弱，讲话不多，但那个讲话给所有在场的人一个惊喜。听得出来，两位相濡以沫、相敬如宾数十载的老人回忆起那段往事时倍感幸福与自豪！

那天先生兴致很高，聊着聊着，时间到了四点半，为了不打扰先生休息，我们一行提出告辞。临行时我们祝章先生、黄师母多多保重，早日康复！万万没有想到，这是最后一次见到章先生，这一别竟是永别！

三

我认识章先生是从入学后的一次学术报告会开始的。从此便与章先生结下了不解之缘，并幸运地入室章门，成为他的一名博士生。

1981 年 9 月，我迈进了梦寐已久的大学校门，成为华中师范学院历史系的一名新生。这一年适逢辛亥革命七十周年，10 月 12 日至 15 日在武汉东湖宾馆举行了纪念辛亥革命七十周年学术研讨会。会议间隙，章先生回到学校，在 6102 教室为全系师生作了一场学术报告，他围绕辛亥革命史的研究现状，结合研讨会的盛况，娓娓道来。40 多年过去了，当时的情景仍历历在目，仿佛如昨日。我作为一名大一新生，当时尚不知研究为何物，因此，对先生介绍的会议新观点和辛亥革命研究今后应如何发展，印象并不深刻，倒是觉得先生穿插的一些会议花絮以及他与知名学者私下交流的故事特别有趣。令人难忘的是，那场学术报告会的现场气氛使我这个刚踏入史学之门的后生深感震撼：一是 6102 教室坐得满满当当，连过道上都坐满了人，窗外和门口也挤满了人，可以说是水泄不通。当时历史系从 1977 级到 1981 级共有五个年级，加在一起不到 300 人，可见有一些外系的同学也来蹭了这场报告会。我们八一级是刚进校不久的最低年级，当时带着小板凳坐在过道上。二是张舜徽先生赶来听章先生的学术报告。当张先生走进教室时，章先生热情地迎上前去，两双手紧紧地握在一起，全场响起了热烈的掌声，我们也跟着鼓掌。事后从高年级同学处得知，两位先生均是著名历史学家，张先生为“历史文献学”这门新学科的创建立下了汗马功劳，章先生是蜚声海内外的辛亥革命史研究专家。两位先生不仅是历史系，也是当时华中师范学院为数不多的著名教授。三是章先生口若悬河、幽默风趣，其报告语言极富感染力。一个多小时报告，他没有任何文字演讲稿，而是即兴演讲，信手拈来，加上他那极具穿透力的磁性男中音，给听众以莫大的享受。对这一点，凡是听过他演讲的学子无不佩服得五体投地。后来，聆听先生多场学术报告，或私下与他交流，发现章先生不仅记忆力超强，而且是一位从具象到抽象的演讲高手，他善于从具体的事例入手，从细节中引申自己的观点，抽象出一般结论。记得在一次学术报告会上，章先生讲到他与台湾同行之间的交流，与秦孝仪初次见面寒暄时，秦孝仪先生对章先生说，浙江人杰地灵，近代名人辈出，并举出陈其美、陈立夫、陈果夫、朱家骅、戴季陶等人为证。章先生马上机智地回应说，还是湖南更胜一筹，群星灿烂，出了毛泽东、刘少奇、彭德怀等伟人。秦先生是湖南人，章先生是浙江人，国民党内许多高官出自浙江，共产党早期领导人则多来自湖南，看似礼貌性的寒暄，实则蕴含着两位大家不同的观点，不仅各自表达了对国民党史和共产党史的不同看法，也包含了对中国近现代史的不同评价。在两岸关系尚未完全解冻的年代，这何尝不是一场政治交锋呢？后来，先生到台湾政治大学短期任教，第一次公开讲座就吸引了不少学生，其中还有一位来自高雄的副教授。先生一看那场面，调侃道，各位大概是想看看共产党长什么样子吧，我就是共产党员，“中共”可怕吗？逗得台下的人哈哈大笑。还有一次，我陪同章先生前往浙江，在谈到他是如何处理大学校长与书记的关系时，他说，他与高原书记配合默契，可惜，搭班子时间不长。书记空缺了一段时间，由党委副书记李开蕊主持工作。他风趣地说，校长是开沅，如果书记是“节流”，“我开源，你（李）节流，该多好呀”！先生没有深论大学校长、书记之间的密切合作，却以开源节流形容他理想之中的大学书记、校长之间的良好合作关系。

我和章先生近距离接触，是在读大学三年级上学期。1983 年下半年，时值冬季，其时，我担任 8101 班班长，计划与团支部一道组织一次特殊的班会活动，为将满 20 岁的同学集体过一次生日。为了使集体生日过得更有意义，更加难忘，不知是谁出了一个主意，邀请章先生与我们一起过生日，但能否请到章先生，我们都没有把握。抱着试一试的想法，我和团支部书记杜芳同学一起，受同学们委托到章先生家里请章先生。记得当时我们带着一份活动纪念品，好像是一幅普通的附有年历的印制画，小心翼翼地敲开章先生的家门，开门的正是章先生。当时的紧张与忐忑不安难以形容，事先想好的话也忘了，还是杜芳同学冷静，说明了来意，介绍了活动安排，特别说明活动组织者请家长给将满 20 岁的同学写了一封信，并且已经收到了多位家长的回信。同时，表达了同学们的热切期盼，希望章先生出席我们的活动。没想到，章先生答应了我们的邀请，我一时竟激动得手足无措，难以言状。

现在想起来，当时真是无畏无惧，邀请一位蜚声中外的历史学家参加本科生的班会活动，即使在今天，也是不敢想象的。我们不仅当面邀请了章先生，而且章先生还接受了我们的邀请，这是章先生“一生最欢喜学生”的真实写照！活动当晚，章先生如约来到 1204 教室，全班同学围成一圈，章先生坐在我们中间，与我们一道静静地、认真地听同学们念家长写给自己孩子的信。这些信件不仅写满了父母对子女生日的祝福，而且满载着父母对孩子们的殷殷嘱托。同学们听后都十分感动，而且深受教育。活动的最后，是同学们最盼望的章先生讲话。原以为像先生这样的大学者，一定会告诫我们如何珍惜大好时光，刻苦学习，将来报效祖国，但是先生却没有讲那些说教式的大话，而是讲起了他 20 岁前的艰难岁月。那时，神州大地刚刚经历日寇蹂躏，又陷入内战烽火，山河破碎，民不聊生，学生也难以静下心来读书。抗战时期，先生曾在川江上当过船工，抄过公文，并准备投笔从戎，奔赴抗日前线。但未及亲上战场，日本人就投降了。他风趣地说：“我是一个没打过仗的抗战老兵，哪知道日本这么不经打，没能扛枪上前线。”1946 年，先生正好 20 岁，他进入金陵大学，为追求革命，未能完成学业即进入中原解放区，任教于中原大学，并随刘邓大军南下武汉，此后，他就与华师结缘一辈子，从华中高等师范专科学校到华中师范学院再到华中师范大学。他语带辛酸地说：“我从小体弱多病，大人都说可能活不到 20 岁，可我活到现在，够本了，赚多了。”他说自己青年时代的理想是做一名诗人，那时他的专业思想并不牢固，他向往革命、憧憬革命，曾辍学参加革命，并服从组织的安排进入华中师范学院教书，当时许多学生都比他年长。突然，他话锋一转，说历史学者并非“苦行僧”，也不是不食人间烟火，也有爱情、有家庭、有天伦之乐，他就在华中师范学院历史系获得了美满的爱情与家庭。大学四年里，我组织、参与的活动很多，但这次活动却让我终生难忘，至今回想起来，仍然历历在目！我大学毕业后能够走上中国近代史的教学与研究道路，并一直坚持到现在，不能不说与先生的影响密切相关。章先生给本科生上课的机会自然不多，我记得先生曾给 1979 级学生开设辛亥革命史研究的选修课，该选修课的教室与我们1981级的1204（后来编号改为1208，现在编号为215）教室一墙之隔。当时我对高年级学生颇为羡慕，心想等到高年级时，我们也能听先生的选修课。因此，在大三选修专业课时，我不仅选修了辛亥革命史，同时还选修了晚清立宪派研究、民国政党史、中国近代经济史等课程，虽然没有如愿以偿地盼到章先生给我们开课，但主讲老师也都是当时国内各有专攻的知名学者，如刘望龄、董方奎、戴绪恭、孙玉华等先生，这些课程进一步开阔了我的视野，也促使我对中国近代史上的某些问题产生了一些肤浅的想法，并打定主意以中国近现代史作为自己的主攻方向。

四

四年时光如白驹过隙！大学毕业后，我以一个本科生的身份留校任教，并被安排在中国近代史教研室。那时，华中师范学院从事中国近代史研究的，还有历史所的多位老师，从行政关系上讲，历史系与历史所是两个不同的单位，历史系内的中国近代史教研室以教学为主，负责本科生的教学工作，历史所则主要招收研究生，以研究工作为重。那时的年轻教师没有科研压力，主要任务是站稳三尺讲台，因此我们都要先跟随老教师听课，给他们当助教。我当时跟随1984级本科生一起听董方奎老师讲授中国近代史，并担任助教。此外，我还被安排了另一项光荣任务，那就是兼任学生辅导员，成天与学生泡在一起，住在学生宿舍，吃在学生食堂，与学生一起打篮球，“玩”得不亦乐乎，压根儿就没打算报考研究生！当然，学校给了我另一种希望，当时的领导告诉我，如果学生工作出色，可以免试攻读硕士研究生，有了这份承诺，我更加忘我地投入到辅导员工作中。

但事与愿违，我没有得到免试攻读研究生的机会，我并不介意，但希望可以把我从辅导员岗位上解放出来，让我专心备考。组织上满足了我的这个要求，于是在兼任一年半的学生辅导员后，我顺利地通过了硕士研究生考试。记得那个时候，章先生已经不招收硕士生了，当年招生的导师是刘望龄教授。后来，历史系董方奎、苏中立老师均获得了硕士生导师资格。因此，入学后，我们那一届硕士研究生（我和邹进文，邹进文现中南财经政法大学副校长）虽名义上导师是刘望龄教授，但实际导师是董方奎和苏中立。

硕士毕业后，我并未立即报考博士研究生。一方面我觉得攻读博士学位十分神圣，另一方面也深感个人基础不牢，积累不够。章先生早年招收的博士生或硕士生个个大名鼎鼎，各有专攻，我听过大部分博士、硕士学位论文答辩，包括马敏、桑兵、韩明、莫世祥、虞和平、乐正、张富祥、肖文杰、胡代胜、刘伟、余子侠等，在答辩会上，见过如雷贯耳的林增平、茅家琦等先生。这种经历不仅使我更加敬畏学术，也使我深感个人还达不到攻读博士学位研究生的条件。我将个人进一步深造的愿望压在心底，专注于教学工作。当然，还有众所周知的原因，20 世纪八十年代末九十年代初，国内学术界出现了一股史学危机，一批青年教师纷纷下海经商，我也曾经彷徨过、动摇过。年轻教师既没有考博的动力，也没有读博的紧迫感，近代史所博士生报考者寥寥。有一次，我到南阳师范学院函授点面授，近代史所时任所长罗福惠教授还嘱托我多做博士生招生宣传。

那时，章先生刚担任校长不久，校务繁忙。1990 年后，章先生坚辞校长，赴美访学讲学。我虽然留在学校，实际上与章先生没有什么接触，一年中唯一能够看到章先生的机会也许就是博士、硕士学位论文答辩会。就这样一晃又过了数年，到 20 世纪九十年代中期，高校开始重视博士学位，鼓励青年教师继续深造，而且博士学位与职称晋升、工资、住房等切身利益直接挂钩，博士学位的含金量骤然提升到前所未有的高度，甚至一些已经评上了教授的知名学者也回过头来攻读博士学位。章先生也从美国讲学归来，我也开始考虑是时候追随章先生了。1993 年上半年，我把这一想法告诉近代史所的朱英老师，并请朱老师给章先生介绍一下我。此后不久，有一次我在校园西区 4 栋附近巧遇章先生，当时先生双手拎着刚刚买好的蔬菜，我略带紧张地跟章先生谈了报考博士生的想法，没想到章先生说朱英老师已经跟他介绍过，他也看了我的一些论文，并热情鼓励我报考。不巧的是，当时历史系工会改选，我被推为系部门工会主席，加之学校解决了我的进户问题，我在西区 4 栋分到了一套 52 平方米的两居室，学校规定搬迁时限，于是我又忙于装修（所谓装修，其实就是自己动手把墙粉刷一番，并把厨房、卫生间简单修整一下），家里人也希望我缓缓。就这样，我放弃了 1994 年的博士生招生考试。当时我准备为不礼貌的爽约向章先生表达歉意，但又没找到合适的机会。1994 年下半年，在红楼举行了纪念兴中会成立 100 周年暨辛亥革命 83 周年学术座谈会会议间隙，我鼓起勇气向章先生做了解释，不仅得到了先生的谅解，他还鼓励我继续报考。经过一段时间的准备，我终于在 1995 年得偿所愿，成为章门大家庭中的一员。

章先生教学形式不拘一格，灵活多样。在我印象中，章先生完整的课堂教学并不多。大型学术报告会上先生的引言或总结，小型座谈会上先生鞭辟入里的点评，甚至陪同先生接待来访与讲学的国内外学者的餐桌上的谈笑，或与先生单独相处时他那看似海阔天空、漫不经心的聊天，常常使人深受启发，或引发新的思考。

听章先生的学术报告，百听不厌，读章先生的学术论著，常读常新。史学著作难读，文字或艰涩，或枯燥，或呆板，多以一副板起的面孔示人，但先生的论著文字生动、平实、精准，一如他的学术报告，娓娓道来，让人欲罢不能。章先生是学界的“名嘴”，他的学术演讲，留下了很多名言妙语，常令学者们津津乐道。史学界笔头功夫好的大有人在，口头表达好的也不乏其人，但像章先生一样口头与笔头功夫兼而有之的，实不多见。人生何其有幸，碰到了这样一位名师！

章先生非常重视博士学位论文的选题与开题，记得我的博士论文选题就是与先生一道去汉口办居民身份证时聊天确定下来的。由于身份证过期，又急需使用，近代史所办公室张建平老师安排我与章先生同乘一辆车赴汉口加急办理，我觉得这是一次宝贵的学习机会。一路上我向先生报告了关于博士论文选题的思考，我说，我打算以中国近代手工业为题，探讨近代手工业为什么长期存在，因为无论是在国民经济结构、外贸结构中所占的比例，还是在农民家庭经济中所处的地位，近代手工业都十分重要。更重要的是，近代手工业在技术、市场和经营形式上都发生了深刻的变化，我把它定位为“中间经济”，即介于传统农业和现代工业之间的中间经济。我说，从学术研究现状来说，近代经济史研究大家汪敬虞先生与彭泽益先生在关于近代手工业长期存在的原因上存在着很大分歧。彭泽益先生认为，近代手工业与机器工业长期共存，是因为机械工业自身落后；汪敬虞先生则认为，近代手工业与机器工业长期并存，是因为它们同受外国资本主义的压迫，是得不到发展的并存。在这个问题上，两位都强调自己找到了“半殖民地半封建社会工业资本主义发生和发展的规律和独具的特点”。我当时颇为幼稚地认为，汪敬虞先生与彭泽益先生之间是否存在个人恩怨。章先生听了我的介绍，对这个选题给予了鼓励和认可。他谈了在海外的见闻，他说在欧美许多家庭与餐馆，为保护环境而不再用一次性塑料餐具，但又缺乏其他可以取代的简易餐具。菲律宾商人根据这一市场需要，利用传统的手工编织业，制造不同型号的藤盘作为食物容器，吃完饭只要把垫在盘上的油纸丢在垃圾箱就算完事，懒人甚至可以免于洗碗之劳，因此一度很受那些上班族（特别是单身者）的欢迎，手工编织因此成为很大的一个产业。此外他还谈到日本的“一村一品”，瑞士的高级钟表，仍然是以传统手工业的改进为主。他说，汪敬虞先生与彭泽益先生学术观点上互不相让，是正常的学术分歧，是尊重学术的体现，两人都在中国社科院经济研究所工作，是关系很好的同事，他们不会因学术上的分歧而影响私人交往，也不会因两人关系而影响学术观点。章先生虽未直接肯定我的选题，但那次从武昌到汉口的闲聊，更加坚定了我从事近代手工业经济史研究的信心，这样的闲聊又何尝不是一对一的教学呢？同时，通过汪敬虞和彭泽益两位先生在学术观点上的争论，我看到了前辈学者严谨的治学态度。在正式开题报告会上，我以《中间经济：传统与现代之间的中国近代手工业（1840—1936）》为题，系统地汇报了选题意义与可行性，介绍了写作思路与论文结构安排，说明了资料搜集与准备的情况。章先生听完后，并未对论文结构安排提出具体意见，但他讲了两层意思：一是肯定了选题和开题报告，他说这篇论文至少成功了一半，对于历史研究来说，一个好的选题等于论文成功了一半。二是他鼓励学生要把博士学位论文当作学术事业的一个高峰。要勇攀高峰。他以陈志让为例，说加拿大华人历史学家陈志让先生以《军绅政权》一书，奠定了日后的学术地位，登上了学术高峰。在我的印象中，先生对学生的选题范围是开放的、宽容的，他并不要求学生一定要跟着导师的研究方向，而是鼓励学生自由选题。他认为选题也是提高研究能力的一个环节，但一旦确定下来，就要高标准、严要求。后来，我的那篇博士论文在送交专家评审和申报优秀博士学位论文时，都获得了不错的评价，与章先生对博士生立志高远的要求是分不开的。

五

20 世纪 90 年代末期，新旧世纪之交，国家和各高校更加重视高层次人才的培养和选拔，譬如，教育部推出了跨世纪优秀人才支持计划，在全国范围内评选优秀博士学位论文，以此作为评价博士研究生培养质量的一个重要标准，等等。这些举措对高校青年教师产生了极大的激励作用，一时间，出现了考博热、博后热。我的博士学位论文答辩虽然顺利通过，并获得同行专家和答辩委员们的好评，但我深知，论文本身尚有许多需要完善的地方。我很想集中一段时间，摆脱一切杂务的纷扰，专心致志做学问。当时，能够招收博士后的高校不多，此前，同门奇生兄已经申请了中国社科院近代史所博士后，思来想去，我决定申请进入南京大学博士后流动站继续从事研究。得知我的这个想法，章先生和朱英老师都给予了热情的鼓励。于是，我鼓起勇气给茅家琦先生写了一封信，介绍了我在博士生阶段的学习、研究情况和从事博士后研究的打算。出于对后辈学人的关心和提携，也得益于章先生在学术界的影响力和华中师范大学中国近代史研究所的良好声誉，茅先生很快就给我回了信，一方面欢迎我到南京大学博士后流动站从事研究工作，一方面说明他本人已经退休，不再招收博士后，同时向我推介了蔡少卿、张宪文两位先生。随后，我分别给蔡先生、张先生写了信，将个人的想法作了一番同样的介绍。蔡先生很快给我回了一封热情洋溢的信，并表示已经与历史系和研究生院取得了联系，确定了招收我进站从事博士后研究的意向。不久，我又收到了张宪文先生的回信，张先生说明了回信稍晚的原因，同时已得知蔡先生做我的博士后研究合作导师，说这是很好的安排，希望我珍惜机会。就这样，我于 1998 年 9 月进入南京大学历史系博士后流动站，成为蔡先生的第一个博士后。

这里有一段很深厚的学缘！南京大学的前身是金陵大学，章先生不完整的大学生活就是在那里度过的，能够追随先生的足迹，在学术道路上走下去，当然是弟子的荣幸。更为巧合的是，我的合作导师蔡少卿教授是北京大学邵循正先生的研究生。邵先生在一次茶余饭后的闲聊中曾经说过的一句话，"今后对资产阶级恐怕需要加强集团研究"，这句话曾给章先生很大启发，章先生所受的启发又曾给我以极大启发。蔡先生则直接师承邵先生，是我国知名的近代社会史专家，在他的指导下我开始对近代行会制度的转化与学徒制度的变迁进行专门研究。我虽与邵先生相隔几代，但他的学术见解与治学经验又通过各种门径传递给我们这些后辈，这不仅是一种学缘上的传承，更是学术道路上的接力赛。章先生为拙著《中间经济：传统与现代之间的中国近代手工业（1840—1936)》（高等教育出版社 2002 年版）作序时，曾表达了他对邵先生的深深敬意，他说：

> 写到这里，我不禁又想起邵循正先生，想起他那句似不经意的简单话语对我的启发，而这种启发甚至在我一些学生的工作中也得到绵延。邵先生并非我的业师，相处较密也只是 20 世纪 60 年代初那一年多的时间，但他那霭然仁者的风貌以及奖掖后进的情怀都使我终生难忘。

我虽然已脱产进入南京大学，但我却从未认为自己已脱离华师，历史系和近代史所也仍然视我为自家人。记得到南京大学报到后不久，1998 年 10 月，华师历史文化学院开展了第一届野泽丰奖学金评奖，在未申报的情况下，我被评为一等奖，并被邀请回校参加领奖仪式，同时代表领奖者发言。当时，从南京到武汉，交通方式主要是轮船和班车，轮船从下游到上游逆行需耗时二十七八个小时，班车夜行，需十个小时左右。于是我头天晚上九点乘车，第二天凌晨到汉，如期回校。11 月 2 日下午，学校在科学会堂举行了隆重的颁奖仪式，野泽丰先生专程从日本赶到武汉为获奖者颁奖，时任校长王庆生教授，章开沅先生出席了颁奖仪式，当我接过野泽丰先生亲自签名的获奖证书并代表获奖者发言时，内心的感激与自豪难以言表，心里也有些愧疚，因为野泽丰奖学金主要是为研究生设立的，我属于在职攻读博士学位的研究生，还有青年教师这个身份。在南京大学期间，1999 年冬季，章先生与金冲及先生曾在一次学术会议间隙为历史系师生作了一场学术报告，主持报告会的是时任历史系副主任的钱乘旦先生，钱先生自豪地说，金先生与章先生都是南京大学历史系的杰出校友，现场响起了热烈的掌声，两位学术成就斐然的先生相会在南京大学，使现场聆听报告的师生深以为荣！

我在南京大学博士后研究期间的主要工作是以近代手工业行会为研究对象撰写博士后出站报告，同时就博士学位论文中涉及的问题整理出若干篇论文，投向不同的学术刊物。十分幸运的是，我的博士学位论文于 2000 年被评为全国优秀博士学位论文，这多少有些出乎我的意料！章门弟子的博士学位论文中优于我的多的是，由于我在南京大学，校内的申报工作是由我爱人艾咏芳一手操办的，而她却是一个学物理出身的理科生，哪里知道如何填写论文的主要观点、重要学术贡献之类的内容呢，得益于朱英老师的指导和帮助，她最后勉强提交了申报表，算是完成了任务，没想到却获得了“无心插柳柳成荫”的效果。我时常感叹，是身边师友、亲人的努力成就了我！优秀博士学位论文的奖金不多，但却资助了一个 30 万元的课题研究，同时，博士学位论文的出版免费，这对于一个人文社会科学研究者而言，是走上良性发展轨道的关键一步。

两年时间转瞬即逝！到了出站的时候，何去何从的问题摆在我的面前。或许是因为我是蔡先生的第一个博士后，蔡先生很希望我留在他的身边；或许是由于我获得了全国百优博士论文奖，同时发表了几篇还过得去的学术论文，南京大学历史系也希望我留下来。记得出站报告鉴定会后的一个晚上，在汉口路上一个公用电话旁，我与钱乘旦教授电话交谈了近一个小时，他言辞非常恳切。正在犹豫的时刻，章先生给拙作《中间经济：传统与现代之间的中国近代手工业（1840—1936）》写的序言已经寄到，同时，随序附了一封简短的信，希望我回母校工作、回近代史所服务。时任华师历史文化学院院长兼近代史所所长的朱英教授也多次与我谈到回近代史所工作的问题，他很可能与章先生谈了我的工作去向。那时，同门弟子奇生兄已确定留在北京中国社科院近代史所，从年龄结构上讲，60 后的研究人员数量不足。

我并未作长时间的思考，老师的召唤就是我的决定。母校和老师对我恩重如山，能为母校的发展、为老师开创的学术事业贡献一点微薄的力量，是我莫大的荣幸。我犹如一支放飞的风筝，虽然飘游在外，但始终与华师之间连着一根紧紧的线。母校当时提出了事业留人、感情留人、待遇留人的人才政策，在我博士后研究期间为我保留校内住房。1998 年我评上了副教授职称，2000 年 6 月，在我尚未出站的时候，学校又破格晋升我为教授。近代史所在我从事博士后研究期间，专门为我腾出一间访问学者工作室，供我系统地查阅《申报》等资料。这些，我都铭记于心，我相信，回到母校，一定能得到事业发展的良好平台。

正当我为此事满怀歉意的时候，令我感到欣慰的是，我的这个决定得到了蔡先生、时任南京大学历史系主任崔之清教授、副主任钱乘旦教授的理解和谅解。就这样，我又回到了华师，回到了近代史所这个团结、和谐、温暖的学术大家庭。

六

回到章先生身边，对我个人学术事业和人生道路的影响是巨大的。我与章先生的接触更多了，他的耳提面命不仅体现在学问方法上，更体现在学术的使命与责任担当上，体现在学术品格与学者良知上，体现在读书与做人的高度统一上。先生的高尚人格、学术魅力对学生的影响无处不在，他的人格风范与学术思想是我国当代教育界、学术界的一份宝贵遗产，值得深入研究。虽然长期耳濡目染，但我能学到的难及其万一，也无力对先生的学术思想进行全面总结，这里谨就章先生对我做人和做学问影响最深的几个侧面谈一些感想。

章先生常讲，人有人格，学有学格，历史学的品格就在于求真求实。历史的智慧、历史对人类的启迪都蕴含在真实的历史中，离开了求真求实，史学的生命力也将不复存在。“史学的可贵品格就是诚实，也就是人们常说的‘求实存真’，离开实与真，史学就失去存在的价值。”从事历史研究的人在努力追求学科品格的同时，也要铸就一种真正的学者人格，章先生曾说，“作为一个史学家，如果没有自己真诚的科学追求，没有维护历史真实与坚持科学真理的勇气，甚至随时要看某些有影响的人士的脸色，那就是徒有其名而无其实”。因此，先生曾大声呼吁：“史学应该保持自己独立的科学品格，史学家应该保持独立的学者人格。史学不是政治的婢女，更不是金钱的奴仆。”他不止一次以刘坤一为例，说明一个真正的学者要坚持独立思考。他说，在义和团运动时期，八国联军侵华，刘坤一、张之洞策动“东南互保”，在专制时代，这可是杀头的大事，但刘坤一说：“头是刘姓物。”难道我们就不该扪心自问吗？头既然长在自己身上，理应属于自己，就史学家而言，这就意味着必须秉笔直书与独立思考，而不应总是“唯书唯上”。他常以“治学不为媚时语，独寻真知启后人”自励励人，即不趋附，不媚俗，不作违心之言。

章先生重视人格，淡化官格，维护人格的尊严，反对官本位。他曾经讲到，在北京、在省里，多个领导接见学者或参加座谈会的场合，有领导姗姗来迟，他或善意提醒，或激烈批评，或愤然离场。而对待一位普通来访者，哪怕是晚辈，只要约定了，章先生就从不爽约，而且总是提前到办公室等待。在章先生眼里，每一个人，无论官有多大、地位多高，都是平等的。

章先生主张读书与做人的统一，他说，光读书不考虑做人是不行的，读书里有做人，做人里也有读书，它们是互补的。章先生一辈子低调做人，高调做事，他是著名的辛亥革命史专家，但他反对别人称他是辛亥革命研究第一人，还专门写文章，郑重其事地予以澄清。他反对别人称他为“大师”，常说自己先天不足，后天读书不多。当别人将著名历史学家、教育家的光环戴在他头上时，他总是谦虚地说愧不敢当。2015 年 7 月 8 日，按照中国人的传统习俗，是先生 90 岁寿辰，遵照先生的意愿，不举行隆重的祝寿活动。此前，学校出版社推出了 11 卷本的《章开沅文集》，于是在先生生日这天，近代史所举行了一个小型的座谈会，先生答谢时说，“时光匆匆，每个人都是过客，不可将自己看得太重”。他认为自己的旧学根底不及学术前辈，因而一开始拒绝出版个人文集，以免被人讥刺灾梨祸枣，造成不必要的资源浪费。章先生回忆了自己青年时代浪迹游历的经历，笑称自己“流浪成性，享受自由”，“颇似一个流浪成性的行者，经常漂泊在没有航标的江海”。章先生勉励大家，“人谦虚一点，愿意多学一点，总是没错的”，“我主张说真话，虽然说真话可能触及时事、伤害人。我们要在世事纷纭中，老实做自己的研究，一往无前，奋力前行”。2018 年 12 月，章先生发表吴玉章人文社会科学终身成就奖获奖感言时说，“自己觉得学无大成，贡献很少”，“底子很薄，因此从来不敢用人梯来要求自己，因为人梯是需要高度的”。因此，他把自己比作一只老母鸡，一颗铺路石！

学风是世风的先导。章先生认为："学风应为世风的先导，学风为社会良心之最后寄托，如果世风坏而学风未坏，这个社会还有希望；如果学风随世风而俱坏，这个社会就无可救药了，此之谓哀莫大于心死。"先生直斥社会上的不良风气，上个世纪九十年代，他曾激烈批评汉阳龟山电视塔上的香烟广告，以一位学者的良知反对在政府公共设施上公开贩卖烟草。他曾猛烈抨击社会上假发票满天飞的不正之风，对一个时期广埠屯天桥附近成群叫卖假发票的现象进行了深刻剖析，呼吁政府加以治理。他身体力行，带头给不良风气纠偏。作为德高望重的历史学家和华师首批人文社会科学资深教授，他多次主动申请辞去资深教授头衔，他认为资深教授制度很好，学术荣誉可以是终身的，但待遇是应该是可以"退休"的，学校最后尊重先生的意愿，同意他辞去资深教授。

章先生关怀人类命运，关注人类文明的未来。2005 年他在一次校园开放日的报告会上，大声呼吁，作为万物之灵的人类，要与自然界和谐相处，不破坏自然，不破坏环境。"养你、育你，一生给你最大恩惠的母亲——地球，就是被人类自己糟蹋的。"他还说："我们自己过着很幸福生活的时候，是不是也要替世界上那些很困苦的、遭受战争和灾害的弱势群体想一想呢?"他更是以实际行动去爱惜地球，珍惜资源。章先生为在校园里捡垃圾的学生鼓与呼，"为你丢我捡叫好"；他礼貌地制止随地吐痰者说："你这是不对的。"在日常生活中，章先生十分节俭，他在面池里总要放一个脸盆接洗手水，然后再用洗手水冲洗厕所，他的这个习惯一直坚持到摔跤后双手无力端起一盆水时为止。他响应学校开展的熄灯一小时活动。如果不是与他朝夕相处的黄师母回忆告诉我们，我们并不清楚章先生的自律与节俭到了如此严苛的地步。

章先生在多个场合谈到史学研究与现实的关系。他认同历史研究应该讲求社会效益，他曾说："我赞成史学必须讲究社会效益，但是不赞成对社会效益作过分偏狭乃至扭曲的理解。史学之所以有社会效益，首先因为它是一门科学；如果史学不再是一门科学，它就顶多只能成为一件可供人随意驱使的玩意儿，那还有什么真正的社会效益可言。"因此，史学的社会效益不是简单地为现实作"注解"，史学研究与现实需要也不能简单地理解为主、附关系，他说："两者之间应是平等关系而非隶属关系。史学是在保持独立的前提下关注现实，其中也包括关注政治，而绝不是供政治任意驱使的臣仆。"他提倡"参与的史学"与"史学的参与"，但这不是一个简单的口号，前者是指研究历史应该回到特定的历史场景中，不能以当代的标准和今人的好恶评判历史人物，后者是指应以真实的历史服务于社会。"历史学家毕竟是历史学家，我们的主要'天职’乃是研究历史而非其他。我们参与现实社会生活，主要是以史学来参与而非其他。正因为如此，我们首先就需要参与历史，亦即走进历史，理解历史，把自己重新体验并赋予生命的真正历史奉献给人类！”

在史学方法上，章先生非常强调原生态史料。2005 年 10 月，在苏州举行的近代中国社会群体与经济组织暨苏州商会成立 100 周年国际学术研讨会的主题发言中，章先生将“原生态”一词借用到史学研究中，再次强调了史料的原始性、完整性对历史研究的重要性。他曾说，历史学与地质学有相似性，史料的发掘如同矿藏勘探，不是知道这个地方有铁矿就行了，对于铁矿的位置，处于哪个矿层，矿脉怎么样，周围的环境怎么样，古生物遗存情况如何，包括当时的水陆情况都要弄清楚，只有这样才能开展有价值的勘探。他说，历史研究的本身首先是求真求实，历史的真实就是历史对象的原生态，尽可能不作不着边际的评论，不带任何偏见，保持价值中立。任何人都有主观，但是要做主观因素少的人。历史究竟应该研究什么？简单地讲，就是要探索历史的原生态。历史事件、历史人物的原生态，就是其本来面貌，就是它们的真实面相。随后，《学术月刊》总编田卫平兄约稿，经先生同意，我们根据先生的讲话录音整理成《商会档案的原生态与商会史研究的发展》一文发表在该刊 2006 年第 6 期上，对纠正当时史学界的浮躁之气、功利之风产生了积极作用。

章先生是一本厚重的大书，书中所蕴含的学术思想和做人所坚守的原则，值得我们一辈子去阅读、去理解！他用一辈子对学问的孜孜以求，对教育事业的深刻理解与责任担当，影响并推动着华中师范大学及其中国近代史研究所不懈地前行！

七

章先生的治校理念也潜移默化地渗入我的工作实践中。

先生于 1984 年出任华中师范学院院长，那时，我还是一个本科生，等到临近毕业时，章先生已经是华中师范大学校长了，因此，章先生既是最后一任华中师范学院院长，也是首任华中师范大学校长。1985 年，对华师人来说，好事连连，一是学校正式更名为华中师范大学，二是邓小平同志亲笔题写了校名。对广大教师来说，1985 年开始有了属于自己的节日——教师节。1981 级作为华中师范大学第一届毕业生，一毕业就赶上了第一个教师节，我们庆幸自己赶上了好时代。那时，每逢教师节，学校、系里都会发放一些慰问金或慰问品，虽然值不了多少钱，但老师们颇有获得感和职业幸福感！更重要的是，广大教师感受到党和国家对知识分子的重视。作为一名刚留校的青年教师，我接触章先生的机会不多，当然也不知道章校长是如何治理学校的，但我深刻地体会到，那些年学校充满了生机与活力，蓬勃向上。章先生的办学理念与治校风格是在多年之后，通过与章先生闲聊，我慢慢领会到的。有几次我陪同章先生去湖州考察，路途中回忆往事时，章先生讲了很多他任校长时的趣事，从中可以品出先生是如何当好一名大学校长的。

他说，他在任校长时，实行了“副校长负责制”。章先生是从教研室主任这个大学最基层的位置上直接拔擢为校长的，没有行政经验，起初连批阅公文的格式都不清楚。一方面他努力学习，另一方面当时的校办主任发挥了很大作用。他依靠每一位班子成员，充分赋权，让他们各自负责分管领域，这样不仅调动了各位领导的积极性，也营造了相互信任、团结和谐的班子氛围。当时有人说他被“架空”了，章先生说，他不怕被“架空”，让每一位校领导在具体事务上实起来，校长才有精力思考学校的整体发展战略。

章先生爱才、惜才，不拘一格用人才。他在任校长期间，曾聘请一位园林科工人师傅为生物系讲师，这位师傅叫姚水印，他一辈子在华师绿化组工作，为华师园林绿化立下了汗马功劳。任校长前夕，章先生克服阻力将唐文权老师从苏州一所普通中学调入华中师范大学历史所，后来他成为在近代思想文化史领域卓有成就的一位著名学者。章先生不仅是慧眼识才的伯乐，更是不拘一格用人才的领导。像姚水印师傅这样无学历和唐文权老师那样的低学历的人，能够被重用，充分体现了学校领导在那个时期的思想解放程度与唯才是举的胆识。

章先生坚持管理与学问两不误。出任校长之初，章先生虽然获得了一项令双肩挑干部们羡慕的“特权”，即每周有两个单位的时间用来做研究，但实际上，根本无法落实。因此，他在任校长期间，每天凌晨四点起床，先读书写作数小时，上午八点，再准时到行政楼办公。

章先生不认同教育领域一些跨越式、跃进式的做法。闲聊时，他常说，教育是育人的事业，教育的起点与归宿都是爱，都是人性的完善与提升。我们要高举“爱在华师”的旗帜，这个爱是人类的大爱。学校不是工厂，也不是工地，教育的对象是人不是物，教育者与被教育者之间需要良性的互动，教育的每一个环节都倾注着教师对学生的爱和学生对教师的尊重，教育更像慢工细活。教师更像精心培育花木的园丁，大学生都处在花季年华，需要细心浇灌。

归根到底，教育改革要实现两个回归，一是回归大学主体，一是回归教育本性。

章先生还讲了许多过往经历，谈了当下身边出现的一些人，发生的一些事。我边听边想，章先生不仅属于那个年代，也属于当今时代，时代的大潮催生了像章先生那样敢于直面问题的大学校长，勇于追求真理的学者，但能达到这种高度的校长与学者却十分难得！这些闲聊大多发生在我走上管理岗位之后，许多同样的事情就发生在我们身边，感同身受，常常在内心深处引起共鸣。我服膺于章先生的教育理念与治校方法，更敬佩章先生的风骨与睿智。章先生给我的最大帮助，还是在管理工作中对我的实际指导与支持。

2008 年 4 月下旬，学校启动了历史文化学院行政班子换届，王玉德院长主动表示不再连任，院长一职落到了 60 后或更年轻一代的肩上。其时我将年满 45 岁，经过再三考虑，决定报名竞聘。我将自己的这个决定报告给章先生，想听取他的意见，章先生支持我出来为学院服务。他说，这将是一段重要的人生阅历，目前近代史所也没有更合适的人选，但告诫我要有充分的心理准备，管理工作会耽误大量的时间，希望我处理好行政与学问的关系，做到两不误。章先生的支持，给了我极大的底气与勇气，朱英所长也鼓励我积极竞聘。按照当时的组织规则，历史文化学院教师可以自愿报名竞聘院长或副院长，并在全院教师大会上陈述自己的办院理念、举措和任期目标，然后进行民意测验，最后由学校党委确定拟任人选。事后我才得知，报名竞聘院长的只有我一人，民意支持度如何，并不清楚，时任学校组织部部长的黄晓玫亲赴近代史所与我进行了谈话，正式上任前时任党委书记丁烈云同志还与我进行了任前谈话，提醒我要注意处理好历史文化学院与近代史所的关系。5 月 23 日，学校党委吴晋生副书记、组织部黄晓玫部长到历史文化学院宣布班子构成，我任院长，邢来顺留任副院长，继续分管教学工作，刘固盛获任分管科研工作的副院长。

历史文化学院是华师的传统优势学院，基础好，实力强，院风正，学校对历史文化学院寄予了厚望。不幸的是，在教育部第二轮学科评估时，历史学科跌出十名之外，学校震惊，学院更感到意外，新班子备感压力。记得那段时间，我关门谢客，认真思考学院的学科结构与队伍构成，针对评估中出现的短板，制订具体措施，并形成了一份关于历史文化学院发展思路的报告。当年 9 月中旬，历史文化学院在武汉市黄陂区召开了全院教师大会，章先生亲临会议，发表了讲话，针对学科评估排名滑坡现象，他提醒我们不要背包袱，更不必气馁，学院的发展要有定见，有定力，认准的学科方向要坚持不懈地做下去。章先生的一席话，让全院教师吃了定心丸。党委书记丁烈云同志稍晚也赶赴会场参会，同行者还有人事处的陈守银、教务处王坤庆、工会廖水明等同志。那次会议开得很成功，统一了思想，凝聚了共识，全院老师们的心更齐了。晚上的篝火晚会进一步活跃了气氛，章先生那天晚上心情很好，他举起火把，点燃篝火，踏着节拍，和大家一起翩然起舞，其乐融融。这次会议给所有参会人员留下了深刻印象，也是历史文化学院发展的一个新起点。

在担任学院院长的四年间，我从抓教学工作入手，努力提高人才培养质量。为了推进研教双优人才培养模式改革，我抓教学改革、教学研究和教材编写；同时为世界史、中国史中的“古”字头学科（历史文献学、中国古代史）大力引进人才。2010 年，章先生亲自担任首席专家，牵头申报国家社科基金重大攻关项目——“荆楚全书”编纂，并一举中标。尤其令我感动的是，这年 10 月，根据国家哲学社会科学规划办的要求，重大项目首席专家必须参加现场答辩，正当我为此发愁、征求章先生意见时，章先生毫不犹豫地答应了。当 84 岁高龄的章先生出现在现场时，所有专家无不动容。“荆楚全书”编纂项目顺利地通过了专家评审，成为首批文史哲领域国家重大攻关项目之一，也是历史文化学院第一个哲学社会科学重大攻关项目。章先生为了支持学院的发展，不仅慨然应允担任首席专家，而且出席现场答辩，其意义不仅在于让学院顺利地拿到了这一重大项目，还在于产生了巨大的带动作用。章先生带了个好头，随后几年，历史学科先后有十多项重大课题成功立项。在教育部开展的第三轮学科评估中，我校历史学科也再次挺进前十名，跻身第一方阵。

就在我自认为历史使命已经完成的时候，学校于 2012 年上半年启动了干部轮岗工作。5 月 16 日，学校领导电话告知学院党委有关意向并征求意见。表示学校决定新成立科研部，将现有科技处、社科处并入，并新设立军工项目部，由社科处处长兼任科研部部长，由科技处处长兼任副部长、军工项目办主任，并征求我的意见，我考虑了一下，说还需要与家人商量。第二天，我表示服从学校安排，5 月 21 日，学校发布了轮岗通知。后来，我到章先生工作室报告这一安排，章先生说已经知道此事，大力支持，但对历史文化学院来说是一个损失。我表示，到任后希望能逐步改变当前社会科学研究中存在的重数量轻质量、重申报轻跟踪、重经费轻服务等现象，他说，要慢慢来。

自从章先生牵头申报“荆楚全书”编纂项目，我成为该项目的总协调人之一（另一总协调人为周国林教授）。2014 年 6 月，我开始担任章开沅东西方文化交流基金会理事长，之后，我与章先生的接触就更加频繁。几乎每隔一段时间，我就联系近代史所的刘莉约定章先生的时间，就相关工作请益，或涉及项目进度与有关安排，或涉及基金会重大活动，或在工作迷茫时向先生请教，或在思想困惑时与先生谈心，只要有约，先生都大度地应允。

章先生关心学校事业发展，关心校园建设。2016 年 5 月，我代表学校陪同几位老领导赴梁子湖校区参观考察，章开沅先生、华师原党委书记晏章万同志、原副校长郎君诗同志、邓宗琦同志、王秋来同志、原校办主任杨立仁同志等参加了考察活动。2018 年 12 月，在学校为先生举行的吴玉章人文社会科学终身成就奖的授奖仪式上，章先生表示希望学校早日建成梁子湖校区，实现华师人“林、山、湖”的校园梦！如今，梁子湖校区成为先生未竟的遗愿，我辈后人仍当努力！

章先生在关键时刻总是发挥定海神针般的作用。2016 年，国家启动了“双一流”建设工程，无论是校内，还是校外同行专家，都认为华师的中国历史学科应该进入“一流”学科建设行列。2017 年 9 月，在教育部公布的首批“双一流”名单中，我校政治学、中国语言文学进入“一流”学科建设名单，中国历史落选。对此，有人感到意外，也有人产生悲观情绪，校内外不乏惋惜、不平之音，章先生却十分冷静。我记得他多次鼓励我们要有自信，保持定力，走自己的路，学科建设有自身的规律。

章先生就是这样，当我们遇到危机、坎坷时，他会恰到好处地为我们提提气，鼓鼓劲；而当工作中出现急躁冒进、头脑发热的风气时，他又不失时机地出来浇浇水、灭灭火。对待学生是这样，对待学校也是如此。他是华师的精神支柱！

八

章先生离我们远去了，桂子山上再也不见这位和蔼可亲的老人！在与先生告别的那几天，在国际文化园区一楼吊唁厅，悼念的人们络绎不绝；在博雅广场追思点，师生排起长龙献花追怀！全校师生舍不得您呀！网上追思群里，学术界同仁用雪片般的唁函、挽联，寄托哀思，以一篇接一篇的回忆文章表达对先生的怀念！

晚年的章先生是一位和蔼可亲的老人！他像一位普通老师一样，每天准时到近代史所上班，从博导楼到近代史所的路上，我们经常看到一位老人的身影，他斜挎着一个黑色资料包，冬天戴着一顶呢绒帽，后来又慢慢地多了一根随身带着的拐杖，从步履稳健到步履蹒跚、从腰板挺直到腰弯背曲，章先生年复一年、日复一日地行走在这条路上，成为桂子山上一道独特的风景！章先生从不服老，生命中有一股顽强意志，他上下楼梯从不让人搀扶。有时看到他吃力地走上台阶时，总想上前帮扶一把，章先生总会说不用；有时看到他行步缓慢地走在路上时，总想开车送他一程，但他总会说自己慢慢走。有时他在工作室接待校外来访者，有时亲自到年轻教师的工作室与他们促膝长谈。即便辞去资深教授后，他步行到近代史所工作的这个习惯也从未改变。在章先生的带动下，近代史所的研究人员个个惜时如金，不分寒暑假，没有礼拜天，在各自的研究领域辛勤耕耘。

与先生接触多了，发现先生并没有早期传说中的那么严厉，反而非常平易近人。近代史所就像一个温暖的大家庭，逢年过节时，总要聚在一起，吃一个团年饭。章先生是“大家长”，为了使气氛轻松一些，席间章先生总会说一些笑话，使大家少一些拘束，活跃气氛。章先生是美食家，食欲总是很好，食量也不输人。但在与章先生相聚的各种场合，我从未见章先生喝过白酒，不过，他喜欢看别人喝酒，有时还凑近酒杯闻一闻。2018 年 5 月下旬，我与近代史所马敏、朱英等老师陪同章先生寻访安徽宣城其曾祖章维藩行迹时，在宣酒厂酿酒车间，章先生高兴地拿起刚出窖的原酒闻了闻，还用舌头舔了舔，连声说：“好酒好酒！常常喝宣酒，强身健体大步走！”他说自己年轻时也喝过酒，也曾醉过，一个男人一辈子哪有不醉酒的。他常常把家里珍藏的好酒拿出来供小辈们品尝。2002 年 12 月下旬，在前去湖州参加江南市镇国际学术研讨会前，章先生让随行人员去家里拿了两瓶二两装的小茅台，到火车餐车上用餐时，他让同行的陈锋教授把酒打开，顿时香气扑鼻，但是倒了半天却不见酒，原来这酒已存放多年，封闭又不严，已经挥发了大半，但剩下的也是最好的。还有一次，在湖北省咸宁市嘉鱼山湖温泉宾馆举办的近代史所年会上，我挨个敬酒，把盏推杯，章先生忽然开玩笑似地说，南生给别人敬酒也是自己想喝酒，一句话逗得全桌人大笑。

常言道，大树底下好乘凉！章先生又何尝不是一棵参天大树呢？他为华师近代史学科打造了一个铁打的营盘——近代史所，建设了一支合理的研究梯队。他理智地对待人才流动，从人才更好地成长、从华师近代史所更大学术影响的角度看待要调动的人才。近代史所是开放的，多年来，人才有进有出。从近代史所走出去的人，章先生继续给予关心和提携，希望他们都能有更好的发展，他们的发展不仅有助于所在学校历史学科的发展，也有益于国内近代史研究水平的整体提高，而且提升了华师历史学科的学术影响力，更加增进了兄弟高校与华师近代史所的关系，这本身也是对我校近代史所的一种回馈。凡是在近代史所工作过的同事，虽已调离华师，但作为同行，仍然与近代史所保持着密切的关系。

今天是章先生诞辰95周年纪念日，95年前的今天，章先生诞生在安徽芜湖一个民族实业家家庭，早年入读金陵大学，后辍学参加革命，随后服从安排进入中原大学。新中国成立后，先生一直服务于华中师范大学，毕生从事中国近现代史的教学与研究，为中国史学界培养了大批人才。往年的今天，近代史所的同事都会小范围地与先生在一起聚聚，吃个生日饭，唱首生日歌，吹蜡烛，切蛋糕，祝福先生健康长寿。今年的今日，先生已驾鹤西游，睹物思人，不禁唏嘘！

先生虽远行，精神将永存！我们唯有传承先生的学术精神、秉持先生的教育理念，把华中师范大学历史学科、把华中师范大学建设得更好更强，才能告慰先生在天之灵！

写于2021年7月8日

三访荻港

荻港，因荻（芦苇）得名，紧邻运河，一条蜿蜒的小河穿过荻港，汇入运河。她是一个古老的江南水乡，也曾是一个繁忙的渔港。然而令人称羡的还不止这些，近代以来，从这样一个普通的江南古村落中走出了我国地质学奠基人章鸿钊、著名民族实业家章荣初、章维藩，知名外交家章宗祥等人，我校老校长章开沅先生亦出自荻港村章氏清芬堂。曾在近代创办益新面粉厂，并用新法开采凹山（今马鞍山）铁矿的章维藩就是章开沅先生的曾祖父。正是由于这样一种特殊情缘，近年来我曾三访荻港。

第一次去荻港是 2003 年 10 月下旬，为了搜集近代民族资本家章荣初的史料，在湖州文化名人张建智先生（时任湖州外事办副主任）的陪同下，我首次踏访荻港。我和张先生事先约定，不惊动当地村贤，看看真实的古村今貌。漫步在古老的石板道上，徜徉在荻溪岸边，我们边走边聊，张先生如数家珍地讲述着荻港村的故事。我在脑海中复原着这些鲜活的历史，更情不自禁地惊叹于荻港的过去，这是一种对乡村历史文化的怜惜，是一种对村落记忆的认同。然而，一丝丝伤感也不时袭上心头：章鸿钊故居内只剩残垣碎瓦，满目凄凉；荻溪溪水清澈不再，石拱桥历经沧桑残损不堪，荻溪里的芦苇不见踪影。这还能叫荻港吗？古老的村落文化还能传承下去吗？我沉默不语，张先生看出我的思虑，便将一个文化人的设想娓娓道来：溪水复清、石桥复修，芦苇复种、故居复原，荻港将来必定成为“文化江南”的一个缩影！

二访荻港的时间是 2004 年 5 月，一个春意盎然的时节，在参加江南市镇研究国际学术研讨会的间隙，章开沅先生特地从武汉带来了一批书籍，捐赠给故乡的学龄儿童。在一个简短的捐赠仪式后，我们踏上了二访荻港的行程，随行的有湖州市政府外办主任张建智、司法局副局长高勇年等同志。我们一行驱车约半个小时，来到了荻港村活动中心，受到了早已等候在这里的村委会成员们的热情欢迎。一进大厅，首先映入眼帘的是章先生题写的“叶落归根”几个大字。村支部章金才书记说这体现了章先生对故乡的深深眷念，并对章先生慷慨捐赠书籍、关心故乡后代成长的举动表示感谢。紧接着，他详细介绍了荻港村的发展规划，还特别提到要充分开发荻港村的历史文化资源，重现小桥流水的如画图景，“文化江南”的缩影已隐然成形。更令人高兴的是，荻港村的规划得到了菱湖区政府的充分肯定，菱湖区的倪区长（现任湖州市人民政府副市长）表示区政府会将荻港村的整旧如旧工程纳入区政府的规划之中。我期待着规划能尽快变成现实！

今年 11 月下旬，我陪同章开沅先生、黄怀玉师母坐上了去江南的火车三访荻港。此行的目的有二：一是章先生向湖州档案馆捐赠一批祖上留下的珍贵文物，二是再向荻港赠送一批书籍。

“故乡秀水牵章老，明日赠书到荻村”，11 月 22 日，我们一行很早起床，收束行装，直奔荻港。天公不作美，一路上雨下个不休，把深秋与初冬的江南笼罩在烟雨之中，雨中的江南大地更多了一份妩媚和秀美。随行的张建智、高勇年同志介绍着古村发生的变化，不知不觉间车子已经驶进了荻港。“难道这就是荻港？三年间变化竟如此之大？像变魔术似的。”章先生将信将疑道。这时，远处响起了锣鼓声，村民们自发地聚集在村公园名人堂前，载歌载舞，欢迎章开沅先生回家。在欢迎的人群中，我看到了湖州市的倪副市长，这位牵挂荻港的父母官一定要在百忙之中抽出时间与章先生一起分享古村换新貌的喜悦。

名人堂是荻港村公园的主体部分，这里陈列着近二百年来从荻港走出去的名人，其中包括清代的进士、举人，近现代与当代科学家、企业家、外交家、教育家、艺术家等数十人，他们创造了古村辉煌的历史。然而，更让荻港人骄傲的是，古村正在他们的手中变得越来越美丽，“屋前临水小桥通，桑树古村生态浓。历代耕读文化盛，领骚今日是章公”。同行的司法局高勇年同志诗兴大发，以诗抒意，描绘出一幅人与自然和谐相处的美好图景。据介绍，公园里的亭台廊阁，荷池小桥，无一不是村民们捐钱捐物、一砖一瓦建造起来的，功德牌上村民们的捐款从数万元到数百元不等，功德牌旁边撰刻着村民公约、妇女守则，如今村公园已成为村民们的休闲娱乐场所和农村文化活动阵地。

在名人堂里举行的简短、隆重的赠书仪式上，章先生向故乡中小学捐赠了数百册个人收藏与购买的书籍，寄望荻港后代创造更加灿烂的未来。通过村干部热情洋溢的介绍，我们了解到荻港近三年来的进步：村庄经济快速增长，村民人均收入近九千元，邻里和谐，近年来没有一起斗殴案件，是远近闻名的文明村，并且正在申报浙江省和谐新村。他们还特别提到在桑基鱼塘上建成的荻港渔庄——章先生一行夜宿的地方，庄主就是一位改革开放后外出打工、创业的荻港人。她在致富后毅然关掉了工厂，回乡投资二千余万元，建起集休闲、旅游于一体的度假村，不仅解决了一部分村民的就业问题，而且盘活了历史文化资源，她以章氏宗族的堂名招徕八方宾客。

荻港渔庄是一座典型的江南庭院式建筑，院内有池，院外有湖，青砖灰瓦，长廊蜿蜒，挂满了大红灯笼，宛如一处水上人家。一进门，庄主便率服务人员热情地迎接我们，之后更以陈氏家肴相待。不过，我并没有太多的心思欣赏这院内美景，品味满桌的佳肴，我想得更多的是，荻港是一座历史文化资源丰饶的“富矿”，村民在依靠双手大力开发这座“富矿”、发展文化事业的同时，又吸引资金回乡，发展第三产业，这是否可称为一种“荻港现象”呢？入夜，室内暖意融融，室外万籁俱静，荻港人正在静悄悄地书写着历史，在静静地迎接更加美好的未来！

我期待着四访荻港！

（附记：本文写于2006年，原载《华中师大报》2006年12月30日文艺副刊。文中诗句为湖州友人、湖州市司法局副局长高勇年先生寄赠。）

我眼中的熊老师

——写在熊铁基先生米寿之际

我虽然不是熊先生的入室弟子，但却是先生永远的学生！

1981年，我考入华中师范学院历史系。那时的历史系，在桂子山上称得上是豪华配置，既有张舜徽、章开沅、涂厚善先生这样的大师，也有吴量恺、熊铁基、邹贤俊、陈辉、刘望龄、戴绪恭、谭克绳、董方奎、苏中立、黄震、高明振等名家，还有一批年富力强的中青年学者。但是，坦率地讲，对一个刚刚迈入大学校门的高中毕业生来说，我确实有些“有眼不识泰山”，这些在学术界听起来如雷贯耳的专家，当时并未使我感到多么幸福与自豪。记得拿到华中师范学院的录取通知书时，我还颇有些五味杂陈，有跳出农门的兴奋，也有被师范学院历史系录取的失落。喜悦是因为毕竟当时能考上大学的学生只是凤毛麟角，据说当年的高考升学率只有4%，经过预考后的录取率也只有8%左右；失落是因为我当时认为大学毕业后只能当一个中学历史老师，且不说当时的中学老师社会地位不高，历史在中学也只能算是“副科”。直到进校一个多月后的某一天，在6102阶梯教室，章开沅先生在辛亥革命70周年国际学术研讨会的间隙回来给全系师生作学术报告，我才为历史系盛大的学术场面所震撼。那时的桂子山上，汇聚了1977级到1981级五个年级的学生，可谓“五代同堂”。不过，历史系五个年级的学生加在一起也只有290人左右，但也把举行学术报告的教室坐得满满当当，历史系的老师坐在前两排，作为资历最浅的1981级，我们只能自带小板凳（通常是在周末时到露天电影场看电影时使用）坐在过道上。章先生先一步来到教室，当张舜徽先生走进教室时，章先生立即迎上去与张先生热情握手。当两双手紧紧地握在一起时，全场响起了长时间的热烈掌声。随后，章先生在学术报告会上介绍了辛亥革命研究的最新进展，穿插了国际会议中的若干“花絮”，章先生的语言生动、风趣、幽默，不仅深深地吸引了我，也给我留下了难以磨灭的记忆，从这场报告会开始，我才感受到了历史系深厚的学术底蕴。

我并不清楚熊老师是否参加了那场报告会。但随后不久，熊老师就开始给1981级本科生上通史课。我们年级的中古史分为三段，熊老师讲授汉唐史那一段，先秦由徐俊老师主讲，宋至明清由戴成兴老师讲授。熊老师个头不高，留着平头，十分精神和干练，走起路来，总是脚下生风，步履匆匆。课堂教学方面，三位老师各有风格。徐俊老师讲课较为随意，讲到哪里算哪里，徐老师本业考古，有时一个字可以讲一节课，使我们充分领悟到了汉字文化的博大精深。戴成兴老师上课的条理性特别强，一口浓厚的湖南口音，尤其是用地道的湖南话讲“土木堡事变”时，给同学们留下了深刻的印象，以至于几十年后，我们同学聚在一起时，还会以“土木堡事变”作为戴成兴老师的特有符号。熊老师在课堂上语速较快，富有激情，在我印象中，他讲稿用得不多，但板书较多，尤其是常常引经据典，并将关键的文献史料在黑板上板书出来，在今天看来，这应该属于研究型教学。但当时，我们并不理解他的良苦用心，反而觉得上熊老师的课很累，也不好做笔记。当然，我不知道，这个“我们”，除了我之外，还有多少和我感受一样的同学。课程结束时，我的古代史考试成绩不算突出，可能还拖了总成绩的后腿。后来，熊老师开设“秦汉新道家”选修课，心有余悸的我，没有选修这门课程，但却去蹭了几次课，发现他的板书更多了，甚至整块黑板都写满了字，不过，我却慢慢听出了研究的味道。其时，熊老师五十出头，正当年，精力旺盛，教学工作很投入，他在我们年级付出的精力也很多，不仅时常参加我们年级的活动，还经常深入班级和宿舍，是最受我们年级同学喜爱的任课老师之一。那时，历史系学生都住在西区六栋学生宿舍里，宿舍楼建于20世纪五十年代，楼高三层，青砖灰瓦、古色古香，后来被武汉市政府列为优秀历史建筑。那时，男、女生都住在同一栋楼里，通常是女生住在三层，男生住在一、二层，熊老师在一、二层几个男生宿舍匆匆忙忙地晃一晃，然后直接“深入”女生宿舍。女生不到三分之一，被他视为“宝贝”。以至于毕业十年后，在同学会上，男生们还没有忘怀当年对熊老师偏爱女生留下的“嫉妒”。

1985年7月，我本科如期毕业，并留校任教，于是，我和熊老师多了一层同事关系。

一个本科生留校任教，在今天看来，似乎不可思议，但在20世纪80年代前、中期，高校普遍人才断档，青黄不接，像我一样直接留校任教的同学不在少数。我被分配在中国近代史教研室，熊老师的古代史教研室就在我们隔壁。虽然荣幸地与昔日的老师成为同事，但接触却反而少了，无他，因为工作太忙了。那时留校的青年教师大多兼任辅导员，我一留校便被安排兼任1985级辅导员，并且于当年暑假随同分管学生工作的李金权副书记一起参与招生工作。我做了一年半的辅导员，同时，教研室安排我给董方奎老师当助教，其实就是全程跟班聆听董老师给1984级开设的中国近代史课，同时在董老师的指导下备课，为站稳三尺讲台作好准备。

就这样，转眼到了1989年，历史系行政班子换届。虽然在历史系工作了四年多时间，但是，说实话，作为一位年轻教师，我对“大人们”的故事知之甚少。到了宣布决定的时候，熊老师突然站起来，当着学校党委派来宣布班子名单的领导和工作人员的面，批评学校的决定，并离场表达不满，当时有十余位年轻教师也随之离场。当然，党委的决定是不可更改的，历史系随后几年的状况也比较稳定，熊老师也并非是对新班子有什么意见，或许是对老班子更为留恋。但熊老师那个举动，却将他不畏权位、敢于直言的学者品格淋漓尽致地展现在我们面前，这也使年轻教师对他多了一份敬畏！

或许我并非他的入室弟子，在我眼里，熊老师并没有弟子们所说的那么严厉，他总是笑眯眯的，笑起来眼睛眯成一条缝，和蔼可亲，而且他不注重衣着，年纪越大，越不修边幅。一辆自行车骑了大半辈子，一顶帽子随意搭在头上，一件破棉袄年复一年地陪伴他过冬，他最喜爱打乒乓球，也舍不得给拍子换一块胶皮。他每天下午总会定时出现在历史文化学院活动室，打上几盘球，无论输赢，他总是笑呵呵的。他甘为人梯，但从不服输，历史系很多年轻老师的搓球技术都是在他的辅导下进步的。我也常常向他学习，起初他赢得多，慢慢地他输多赢少，但他嘴上总会说，“你这点技术超不过我，在我躺倒之前，你打不过我”。他的平易近人，还体现在他既没有名家的架子，也没有老师的威严，有时和他开个玩笑，哪怕过一点，他也不在意。比如说，熊老师有个习惯，隔三岔五地他会从家里出发，先到校医院，每个科室巡走一遍，然后到行政楼，每个处室巡察一番，偶尔敲开校领导的办公室，问一些无关紧要的事，最后到历史文化学院办公室，先是挨个翻检当天的信件，接着逐一询问办公室工作人员，有时事涉教学科研，有时嘘寒问暖，有时也没话找话，这已经成为桂子山上的一道“风景”！坊间传说，他的“三点一线”，不仅是为了健步，也是为了养眼，有时我们说他是为了看美女，他也不介意“美女养眼”论，还说这样既养身又养心，熊老师就是这样的一位“真人”。现在熊老师年纪大了，看到他来行政楼的次数也越来越少了，心里有所失落的同时，也在默默地祝福他健康长寿！

熊老师是一位纯粹的学者，他这辈子没有做过“官”，甚至连教研室主任也没有当过。但这不等于说他不关心学科建设，不关心院系发展。他在学术界的知名度很高，1993 年就成为“国评博导”（这是国务院组织全国专家评审的最后一批博导）。他热心助人，许多年轻教师都得到过他的提携和帮助，在学位点建设、人才评审、项目申报等方面，他有求必应，热心地向学界介绍、推荐。2008 年，我接替王玉德教授出任历史文化学院院长，章开沅先生、熊铁基先生等老一辈学者都对我寄予了厚望，上任之初，我专程赴熊先生家里求教，请他指点迷津。在管理工作中，他大力支持我，并不时给予鼓励和肯定。说实话，并不是我做得有多好，而是在老师们的眼中，更多是用鼓励代替批评，或用鼓励作为鞭策的手段，甚至以鼓励宽容学生可能出现的失误。华师历史学科正是因为这样一批又一批德高望重的学者一代一代地传承，才有了今天的兴旺。桂子山上的学术薪火不辍，也得益于一代又一代学者奉献自己的青春和智慧。走上学校管理工作岗位以来，我常常想，我们应该善待、厚待那些为学校事业发展作出过突出贡献的老教师。在学校党委安排我分管人事人才工作期间，我不仅大力推动实施了“学者名师计划”，而且推出了“桂岳计划”，从已退休的老教师中礼聘一批德高望重，学问又好，为学科建设作出过重大贡献，同时身体健康的老教授、老专家担任“桂岳计划”卓越教授，熊老师自然名列其中。学校于 2018 年 11 月 22 日为第一批“桂岳计划”卓越教授举行了简朴但不失隆重的聘任仪式，时任校党委书记的黄晓玫同志出席了这次活动，熊铁基、王先霈、张耀灿、李家荣、樊恽等十余位教授出席聘任仪式并发言，熊先生第一个讲话，他讲得最多的还是感谢学校给予的崇高荣誉，并表示自己身体很好，还可以继续为学校的发展发挥余热。

从风华正茂到耄耋之年，熊老师为华中师范大学奉献了一辈子！他的身上写着一个大大的“忠”字，忠诚于党和人民的教育事业，忠诚于他学于斯、成长于斯的华中师范大学。伴随他一辈子的是著作等身的学问！是桃李满园的学生！是他直面问题的勇气！也是他不畏权势、敢于直言的文人风骨和他豁达、开朗的性格！我不是先生的入室弟子，难以将先生的学问发扬光大，但他直面问题的勇气和不畏权势、敢于直言的文人风骨，却将使我终身受益。无论是在指导研究生论文的过程中，对学生近乎严苛的批评，还是在管理工作中，直白表明个人的不同意见，我无不是秉承着老师的风骨。我是先生永远的学生！

值先生八八高寿，写上这点不成系统的文字，算是对先生“米寿”的纪念，唯愿先生健康长寿！

（写于 2021 年）

董老师，一路走好！

董方奎老师走了，走得很突然！

9 月 5 日中午，在历史文化学院的 QQ 工作群里，看到董方奎老师的三个女儿联名的一则讣告：“先父董方奎，生于 1929 年 5 月 2 日，于 2022 年 9 月 4 日在东莞东城医院因急性心梗，抢救无效，驾鹤西去，享年 93 岁。”九十有三已属高寿，但我仍不愿相信这是真的。除了耳背，董老师身体没有其他毛病。我立即给他的小女儿董利发了一个短信：“董利好！从历史文化学院网站上惊悉，董老师的状况很不好，是真的吗?”大约四个小时后，收到董利的回复，其中一段写道：“谢谢您的问候。昨天我爸爸走了。不过走得很安详，早上还吃了早餐，中午就不想吃东西了。下午说休息会儿，坐在那里慢慢有些昏迷了。晚上 8 点多走了。”我不愿相信的噩耗被证实，心头顿时升起一股哀伤！

董老师是我大学本科时的任课老师，教授中国近代史。那时中国社会处在改革开放初期，人们的思想还比较传统，体现在中国近代史的教学与研究中，就是在对近代重大历史事件、重要历史人物的评价上，观点比较保守。但是，董老师在若干问题上持有新见，因此他的课使我听得津津有味，眼界大开。特别是他对清末立宪派、立宪请愿运动等的评价，与教材上的观点大不相同，这使我感到新颖。课间，董老师还与我们谈到他在 1981 年第 1 期《历史研究》上发表的《论“滦州兵谏”与“士官三杰”》和在 1983 年第 6 期《历史研究》上发表的《吴禄贞组织的“立宪军”一词的出处——答吴忠亚先生》这两篇文章，当时虽然听不大懂，但我猜想应该研究的是中国近代史领域的新问题。董老师的课让我懂得了什么叫研究，同时也培养了我对中国近代史的浓厚兴趣。

后来，我在必修课外，选修了大量有关中国近现代史的课程，与此不无关系。人们常常误以为历史课取得好成绩就是靠良好的记忆力，但我却不喜死记硬背，偏好分析与理解，期末考试时，我中国近代史这门课得到了 96 分，在我所有课程中得分最高。这一成绩大概也给董老师留下了深刻的印象，记得有一次在路上碰到董老师，他询问我愿不愿意留在近代史教研室，我不知他是认真的，还是鼓励我更加努力学习。我当时觉得一个本科生留校任教，几乎不可能，但如果能够梦想成真，那可是天大的好事！

董老师是我攻读硕士学位研究生时的指导教师。临近毕业分配时，分管学生工作的党总支副书记李金权老师把我叫到他的办公室说，“你的家乡黄陂县委来人希望你回党校工作，我没有答应他们的要求，认为你留校工作更好，既可以担任教师，也可以从事党政工作”。我这才想到，董老师当时是认真的，后来我留在历史系中国近代史教研室从事教学工作，在教研活动中，我主要是给董老师当助教，其实，以我当时的水平，既没“助”，也难“教”，就是到董老师的课堂听课，相当于师傅与徒弟的关系。同时，我还担任历史系 1985 级的政治辅导员。当时系党总支还告诉我，担任辅导员两年后可以“保研”，让我全身心地投入到学生工作中去。不料，在 1987 年研究生招生工作开始前，系总支说政策有变，“保研”不成。于是，我希望能够集中时间复习参加考试，历史系为我创造了良好条件，允许我辞去辅导员职务。正巧这一年，中国近代史教研室的董老师、苏中立老师同时获得硕士生指导教师资格，但招生指标挂在历史所刘望龄教授的名下。在众多考生中，我与邹进文（历史系 1983 级本科生，现任中南财经政法大学副校长）脱颖而出，如愿进入硕士生阶段的学习。当时，我们接受三位导师的集体指导，但在具体分工中，我和邹进文分别由董老师、苏老师具体指导。在研究生阶段的学习中，董老师为我们制订个性化的培养方案，指导我们读书，努力提高我们的研究能力，还带我参加了 1989 年 10 月下旬在山东东营举行的第五届全国洋务运动史学术讨论会，在会上，我认识了包括吴承明先生在内的经济史学界的诸位大家，感受了学术讨论的氛围，体会到了学术研究的魅力。

师徒如父子！董老师也十分关心我的成长与生活。我的学术道路深受董老师的影响，我的第一篇像样的学术论文——《梁启超的“开明专制”思想新探》（《华中师范大学学报》1991 年第 3 期）是在董老师的指导与反复讨论中形成的。我曾一度迷恋近代政治思想史，希望研究梁启超，既是服膺梁氏的学问，也是希望追随董老师，只是由于教研室安排我接替孙玉华老师讲授中国近代经济史课程而作罢。那时弄一套《饮冰室合集》作为案头资料也相当不易，记得当时中华书局刚刚出版了一套《饮冰室合集》，大约需要三百多元，但以我每月几十块的工资收入，根本买不起，后来，我就一头扎进经济史的学习与研究中。为了我能顺利地成长，董老师联系中南财经大学的赵德馨先生，推荐我去那里进修，这样，我有一年的时间跟随赵先生研修经济史，这样我不仅系统地弥补了中国近现代经济史和中华人民共和国经济史的短板，而且学习到了一些如何借鉴经济学理论研究经济史的方法。1989 年，在赴东营参加第五届全国洋务运动史学术研讨会的途中，我陪董老师登临泰山，在泰山山顶，他按照当地习惯，特地为我捡了一块泰山石放入泰山松树的枝干间，说这样来年就可以早生贵子。"父子"之情可见一斑。

董老师的人生是坎坷的。他们那一代人生长在旧社会，青壮年时期，赶上了"文革"，大好时光耗费太多。改革开放后，努力拼搏，专心学问，特别是在退休后，董老师老而弥笃，专心致志地研究梁启超，成为梁氏研究权威。他先后出版了《梁启超与护国战争》《梁启超与立宪政治》《旷世奇才梁启超》《梁启超论教育》《新论梁启超》《梁启超研究著论目录》《梁启超论稳健社会主义》《梁启超家族百年纵横》等学术专著。他的卓越成就也得到了学校的肯定，被授予"桂岳教授"，但他表示，称号可以接受，待遇不需落实。逢年过节，我去看望董老师，简短的问候后，他就三句话不离本行，与我谈梁启超研究以及他的新观点。我感觉，学术研究已经成为董老师退休后最重要的生活方式，他不求名、不求利，孜孜以求的是真实的学问，是能给国家、给社会以启迪的真知。董老师用真知丰富了他自己，又把它留给了后人，这是值得每一位真正有良知的学者学习的。

董老师离开了这个世界，但他以另一种方式永远活在这个世界！

董老师，一路走好！

（写于 2022 年 9 月）

桂子山上夕阳红

日复一日，旭日东升，夕阳西下。年复一年，总有一批老教师从工作岗位上退下来，但他们退而不休，老而弥笃，继续发着光，散着热，传承学术薪火，为百年老校增光添彩！刘守华先生就是其中一位。

近日，校办同事汪亭亭告诉我，文学院退休老师刘守华先生要跟我约个时间，给我送一套书，并汇报近年来的研究工作，我一听，感动与汗颜同时袭来。刘先生是我敬重的前辈学者，能够得到他的文集已是我的莫大荣幸，何德何能还要麻烦刘先生亲自送书上门。我当即叮嘱汪亭亭，与文学院约个时间，上门拜会刘先生，并听取他对学校科研工作的意见和建议。

3 月 18 日下午四点半，我如约来到文学院，不料刘先生已提前到达。落座后，刘先生首先拿出沉甸甸的 10 卷本《刘守华故事学文集》赠送给我，并亲笔签名。我双手捧过文集，心中对刘先生的敬重感油然而生，这是刘先生一辈子心血的结晶，何止是一套厚重的文集啊！这次赠书是一场事业的接力，是一种精神的传递，虽然没有什么庄严的仪式，但是，却比那些营造出来的仪式更加庄重！我不是民间文学专业出身，没有资格也无须我对刘先生的文集置评，他所获得的学术荣誉已经说明了一切。在 8 次中国高校人文社会科学优秀成果奖评奖中，刘守华教授的论著就有 5 次获奖，他的代表作《中国民间故事史》被列入中华学术外译丛书，正被译成英、日、俄文，代表中国学术走向世界。他担任湖北省民间文艺家协会主席 20 余年，又被推为名誉主席，在民俗学界被誉为“一辈子追故事的人”。前不久，又传来他被授予“中国文联终身成就民间文艺家”荣誉称号的喜讯。

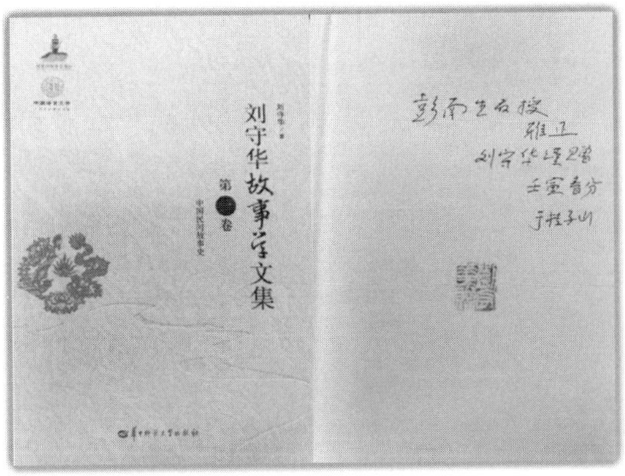

刘守华教授赠书及题字

刘守华先生是土生土长的桂子山人，他于 20 世纪 50 年代后期毕业于华中师范学院中文系，并留校任教，从事民间文学的教学研究工作。从此，他与民间文学厮守了一辈子，也为华师奉献了一辈子。他筚路蓝缕，创建了民间文学专业，并把它发展成为“本—硕—博”一体化的教育体系，培养了活跃在中国民间文学界的一批著名学者。他退休之后，仍然笔耕不辍，年逾古稀依然奔走在村村落落，街头巷尾，开展田野调查，搜集民间故事，发表了大量民间故事研究的论著，编撰了多部民间故事作品集。他本可含饴弄孙，颐养天年，但在他的人生日历上，并未标注“退休”二字，“退休”只是退而不休的缩写，甚至是由必然状态进入自由境界的转折点。从此，他没有了在岗时考核评价的约束，可以自由自在地从事自己所钟爱的学术研究。章开沅先生曾说过，真正做学问的人，其境界便是“放空”自己，退休之后的学术研究，是心之所愿的，不是应对考核的；是淡泊名利的，不是追名逐利的；是幸福快乐的，不是苦行僧式的，学术研究已经成为他的一种生活方式。

在华师，像刘先生一样退而不休的老一辈学者还有很多。笔者所在的历史文化学院就有一位这样的学者——董方奎先生。董先生略长于刘先生，一辈子在历史系从事中国近代史的教学与研究工作，是梁启超研究专家，出版了大量关于梁氏研究的论著，包括《梁启超与护国战争》《梁启超与立宪政治》《旷世奇才梁启超》《梁启超论教育》《新论梁启超》《梁启超研究著论目录》《梁启超论稳健社会主义》《梁启超家族百年纵横》等，另发表了论文 70 余篇，其中大部分是他退休之后的成果。近些年，由于分管科研工作的关系，我收到了许多退休老师出版的论著，如苏中立先生的严复研究系列著作，涂光雍先生探究与弘扬中国楹联诗词文化的著作，以及徐策伟先生的老年学研究系列著作等。对此，老干处何小红处长如数家珍，她告诉我桂子山上退而不休、成就卓著的教授不胜枚举，89 岁高龄的郭文安先生仍亲自主持《教育学》教材的修订工作，该教材已出至第八版。张耀灿先生依然坚持在思想政治教育领域耕耘，独自出版或主编了多部著作和教材。李家荣先生出版了《夸克物质基本理论属性》一书，发表 30 多篇高水平论文。邓先瑞先生退休以来出版了 5 本、多达百万字的高水平著作。罗福惠教授长年日复一日专注于近代文化史和历史人物文集的编撰，退休后也从未间断，整理了百余万字的《居正文集》、三百余万字的《廖道南集》。雷实教授参与了教育部多个课程标准的研制。一些老辈中的"小辈"也不甘示弱，郑晓边教授开始老年心理教育的探索、周国林教授专注于荆楚地方历史文献的整理与研究、余子侠教授发挥教育史研究专长进行校史的考订，等等。从这些挂一漏万的例子中就可以看到华师老一辈学者对学术的热爱、执着和对学术生命的追求！

写到这里，我不禁要问，老一辈学者何以能退而不休、耕耘不歇？刘守华先生的一席话，解开了我的疑团，他总结自己的学术道路是"兴趣、职业与社会责任"三位一体的学术之路。兴趣是学术事业的最大动力，他从小就对民间歌谣感兴趣，孩童时代喜欢听长辈"摆古"，留校任教后毫不犹豫地选择民间文学专业，并把它作为自己的终生研究领域。他的专业提升了他的职业素养，他的职业为发挥专业所长提供了舞台。当然，最重要的还是他身上那股强烈的社会责任感，即知识分子应该自觉地担负起社会责任，把自己的专业和职业融入党和国家的事业发展中，把民间文学与乡村文化建设密切地结合起来。这就是刘先生绵延 60 余年的学术道路的内在动力。他把学术生命看得高于一切，即使在年高体弱，甚至身受重伤时，仍然惦记着田野调查的记录。在我们谈话的最后，他念兹在兹的，依然是民间文学专业的发展，希望学校高度重视这个学科的建设，希望自己开创的学术事业能够持续不断地发展下去。

中国民间有句俗话，家有一老，如有一宝。对于一个大学来说，拥有一批老一辈学者，是百年老校深厚底蕴的载体，是学校之福，他们传承学术薪火，他们的学术精神激励着新一代学人健康成长。近年来，学校为了充分发挥老一辈学者的余热，推出了专门针对退休教师的"桂岳计划"，一批热爱学术、造诣深厚、身体健康，且学科建设有需要、个人有意愿的退休教师被学校返聘到"卓越教授""研究教授""主讲教授"的岗位上，为一流学科建设作出了重要贡献。"桂岳计划"是一项德政之举、稳心之举、双赢之举，是对那些为了学校发展、一辈子勤勤恳恳、兢兢业业奉献在华师的退休教师的认可，也为这些老一辈学者提供了一个老有所为、老为所乐的舞台。

每当我走在美丽的校园里，漫步在高大挺拔、枝叶繁茂的香樟树下，就会想起当年那些植树的前辈们。前人栽树，后人乘凉！没有他们的辛劳与汗水，哪有后来人的凉爽！没有老一辈学术大师的辛勤耕耘，哪有百年华师学术的昌盛！

莫道桑榆晚，为霞尚满天。耕耘在桂苑，夕阳无限美！

（写于 2022 年）

一面之缘，一生受益

——写在野泽丰先生逝世一周年之际

野泽丰先生是日本著名史学家，也是中国史学界耳熟能详的辛亥革命史专家。在华师，他更是令人尊敬的前辈学者，华师近代史所的同仁们私底下则亲切地称他为“野先生”。

我与野泽丰先生的一面之缘，缘于他在华中师大历史文化学院设立的野泽丰奖学金。1998年9月下旬，我进入南京大学历史系博士后流动站跟从蔡少卿先生从事研究。10月下旬的某一天，我在门卫室里接到从家里打来的电话，称我的博士学位论文《中间经济：传统与现代之间的中国近代手工业（1840—1936)》获得首届野泽丰奖学金“学术成果奖”一等奖，院里希望我回去参加11月初的颁奖仪式。听到这个消息，我非常高兴，这是我获得的第一项真正的学术奖励，是对我科研能力的一种肯定，而且能够与野泽丰先生的名字联在一起，也是一种莫大的荣誉。但转而一想，自己虽以博士生的身份获奖，但我毕竟是在职研究生，实际身份是一名年轻教师，与本科生、研究生一起领奖，受之有愧。再说，我当时刚进站不久，正与导师商议博士后研究计划，还与几位学界前辈约好拜访时间，其中包括茅家琦先生。南京与武汉之间的交通可谓“便而不利”，坐船下行需28小时，上行更多达32小时。虽有长途班车，但当时安徽境内的高速路段尚未通车，车行约需9个多小时，中途还要停下来吃午饭，这样，回武汉一趟，舟车劳顿，费时又费力。于是，我请家人向学院表达谢意，并表示请人代为领奖。没过几天，家里又打来电话，转达时任学院党总支书记的胡年珍老师的意见，要求我回校接受获奖证书及奖金（一等奖奖励标准为人民币 2500 元），并称野泽丰先生不顾年高体弱，不远万里赶来参加颁奖仪式，会亲自为获奖者授奖。听到这里，我顿时肃然起敬，野泽丰先生是国际著名学者，为了扶持中国年青一代的史学工作者的成长，不仅以自己的工资收入捐资设立奖学金，而且亲临颁奖仪式，这是对中国年青一代学人的莫大关爱，更体现了他对华师中国近代史研究和人才培养所寄予的深切希望。

11 月 2 日下午二点，历史文化学院在华师科学会堂举行了隆重的颁奖仪式，时任学院院长的马敏教授主持了颁奖典礼，野泽丰先生、章开沅先生并肩坐在主席台上，在台上就座的还有历史文化学院的其他领导和担任翻译的沈洁老师（我校社会学系教授，客居日本）。野泽丰奖学金分为学习奖和学术成果奖两类，获得首届学习奖的有侯琛、彭剑、柳琴这三位本科生，获得学术成果奖的除我外，还有杨华山、袁为鹏这两位硕士生。在喜庆的乐曲声中，我和其他获奖的同学走上主席台，野泽丰先生亲自为我们颁奖。当他热情地伸出他那双瘦削但却温暖而有力的双手同我握手时，我不禁全身热血沸腾，深深地感受到了学术的魅力与荣誉。今天回顾起来，这个奖项比我后来获得的其他奖励更加值得珍惜，因为他是我的“第一次”。接下来，野泽丰先生说明了设立奖学金的缘由、宗旨及对以章开沅先生为首的华师历史学者的敬意，希望获奖者勤奋努力，取得更大的成绩。章开沅先生则介绍了设立奖学金的经过、野泽丰的学术成就及其与华师的交往。会议安排我代表获奖者发表感言，除了感谢野泽丰先生慷慨解囊、捐资设立野泽丰奖学金泽惠后学外，我还以获奖者的身份鼓励在校研究生、本科生将野泽丰先生的学术精神发扬光大，为华师史学的繁荣发展作贡献，末了，我还不忘高调地喊出“今日我以华师为荣，明日华师以我为荣”的口号！

会后，野泽丰先生在获奖证书上亲笔签名（如图）。晚上，王庆生校长以

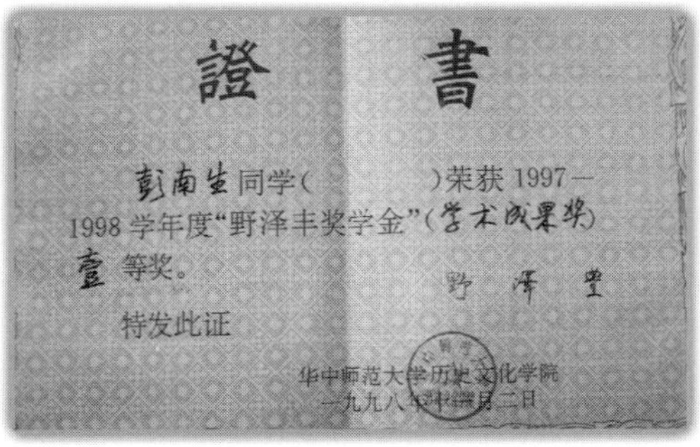
證書

彭南生同学（　　）荣获 1997－1998 学年度“野泽丰奖学金”（学术成果奖）壹等奖。

野泽丰

特发此证

华中师范大学历史文化学院

一九九八年[illegible]月二日

“野泽丰奖学金”证书

学校名义招待野泽丰先生，我也荣幸地受到邀请参与招待。晚宴安排在长江大桥下武昌江边的一家餐厅，我们一行人边吃边聊，餐厅中央虽有文艺演出，但大家的兴趣全放在聊天上。我静静地听着，犹如在上一堂生动的学术史课，对野泽丰先生的学术精神也有了更多的了解。

每当看到证书上“野泽丰”三个字时，我就情不自禁回想起当时的点点滴滴，老人清瘦硬朗、精神矍铄的形象永远定格在我的脑海里，老人追寻学问的精神将使所有获奖者一生受益，老人心系华师的深情厚谊将永远值得华师人铭记！如今，野泽丰奖学金已成功评选六届，共有 46 人次获奖，部分获奖者已成长为史学界的知名学者。更为重要的是，在野泽丰先生的带动下，历史文化学院陆续设立了多项奖学金或基金，如张舜徽奖学金、章开沅东西方文化交流基金、余家菊奖学金、慈缘佛教文化研究基金、青年学人奖助金、爱心基金，等等，奖励更多勤勉刻苦的学生，如今，勤奋好学、严谨治学已在历史文化学院蔚然成风。

泽惠后学，丰润华师，野泽丰奖学金将使更多历史文化学院的青年学生受益，激励他们获得更加丰硕的学术研究成果！

（写于 2011 年）

（附记：野泽丰先生本拟于 2011 年参加在武昌东湖宾馆举办的辛亥革命 100 周年国际学术研讨会，不料，野先生于 2010 年不幸辞世，未能如愿。研讨会期间，华师近代史所在东湖宾馆举行了一场追思会，我特地写下了这点文字，以示对野泽丰先生的怀念和感激！）

真知传世启后人

——在冯天瑜先生八十寿辰纪念会上的致辞

尊敬的冯先生、各位嘉宾、各位专家学者：

上午好！

时过大雪，隆冬将至，珞珈山上寒意浓浓，人们心头暖意融融。今天我们汇集一堂或相聚云端，举行中国文化史研究再出发暨《冯天瑜文存》学术研讨会，怀着无比喜悦与崇敬的心情恭迎冯先生八十华诞，在此，我谨代表华中师范大学党委、行政，对冯先生八十华诞表示诚挚的祝贺！并预祝研讨会取得圆满成功！

冯先生是享誉海内外的著名文化史专家，幼承家学，广泛涉猎文、史、哲经典，尤长于综合。冯先生在中国文化史领域著述宏富，据不完全统计，冯先生已公开出版个人专著 36 种，第一署名的合著 32 种，在海内外学术期刊上发表论文 210 余篇，《中华文化史》《中华元典精神》《“封建”考论》《中国文化生成史》等代表性著作在学术界产生了广泛影响。先生在中国文化生态、元典精神、新民本、“封建”内涵与演变、中外文化交流、楚文化等领域多有创获，堪称中国文化史研究的先行者与集成者。他的多种著作被译为英文、日文、西班牙文、韩文出版，在国际汉学界产生了良好反响，对中国文化走向世界贡献良多！作为首批荆楚社科名家，先生当之无愧！

冯先生的学术精神为后学做出了榜样！先生四十年如一日，心无旁骛，潜心耕耘，守望着中华文化的灿烂星空。古稀之年，冯天瑜先生又与章开沅先生一道肩负重任，领衔组织编纂《荆楚文库》这项被学界称为湖北“四库全书”

和湖北文化地标的浩大工程，为湖北地方文化建设作出了杰出贡献，先生荣膺首届湖北杰出人才奖，名副其实。尤其令人感动的是，先生生病住院期间，依然思索不断，笔耕不辍，把病房当书房，视学术为生命，近年来的新著皆可视为先生的呕心沥血之作！

先生育人育才，提携后学，桃李满天下，冯门弟子活跃在海内外中国思想史、文化史研究领域，群星灿烂。先生对湖北大学、武汉大学的中国文化史研究队伍的建设作出了突出贡献，湖北大学中国思想文化研究所、武汉大学中国传统文化研究中心的建设与发展皆凝聚了先生的心血。珞珈山与桂子山隔街相望，武大历史学院与华师历史文化学院情同一家，两院之间相互支持，共同进步，同城中我们两校之间、两院之间的良好关系成为学界美谈，这种关系的建立无不仰赖于老一辈学者结下的深情厚谊。章开沅先生生前曾多次回忆起姚薇元先生、唐长孺先生对他的帮助。冯先生更是倾力支持华师历史学的发展：从项目开题到论文答辩，从合作攻关到人才推荐，他不分门内门外，对华师青年学子的提携可谓不遗余力，包括我个人在内的晚辈学者均受益、受惠于冯先生的提携之劳！

今天，看到先生精神矍铄，十分高兴，这不仅是珞珈之福，也是学界之幸！特作一首打油诗：八秩耄耋再逢春，史坛耕耘苦觅寻。佳作等身铸一流，真知传世启后人。祝冯先生生日快乐！健康长寿！

（写于 2021 年）

（附记：2021 年 12 月 11 日，武汉大学举办“中国文化史研究再出发暨《冯天瑜文存》学术研讨会”，以此庆祝冯先生八十华诞，主办方邀请我代表华中师范大学出席活动并致辞，我欣然应允，并很快拟好书面稿子。不巧的是，在前一天的胃肠镜检查中，发现了肠道多发性息肉并予以摘除，医院方面要求我静卧休息两天，同时输液并消炎，我曾与院方交涉，能否抽出一点时间出席这项活动，被主治医师严词拒绝，无奈之下，只能将致辞稿发给主办方活动主持人、武汉大学党委副书记沈壮海教授，拜托其代我向冯先生致歉。特收录于此，表达我对冯先生的崇高敬意，再祝先生健康长寿！）

（又记：2023 年 1 月 12 日，敬爱的冯天瑜先生不幸逝世。噩耗传来，悲伤至极。先生之前曾多次病危，每次都幸运转危为安，我曾在心里默默祈祷先生“大难不死”，但这次先生还是走了。每每想起，好不哀痛！祝天堂里的冯先生安好！）

采铜于山，筑基铺路甘为梯

——在《晚清民国报刊汉冶萍公司文献辑》出版座谈会上的发言

感谢周教授、郭教授的邀请！这是一个非常好的学习机会，汉冶萍公司是近代中国、也是近代东亚经济史上规模最大的钢铁联合企业，具有非常重要的研究意义，《晚清民国报刊汉冶萍公司文献辑》的出版必将进一步推动汉冶萍公司史研究的深入。作为一位近代经济史研究者，能够得到这样一套资料，并且聆听学界诸位大家的高见，十分荣幸。更重要的是，以周积明教授为首席专家的课题组能够在这么短的时间内蒐集这么多的资料，其孜孜以求的学术研究精神值得每一位学人学习和弘扬，我和周教授同一年得到国家社科基金重大攻关项目，也有一个团队在从事资料的搜集、整理与研究，但还没有拿出像样的成果，惭愧之余，我更感叹周教授团队的高效率。在出版难、出版费用高的情况下，武汉出版社不计得失，公开出版汉冶萍公司史料，不仅嘉惠学术界，而且惠及地方，对研究晚清武汉史、近代武汉企业史乃至于以武汉为中心的长江中游地区经济史研究等，都具有非常重要的价值，必将推动“武汉学”的发展。在此，我对周教授、郭教授及课题组全体成员表示热烈祝贺、对武汉出版社表达崇高敬意！

郭莹教授、周积明教授主编的《晚清民国报刊汉冶萍公司文献辑》的出版，其贡献于学术良多，尤其体现在以下几个方面：

第一，有助于汉冶萍公司史研究的进一步深入。晚清民国报刊可谓汗牛充栋，有关汉冶萍公司的记载分散在各种报刊上，由于年代久远，直接查阅这些报刊难度很大。当然，在大数据时代，相当一部分报刊已经数字化，为研究者提供了极大的便利。即便如此，数据库开发者也不可能提供“免费的午餐”，查阅者不仅要缴纳不菲的费用，而且需要在各种通用数据库中去打捞有关汉冶萍公司的史料，花在资料搜集上的功夫远远超过研究本身。如果一些特色资料辑或数据库，能够打破资料的垄断，让学者们无障碍地利用，就能够避免研究者的舟车劳顿，使其不必穿梭于各地大海捞针般地查找资料。集成的资料库可以让学者们随心所欲地检索所需资料，这样的资料辑无疑将极大地推动该领域的研究。今天，《晚清民国报刊汉冶萍公司文献辑》的出版就起到了这样的作用，我们可以乐观地预见，汉冶萍公司史的研究必将推动一批高水准的学术成果问世。

近些年来国家社科基金课题导向非常明确，一些传统学科、基础学科的课题申报指南明确引导学者们注重资料的整理和冷门绝学的传承与创新，这是一件功在当代、利在长远的“德政”。五四运动时期，当时的学界以胡适为代表的一批学人提出了“整理国故”运动，呼吁对中国历史开展分门别类的研究，学术意义不言而喻。我以为，像汉冶萍公司档案资料的收集整理这样的课题，就是在新时代整理“国故”，而且我们的工作意义可能要比那个时期更大，现在面临着一些东西的消失、失传，对这些东西进行抢救性的发掘和整理，从某种意义上讲，是“把根留住”。中国的学问要有根，才能有话语权，才能形成中国风格、中国气派。之前有段时期我们还在争论到底什么是国故，要区分国粹与糟粕，这种争论在史料整理工作中不存在。史料是真正的国故，必须本之于真，据之于实，不仅仅是给后人留下一些记忆，而且其中蕴含着经验、教训，值得后人去总结、去吸取。因此，我们要为国家社会科学规划工作办近些年来在史料整理、冷门绝学继承上所作的努力点赞！周老师、郭老师领衔的课题组是为国家、为武汉做了大好事，非常不容易！

第二，有助于汉冶萍公司史资料的深度利用。资料的搜集与整理是一项基础性工作，是一项甘为人梯、给他人做嫁衣的“德政”，甚至是一件“吃力不讨好”的事情，但其意义非同寻常。新中国成立后的 20 世纪五六十年代，一批近代史学者所做的一项基础性工作就是编辑近代史专题资料如《鸦片战争》《洋务运动》《辛亥革命》等，另一批经济史学者如孙毓棠、汪敬虞、彭泽益、宓汝成等先生分别编辑了《中国近代工业史资料第一辑（1840—1895）》《中国近代工业史资料第二辑（1895—1914）》《中国近代手工业史资料（1840—

1949)》第一至四卷和《中国近代铁路史资料（1863—1911)》等。后学者借助这些资料学习和研究近代史、近代经济史，受益良多。我个人就是在充分利用彭泽益先生编辑的四卷本《中国近代手工业史资料》并以此为线索进一步搜集相关资料的基础上，撰写了博士学位论文。前人栽树，后人乘凉，相信像我这样受益的晚辈还有很多。

《晚清民国报刊汉冶萍公司文献辑》的出版也一定能够起到类似的作用。学术界对汉冶萍公司的研究取得了一定的成绩，但是，还有很多值得深化拓展与精细研究的地方。举例说，汉冶萍公司体制的演进、变迁，从官办到官督商办到最后的商办，其中有很多东西需要深入探讨，有很多细节需要进一步呈现。官办体制有利于企业创办和运营，但发展到一定阶段，这种体制束缚企业发展的负面作用日益显现，于是，企业不得不进入官督商办体制下，但只有在商办体制下，才能真正恢复其市场主体的身份与功能。打一个不恰当的比方，一个不会游泳的人，可以借助救生圈漂浮在平静的水面上，但要真正在大海中搏击大风大浪，这个人一定要学会游泳，这样才能游刃有余。近两年，社会上出现了一股“国进民退”思潮，不知出于何种动机，窃以为这如果不是对中国历史的无知，就是无视历史留下的深刻教训。同时，汉冶萍公司作为一个跨地域的钢铁联合企业，其武汉企业龙头作用体现得淋漓尽致，对我们当下正在推进的“中部崛起”、长江中游城市群或“中三角”等一系列区域战略具有现实借鉴意义。听到刚才湖北大学的同行们介绍说，已有一些博士生、硕士生的学位论文以汉冶萍公司为题，相信在不久的将来，湖北大学一定能在高层次人才的培养与高水准学位论文方面结出硕果！

第三，呈现在我们面前的《晚清民国报刊汉冶萍公司文献辑》是一部有关汉冶萍公司史研究的“全景式”的史料汇编。“全景式”体现在三个方面：一是近代主要报刊上有关汉冶萍公司的记载，基本上被打捞殆尽。二是文献不仅仅限于经济方面的记载，而是涉及经济、政治、文化、教育等多领域。三是该文献辑具有原生态的特点，出版时采用了影印技术，将文献的原始样貌展现出来，这不同于一些摘编、选编之类的文献资料，可能存在只言片语，断章取义之嫌，运用时必须查对原始文献，考察上下文语义环境，才能准确解读文献。关于史料的原始性，明末著名学者顾炎武有“采铜于山”论，他在谈到《日知录》的编纂时说：“尝谓今人纂辑之书，正如今人之铸钱，古人采铜于山，今人则买旧钱，名之曰废铜，以充铸而已。所铸之钱既已粗恶，而又将古人传世之宝，舂锉碎散，不存于后，岂不两失之乎！承问《日知录》又成几卷？盖期之以废铜，而某自别来一载，早夜诵读，反复寻究，仅得十余条，然庶几采山之铜也。”这一段话常为学界所引用，可见原生态资料对学术原创性的极端重要性。用在此处，我将《晚清民国报刊汉冶萍公司文献辑》视之为“采铜于山”，当不为过吧！能否铸出好“铜”，就看各位“匠人”的技艺了！这里的“匠人”就像法国年鉴学派代表人物之一的马克·布洛克眼里的历史学家，而他所推崇的历史学家的技艺，关键就在于对史料的理解与解释。

报刊文献是中国近代史研究不同于古代史研究的一大优势。近代报刊浩如烟海，蕴藏着海量数据，我常对年轻的博士生说，一份《申报》可能培育数十篇上乘的史学博士论文。我刚结项的一项课题也得益于近代报刊文献。在博士后研究阶段，我在搜集近代工商业行会史料过程中，从《申报》《民国日报》《字林西报》等近代报刊中，发现了大量有关上海马路商界联合会的记载，其中，《申报》在“本埠新闻”版的记载连篇累牍，时间长达十余年，那简直就是一个关于上海马路商会的资料库，是一座“富矿”。于是，我以此为选题，申报国家社科基金项目，结项时获得优秀，成果入选国家哲学社会科学成果文库。

最后提两点建议：第一，《晚清民国报刊汉冶萍公司文献辑》的出版，是一个良好的开始，未来还可在档案文献上进一步深耕。但所有这些都还只是奠基性的工作，“采铜于山”目的是铸造良币。周教授的团队已经在汉冶萍公司史的研究上取得了重要进展，学校应就如何围绕该课题打造高端平台、集结精干团队、配置充足资源，充分发挥国家重大攻关项目的撬动与牵引作用，推进一流学科建设等方面进一步谋划。第二，目前的文献辑采取影印方式，非常好，但由于晚清民国时期许多报刊上的资料文字是竖排的，因此图书的切口在左边，也就是应该采用当时图书的装订方式，这样比较符合人们的阅读习惯，也便于翻阅。这些均属美中不足，但瑕不掩瑜！不当之处，尚望鉴谅！

谢谢大家！

（附记：《晚清民国报刊汉冶萍公司文献辑》系国家社科基金重大项目“汉冶萍公司档案的搜集整理与研究”的重要阶段性成果，也是国家出版基金资助项目，由武汉出版社出版。该套书总计 12 册，约 800 多万字，辑录和整理了 1886 年至 1949 年晚清民国报刊中汉冶萍公司的相关资料 6000 余件，史料价值极高。2020 年 9 月 17 日，应湖北大学周积明教授之邀，参加由郭莹教授、周积明教授主编的《晚清民国报刊汉冶萍公司文献辑》出版座谈会，与会的还有周洪宇、田子渝、涂文学、张艳国等学者。本文由座谈会上的发言整理而成，原载《社会科学动态》2021 年第 1 期。）

追忆梅莉

梅莉编审永远地离开我们了。虽然我不愿相信，但这却是残酷的现实。

五个月前的 3 月 18 日，华师学报主编范军教授打电话给我，告知学报编辑部梅莉编审因突发心脏病，正送往省人民医院抢救，我十分吃惊，心头为之一紧。其时，武汉还处在新冠肺炎疫情肆虐时期，医疗资源紧张，范军兄希望以学校名义与医院方面沟通，使梅莉编审能够得到及时的救助。于公于私，我都有责任和义务尽一份心，出一份力。一来我分管学报，梅莉是专业功底深厚的编审，为学报的发展作出了重要贡献。二来我也算是华师学报的老作者了，经梅莉之手编发了多篇学术论文，编辑与作者之间大概就是一种建立在“共赢”基础上的相互依存的关系吧，我十分感谢她付出辛劳使拙文在学术界产生了一定的影响，她却视之为我“对学报的支持”。更重要的，她还是近代史所的博士生导师，指导着多名博士研究生，与我不仅是一个学校里的同事，还是一个所里的小同行与小同事。因此，放下电话后，我立即给校办主任陈迪明同志打电话，嘱其尽快与省人民医院联系，想尽一切办法，挽救一个鲜活的生命。迪明同志表示尽全力沟通。

虽然事发突然，但我还是非常乐观。我很自信，梅莉编审一定能够挺过这一关。但是，事与愿违，第二天，我得到的是梅莉编审不幸离世的噩耗。疫情期间，虽不时传来身边的朋友、朋友的朋友直接或间接被新冠病毒夺去生命的消息，但当得知这样一位小同行和小同事逝去的不幸消息时，我的心情仍十分沉痛。我惋惜华师失去了一位好编辑，好老师，她还很年轻，学术生命还很长。我感叹生命的脆弱，脆弱得昨天还工作如常，谈笑自如，今天便阴阳两别，天人永隔。范军兄告诉我，编辑部前一天还召开了视频会议，讨论学报组稿工作，梅莉编审谈了她的约稿设想，看不出她有任何异样，谁也不曾想到，她的生命竟然永远定格在了第二天。

梅莉编审就这样悄悄地走了，一如她文静的外表，她甚至来不及与她的亲朋好友道一声别，亲朋好友们由于疫情的关系也无法为她送行。我想，这大概也符合梅莉编审的性格，她平时就怕打扰别人，说话总是轻声细语，简洁明了。我平时和梅莉编审接触不多，主要是由于我工作的原因，近些年来，学校班子变动频繁，领导职数缺额较大，最少时仅有五个人，一个人干着两个人的活，非管理范围内的事情又特别多，因此，若没有事先约定，常常会使找我的人扑空。她在 2015 年 7 月写给我的一封邮件里说："去过几次您的办公室，或是在开会，或是外出不在，好忙啊!"字里行间不仅有同情式的感叹，也有感叹式的抱怨。我常想，一个普通的老师，如果没有特别重要或事关切身利益的事情，是轻易不会找领导的，甚至连行政楼也懒得去一趟，作为学校里的一名管理工作者，更应设身处地地为老师们着想。后来我知道，梅莉编审是为她的孩子上高中后的分班问题，在她心里，至少那段时间里那是她的"头等大事"。她是一位好母亲，在为自己的孩子感到骄傲的同时，也希望孩子能得到更好的培养，所以在小孩考上华中师大一附中后，希望孩子能被分到一个重点班里。那时，学校里安排我分管附校工作，解决老师的后顾之忧，也是分内之事。问题得到妥善解决后，她如释重负，可见她对孩子的责任心。

在我的邮箱里，保存着二十余封与梅莉编审往返的邮件，时间跨度从 2014 年到 2019 年，多是新年问候、组稿约稿之类的。除了已经完成的她所托付的任务外，最大的遗憾是至今也没有完成她于 2017 年 7 月 3 日向我约的一篇稿子，她在邮件里写道："工业文化中心成立后，我一直很关注。近现代工业文化的确值得研究，尤其是关于此方向理论的研究尚非常薄弱。不知道中心有没有计划推出大作和论著？明年能否在学报推出相关文章？我正在准备明年的选题计划，特别希望能得到彭老师的支持！今天也是正式向彭老师约稿。您太忙了，就不说太多。谢谢您的指导和帮助!"我当时是答应了的，回复说，"好的，谢谢梅莉教授，我争取撰稿"。此后一段时间，我的确是想就中国近代工业文化作一点宏观上的论述，试图弄清中国近代工业文化的构成及其演进，并开始了撰写，但是，由于工作原因，我并无整块的时间进行思考，故而进展缓慢，至今还是"半拉子工程"的稿子仍躺在我那个拟作研究的文件夹里。一年后的7月25日，梅莉编审又给我发了一封邮件，是这样写的："仔细阅读了您主编的《工业文化研究》刊物，并在网上阅读了相关会议的相关论文，感觉这是个值得关注的话题。以后争取多参加有关会议，熟悉相关研究人员，多在学报上刊出有研究深度的论文。学报近代史研究栏目要关注老话题，更要对新研究方向的论文加大刊用力度。现在工业文化研究有不少论文，但高水平的研究论文还较少（编辑总是眼高），尤其是理论研究方面的论文稀缺。知道您工作太忙，但职业习惯，总爱催稿。期待您的大作！更期待您约一组栏目文章！谢谢彭校长一直以来的大力支持！"

看了这段文字，我有些汗颜，也唯有加倍努力。好在我的同事、中国工业文化研究中心的严鹏副教授在这方面颇有研究，也引起了梅莉编审的注意。不久，她又发来一封邮件，说："我近日与严鹏进行了交流，我观察严老师好久了，研究成果挺不错的，是青年学者中难得的一位。我正在为明年稿件做筹划，与严老师也交流了工业文化遗产专栏的事，他很有想法，我也一直有心想做。严老师手头有一篇，可随时完稿。您太忙了，繁杂事情太多，虽然不忍催稿，但又想有心仪的稿件，还是期盼来年您能惠赐大作，把工业文化遗产栏目开起来！我一直对三线建设也有兴趣，可惜校内研究这一块的学者几乎没有。"

列出这几封邮件，一方面是表达我永远的遗憾和歉意，另一方面也是想说明，梅莉编审是一位功底扎实、严谨认真的好编审！她时刻关注学术界前沿研究动态，并有一股执着的精神，锲而不舍，为了一篇文章，可以连续多年追寻。我想，她为了我这篇小文而持续数年的联系绝不会是唯一的例子。她有强烈的创新意识，在关注学术界老问题的同时，希望不断开辟新领域，工业文化遗产、三线建设研究等都是她希望加以推进的新阵地，可惜，天不假年，这些竟成为她未竟的事业。

疫情期间在近代史所举行的博士论文视频答辩会上，有一位梅莉教授指导的博士生参加答辩，论文写得很不错，得到了专家们的一致肯定，这不仅是该生努力的结果，也是梅莉教授辛勤指导的结晶！睹文思人，斯人已去，不禁心痛！我想起在去年近代史所里的博士论文答辩会上，当时她在另一组，答辩休息期间，她来到我的工作室，步态轻盈，温婉如玉，聊起工业文化遗产栏目建设问题时，一如既往地细言慢语，娃娃脸上透着腼腆，腼腆中饱含着认真。人一辈子会跟形形色色的人打交道，有的人时常见面，但最后回想起来，却印象模糊；有的人只见过一两次，但却铭刻在心，其音容笑貌一生难忘。梅莉编审属于后者，她虽已远去，但却一刻也未曾离开！

（写于 2020 年）

（附记：2020 年的新冠肺炎疫情夺走了不少人的生命，这是永远无法忘却的痛。梅莉编审不属于直接因新冠肺炎而失去生命的人，她是间接受害者，也是间接因新冠肺炎疫情而失去生命的年轻教师之一。为缅怀梅莉编审，《华中师范大学学报》主编范军教授组织编写了一本追思集，以示怀念，本文收录其中。）

第二篇

书当快意读易尽

书籍亦是人类的良师益友，臧克家说，“读一本好书，就像交了一个良师益友”，诚如是。我长期在大学从事历史教学与研究工作，偏好史学著作，我的良师益友自然也以史学领域居多。每当他们的新作问世时，我总是迫不及待地先睹为快，每每从中受益，或为书中的理论魅力所折服，或有一种疑难求解后的充实，或因深受启迪而心情愉悦。“书当快意读易尽”，读这些书是一种精神上的享受。唯有《瘟疫与人》是例外，读完它，我没有什么快意，但我更加敬佩麦克尼尔这位伟大的历史学家，他把瘟疫这个人类社会的幽灵、把瘟疫与人的关系深刻地展现在读书人的面前。经历过新冠肺炎疫情的人们读过此书，或许能从瘟疫的恐惧中解脱。

从“走进历史”到“走出历史”：章开沅先生的治史道路与史学思想

章开沅（1926—2021）先生是一位享誉海内外的历史学家。他强调治史者只有“走进历史”，才能理解历史，只有理解历史，才能“走出历史”，并以史学佳作参与现实生活，实现“史学的参与”。他一辈子从事中国近代史研究与人才培养，从“走进历史”到“走出历史”，是对其学术生涯的完整概括。他晚年曾亲自选编《走出中国近代史》（北京出版社，2020 年）一书，该书是章开沅先生生前出版的最后一本文集，收录了他的讲演文稿、学术报告、学术论文等，所涉论题广泛，从历史到现实、从政治到社会、从当下危机到人类文明的未来，集中反映了章开沅先生对走进与走出中国近代史的深入思考。

章开沅先生是如何走进中国近代史，又是如何走出中国近代史研究的？本文拟梳理章开沅先生的治史道路，探讨他“走进历史”与“走出历史”的理念、道路与方法，以为治史者借镜，并以此怀念章开沅先生和已经逝去的、与章先生同辈的老一辈学者。

一、章开沅先生的治史道路

章开沅，祖籍浙江吴兴（今浙江湖州南浔），出生于安徽芜湖，其祖父章维藩在晚清时期辞官下海，创办益新面粉厂和凹山（今马鞍山）铁矿。在那个战争频发、社会动荡的年代，虽然家境条件不错，但章开沅先生却未能在一个学校接受过完整的教育，甚至连大学也只能以肄业结束。颠沛流离的生活学习经历，开阔了他的眼界。他曾将自己在川江上当船工的经历戏称为在“长江大学”求学。更重要的是，那段经历使先生在治学上具有“骛远”性格、开放胸怀与开阔眼界，并勇于不断开辟新的研究领域。

章开沅先生所涉的研究领域甚广，但用力集中之处主要为辛亥革命史、中国早期资产阶级、中国早期现代化史、南京大屠杀史和教会大学史等五个领域。纵观章开沅先生的治学生涯，大致可分为三个时期：一、“文革”前是章开沅先生走上大学讲台、专心教学并结合教学工作和史学界研究热点开展近代史研究的时期。二、从“文革”后期到20世纪90年代初，是章先生学术生涯的高峰时期，以1974年章开沅先生接受《辛亥革命史》的主编工作为标志。章开沅先生也自称“这也是我一生之中精力最为旺盛而成果也最多的时期”①。他一生中的大部分著述也是在这个时期出版和发表的。三、1990年8月，章开沅先生卸下校务，应邀远赴大洋彼岸，先后在普林斯顿大学、耶鲁大学、加州大学圣地亚哥分校等校任教、访学和查阅资料。1994年春，章开沅先生从海外归来，潜心开展南京大屠杀史和教会大学史研究，并运用历史研究的成果参与现实生活，直至逝世。从“走进历史”到“走出历史”，章开沅先生的学术生涯画上了一个圆满的句号！

从职业角度看，他从事中国近代史教学与研究是被安排的结果，“是革命为我选择了职业”，他常戏称自己与史学是“先结婚后恋爱”的关系。他说他是“在担任历史教师以后，才逐渐增长了对于史学研究的兴趣”②。因此，他早期的研究工作多半结合教学需要并跟踪史学热点，“初期的研究往往是赶潮流，侧重于中国近代史分期问题与太平天国史”，转入辛亥革命史研究，始于20世纪50年代中期。1954年秋，章开沅先生接待了专程从民主德国来武汉研究辛亥革命的历史学者贝喜发，他回忆说：“贝喜发来访一事对我颇有触动，一个外国人不远万里到武汉来研究辛亥革命，我们常年住在武汉的中国学者反而不大关心，实在有点难以言说，于是，我决心要研究辛亥革命。”③ 筹备并参加纪念辛亥革命50周年学术讨论会更激发了章先生研究辛亥革命史的学术

① 章开沅：《辛亥前后史事论丛续编》，华中师范大学出版社1996年版，第6页。

② 章开沅：《实斋笔记》，东方出版中心1998年版，第7页。

③ 章开沅口述，彭剑整理：《章开沅口述自传》，北京师范大学出版社2015年版，第176页。

使命感，先生在该领域的研究成果以1981年出版的三卷本《辛亥革命史》为代表。严格意义上讲，章开沅先生治史并非自辛亥革命始，但辛亥革命史无疑是先生用力最多、贡献最大、成就最为卓著的领域，也是被学界广泛认可的领域。三卷本《辛亥革命史》出版后，好评如潮，国内学者认为，这是“建国三十年来一部有价值的学术著作，对于推动这一段历史的研究，无疑会起积极的作用”①，海外学者则不吝赞美之词，把它看作是“最能代表中国大陆研究水平与趋向的学术成果”②。《辛亥革命史》后被译成多种文字，代表了那个时代中国辛亥革命史研究的最高水平。

研究辛亥革命史离不开对中国早期资产阶级的研究，章开沅先生提交给纪念辛亥革命50周年学术讨论会的学术论文《从辛亥革命看民族资产阶级的性格》（与刘望龄教授合作）和为纪念辛亥革命70周年独立撰写的《辛亥革命与江浙资产阶级》，可以看作是先生研究中国早期资产阶级的代表作，或许可以认为，早期资产阶级研究是先生研究辛亥革命的切入点。他主张深化对中国早期资产阶级的研究须从典型人物入手，张謇就是这样一个典型人物。先生曾说，“张謇从状元变为实业家，又投身政治与教育，时间跨度长，经历复杂，实在是资产阶级的典型人物”③。1963年他发表了《论张謇的矛盾性格》（《历史研究》1963年第3期）一文，1986年则出版了《开拓者的足迹——张謇传稿》（中华书局，1986年）。他主张研究资产阶级应该将集团研究作为个案研究与类型研究之间的中间层次，如对资本集团、商会、会馆等多做一些研究，然后再进行类型的归纳与区分，所得结论将比简单的上、中、下层划分更切实际。在章开沅先生的影响下，史学界，特别是他所在的华中师范大学中国近代史研究所积聚了一批研究近代商会、行会和行业经济史研究的学人，并取得了显著成绩。

随着资产阶级研究的深入，20世纪80年代中期，章开沅先生倡导并组织团队开展中国早期现代化研究。其时，从现代化或近代化视角重新审视中国近现代史成为学界研究热点，但最有代表性的研究则是以罗荣渠先生为代表的北

① 卞哲：《辛亥革命史研究的新成果——〈辛亥革命史〉评介》，载《近代史研究》1982年第1期，第261—271页。

② 章开沅口述，彭剑整理：《章开沅口述自传》，北京师范大学出版社2015年版，第275页。

③ 章开沅口述，彭剑整理：《章开沅口述自传》，北京师范大学出版社2015年版，第186页。

大学派和以章开沅先生为代表的华师学派。章先生研究中国早期现代化，既反对西方中心主义，认为现代化不等于西化，也反对把传统与现代对立起来，其代表作则是由其主编的《比较中的审视：中国早期现代化研究》（浙江人民出版社，1993 年）和《离异与回归——传统文化与近代化关系试析》（湖南人民出版社，1988 年）。

20 世纪 80 年代后期，章开沅先生转向南京大屠杀史和教会大学史研究。章开沅先生曾谦逊地说南京大屠杀的研究纯粹出于偶然，但偶然中却蕴含多种机缘，最重要的是章先生晚年重视对教会大学史的研究。早在 20 世纪 80 年代后期，章先生就开始注意到耶鲁神学院收藏的中国 13 所基督教教会大学的档案和其他与中国有关的文献，《贝德士文献》便静静地躺在耶鲁神学院。抗战时期，贝氏担任金陵大学历史系教授，是章开沅先生的业师之一，其档案中保存着大量与南京大屠杀相关的史料。1990 年，章开沅先生再赴大洋彼岸，教学之余，他查阅了耶鲁神学院所藏的《贝德士文献》，并进行翻译、整理和研究，先后出版了《南京大屠杀的历史见证》（湖北人民出版社，1995 年）、《从耶鲁到东京——为南京大屠杀取证》（广东人民出版社，2003 年）、《天理难容——美国传教士眼中的南京大屠杀（1937—1938）》（南京大学出版社，1999 年）。同时，他对教会大学的研究也结出了硕果，集中在《传播与植根——基督教与中西文化交流论集》（广东人民出版社，2005 年）和他主编的《文化传播与教会大学》（湖北教育出版社，1996 年）里，此前，他与林蔚教授一道主编了《中西文化与教会大学——首届中国教会大学史学术研讨会论文集》（湖北教育出版社，1991 年），开创和推进了中国教会大学史的研究。

章开沅先生能够成为享誉海内外的著名历史学家绝非偶然，是多方面因素综合作用的结果。首先，章开沅先生出生、成长于一个绅商家庭。虽然没有资料表明，先生幼承家学，天赋异禀，但其祖父曾在芜湖创办益新面粉公司，在上海设立宝兴铁矿公司，虽家道中落，但这样的家庭背景对他从事史学研究，尤其是中国近代史研究产生了一定的影响，他在回忆家庭对其个人的影响时曾写道：“一是由于干臣公的事迹，诱发我研究张謇的兴味，也有助于我对张謇的理解；二是由于这样绅商门第的背景，有利于我与自己某些研究对象之间的沟通，使我得以结识一批清末民初的知名人士和他们的后裔。”① 这些当事人包括溥仪、章士钊、喻育之、黄一欧（黄兴长子）、蔡端（蔡锷儿子）、郑洞

① 章开沅：《实斋笔记》，东方出版中心 1998 年版，第 4 页。

国、杜聿明、廖耀湘、沈醉等。

其次，大学时代接受了良好的专业教育。先生曾就读于教会大学，虽未完成学业就参加了革命，但仍然打下了扎实的史学基础。金陵大学历史系的课程设置兼顾中外历史的完整性与平衡性，并注重史学方法的训练，其课程构成如下：

> 中国近世史，4～6 学分；西洋近世史，6 学分；中国断代史（商周、秦汉、魏晋、南北朝、隋唐、宋辽、明清、金元），8～12 学分；西洋断代史（1500—1815、第一次欧战后之世界），8～12 学分；国别史（日本史、英国史、南洋史、俄国史）4～6 学分；专门史（西洋思想史、欧洲思想史、欧洲经济史）4～6 学分；史学方法（中国史学史或史学方法）3 学分；中国地理，3 学分；西洋史学史 4 学分；毕业论文，2～4 学分。①

如果我们把上述课程称之为专业核心课程的话，那么，金陵大学历史系核心课程的学分为 46～62，要把这些课程学好，相当不易。金陵大学历史系的淘汰率很高，据章开沅先生回忆，"一般情况下，能够获得学士学位的，往往只有入学时候学生人数的四分之一，其余四分之三都被淘汰了"②。任课教师多为当时闻名全国的知名教授，如讲授中国通史和商周史的陈锡祺，讲授西洋通史、近世西洋史和今日之世界的王绳祖，讲授秦汉史和中国近世史的陈恭禄，讲授西洋古代史、俄国史和美国文化研究的贝德士等③。课程设置非常重视学生的基础与通识教育，也非常重视引导学生选课，各系都选派专门教师对学生进行选课指导，如 1947 年秋季金陵大学文学院选课总指导为贝德士先生，历史系 1947 年秋季选课指导为王绳祖先生，1948 年春季学期文学院选课总指导为倪青原先生④。据章先生回忆，他选过的课程，有贝德士的俄国史、世界通史，陈恭禄的中国近代史，王绳祖的欧洲近代史，金大文学院院长倪青原的

---

① 南京大学档案馆藏：金陵大学档案，新标准课程对照表，历史学系（手写本），第 235—236 页。

② 章开沅口述，彭剑整理：《章开沅口述自传》，北京师范大学出版社 2015 年版，第 80 页。

③ 南京大学档案馆藏：私立金陵大学 35 年秋季课程表（文学院）。

④ 南京大学档案馆藏：私立金陵大学 36 年春季学期各院选课指导一览表、私立金陵大学 37 年春季学期各院选课指导一览表。

逻辑学，马长寿的社会学，贝德士夫人的美国史，刘恩兰的地质学等①。大学时期对社会科学研究方法的兼收并蓄，奠定了章先生的学问根基，他曾回忆说："金大历史系对中外近现代史的重视，与强调兼学其他社会科学课程（如社会学、经济学等），这两方面都堪称开国内风气之先。我一生治学之稍有所成，或多或少得益于此。"② 马长寿教授的社会学课程，"使我这个历史系学生得到更多的启发，所以对于社会学的一些理论、概念与方法我早已略有所知"，王绳祖教授"开设汤因比史学介绍讲座，使我们对这位大学者的思想体系兴味渐浓"③。贝德士"对学生要求的严格也是众所周知的，不仅参考书布置得多，读书报告也布置得多"，正是这些严格的训练，"使我们在养成良好学风方面受益匪浅"④。

再次，作为历史学家，章开沅先生具有强烈的使命意识。一是基于民族的使命感。他之所以从事辛亥革命史研究，直接原因是德国历史学者贝喜发博士的触动。他投身南京大屠杀历史的探讨，既是维护历史尊严的需要，也是为了驳斥日本右翼学者对日本侵华史的肆意歪曲。二是基于个人经历与身份所触发的责任感。章先生回忆自己"决意投入中国教会大学史研究"，发端于与美国普林斯顿大学历史系刘子健教授的一次面谈。刘子健教授列举了他从事教会大学史研究的三重有利经历和身份：教会大学学生、大学校长、历史学者⑤。三是基于其博大的人类关怀。在价值观层面，章开沅先生对人类文明的认识超越了固有的文化边界，他说："现在我们应该既超越西方文化又超越传统文化，根据现实生活与未来发展的需要来营造新的价值体系。"⑥ 针对学术界一个时期内存在的"体用之争""西化论"和"本位论"等，他主张："在中西文化交流过程中，离异与回归都需要适度，离异不可无根，回归不可返古。"⑦ 他强调不同文化之间的交流与互动，认为教会大学的产生、发展与变迁无疑是一个

① 章开沅口述，彭剑整理：《章开沅口述自传》，北京师范大学出版社 2015 年版，第 81 页。

② 章开沅：《实斋笔记》，东方出版中心 1998 年版，第 40 页。

③ 章开沅：《实斋笔记》，东方出版中心 1998 年版，第 9 页。

④ 章开沅：《实斋笔记》，东方出版中心 1998 年版，第 41—42 页。

⑤ 陈才俊：《跨文化对话：中国基督教史的现代化解读——章开沅先生与中国基督教史研究》，见华中师范大学中国近代史研究所编：《章开沅学术与人生》，华中师范大学出版社 2011 年版，第 91 页。

⑥ 章开沅：《走出中国近代史》，北京出版社 2020 年版，第 149 页。

⑦ 章开沅：《走出中国近代史》，北京出版社 2020 年版，第 149 页。

特定时代里中西文化碰撞的产物，不能成为中国历史学者永远的待垦之地。这是章开沅先生晚年超越文化界域，义无反顾地投入教会大学史研究的最为深沉的文化因子。

最后，章开沅先生十分注意跟踪前沿，广泛涉猎中外史学新理论、新方法。一是章开沅先生勤于开展中外学术交流，在中国近代史学界，章开沅是改革开放后较早开展中西学术交流，特别是两岸学术交流的学者之一。与他有过学术交往的国内外学者众多，其中交往较为频繁的著名学者包括北美学者柯白、魏斐德、杜维明、费维恺、薛君度、何炳棣、陈志让、罗兹曼、余英时、孔飞力、周锡瑞等，法国学者巴斯蒂、白吉尔夫人等，日本学者佐伯有一、田中正俊、野泽丰、岛田虔次、狭间直树、久保田文次、中村义、藤井升三、小岛淑男、滨下武志等，韩国学者闵斗基，交流较密的我国台湾地区的学者有张玉法、张朋园、蒋永敬等，这些交往不仅使他获得了许多新知，而且使他能及时了解到海内外中国近代史研究的最新动态。二是章开沅先生对国外史学新理论、新方法广为涉猎。哪怕到了晚年时期，他仍然如饥似渴地学习来自异域的理论与研究方法，他十分推崇法国年鉴学派代表人物马克·布洛赫的历史观念和研究方法，在有关学术论著与讲演中多次引用布氏的有关言论。他倡导历史学者应该走出历史，一定程度上也受到了布氏的影响。

二、“走进历史”与如何“走进历史”

何为“走进历史”？章开沅先生并未就其内涵大加阐发。但他指出，“参与历史，亦即走进历史，理解历史”①。在章先生的史学思想中，参与历史、走进历史与理解历史具有逐层递进的同等意义。“历史是已经画上句号的过去。”单从物理意义上说，任何人都是不可能走进历史的，人只能存在于其所生存的那个时代，而且历史是不能重复的，但历史学家却需要跨越时空，参与历史。章先生认为，历史学家“必须积极参与历史生活，因为历史学家的最高天职就是研究人类的历史生活，不如此就不能成其为历史学家”②。21 世纪伊始，章先生率先提出了“参与史学”，他指出，“我们的研究紧扣着时代发展的脉

① 章开沅：《走出中国近代史》，北京出版社 2020 年版，第 34 页。

② 章开沅：《参与的史学与史学的参与论纲》，载《江汉论坛》2001 年第 1 期，第 5—7 页。

搏，在社会上具有一定的影响，学术界、社会各界都很关注。这种研究既是非常严肃的学术研究，同时又带有强烈的参与意识，我把它叫作参与史学”①。参与历史是参与现实生活的前提，“历史学家如要积极参与现实生活，首先必须积极参与历史生活”②。在这里，前后两种“参与”各有针对性指向，前者是特别针对历史学者的“职业病”，历史学者不能做埋首于故纸堆、不问世事的学究，而是要立足当下，积极参与现实生活；后者意即进入，只有走进历史人物和历史事件所处的那个特定时代、他们的内心世界，才能知人论事。时间和空间是构成历史的基本元素，某种意义上讲，时空感就是史感，一个优秀的历史学者必须具备良好的史感，即历史学家要回到特定时间、特定空间、特定事件的历史场景中去，只有这样，才能真正做到知人论事，这就是走进历史的全部意义。那些习惯于当历史判官者，以今世的标准去评价古人古事，如果不是出于政治的需要，便是对历史研究的无知。章开沅先生在总结了明人李贽，清人崔东壁、陈寅恪，法国历史学家马鲁、布洛赫、保罗·利科等人的思想后指出，理解的最好方法是与古人对话，“即为古人设身处地，把自己设想成处于当时的历史环境，借助确凿史料分析前人思想与行为的成因与后果，这样才有可能理解其心灵深处的奥秘”③。以“走进历史”的方式去理解历史，也是对陈寅恪“同情之理解”的另一种表述。“走进历史”，坚持具体问题具体分析，体现了马克思主义唯物史观和辩证法，但两者之间不能画等号，他说“历史学必须以历史唯物主义作为理论基础，但它绝不等于就是历史唯物主义或社会发展史”④。

对历史学者来说，“走进历史”不仅是一个职业门槛，是一种方法，更是一种境界。这种境界，陈寅恪称之为“与立说之古人处于同一境界”，王国维则称“入乎其内，故有生气”，在历史学家的心中，历史人物应是能被感知的、有思想力的个体，唯其如此，才能实现与古人的对话。可见，“走进历史”是历史研究者必备的素养，一个缺乏“走进历史”的意识与观念的人，不可能成为一位合格的历史学者，一个不懂得如何“走进历史”的人，不可能成为一名优秀的历史学家。同其他学科一样，历史学有其独立的学科品格，即求实存

① 危兆盖：《关心社会、参与历史——章开沅教授访谈》，《光明日报》2000 年 10 月 27 日。

② 章开沅：《走出中国近代史》，北京出版社 2020 年版，第 31 页。

③ 章开沅：《走出中国近代史》，北京出版社 2020 年版，第 32 页。

④ 章开沅：《走出中国近代史》，北京出版社 2020 年版，第 151 页。

真，只有走进历史，才有可能探寻真实的历史，“努力贴近并维护历史真实应是史学家的职业道德”①。

“走进历史”的门径在哪？章开沅先生认为，首先需要走进史料，“不仅要掌握大量确切可信的史料，而且更在于把握史料之间的内在联系，对史事进行认知和解释”②。为此，章开沅先生强调尊重历史的原生态，呼吁历史学者要“走进历史原生态”，他强调“一方面要重视史料，尽量利用原生态的史料；另一方面也要重视解释，追寻研究对象的原生态”③。在史家应当具备的才、学、识“三长”中，章先生尤其看重“史识”，“史识不仅限于对历史文献的解读与对史事的判断，而更重要的是对历史的总体把握与深层理解”④。章先生继承了中国史学的优良传统，重视史料，察其源，辨其流，考真伪，但又不为史料所羁绊，强调要尊重“与其最偏爱的观点相悖的事实”，而不是先验性地给史料贴标签，进而将一切与个人观点不符或与自己偏好的观点不符的史料剔除在外。

在历史研究工作中，章先生十分注重走进史料，开展历史资料调查，走近历史当事人。1963 年，他曾借调到全国政协文史资料委员会协助杨东莼征集北洋时期的史料，“在北京得以结识许多学识丰富的师友，会见许多在中国近现代史上占有相当地位的重要当事人，阅读许多珍贵的文献史料”⑤。章开沅先生十分注重史迹、史料的调查与考证，他常常利用赴海外参会、讲学的间隙遍访近代史迹。1981 年他到日本参加纪念辛亥革命 70 周年国际学术讨论会，会后专程赴荒尾市天水町参访黄兴在“二次革命”失败后流亡日本时寄居的田尻家，不仅发现了田尻住宅正厅壁上悬挂的黄兴题赠的七绝一首，还与田尻的儿子、媳妇交谈，他们“娓娓地追述当年黄兴蛰居天水的往事。邻近的老农也闻讯赶来参加晤谈，他们都记得黄兴的音容笑貌，甚至连这位伟大革命家的一些生活细节，他们也如数家珍”⑥。这是“走进历史”的一种方式，也增添了

① 章开沅：《走出中国近代史》，北京出版社 2020 年版，第 109 页。

② 章开沅：《走出中国近代史》，北京出版社 2020 年版，第 132 页。

③ 章开沅：《走出中国近代史》，北京出版社 2020 年版，第 165 页。

④ 章开沅：《鸿爪集》，上海古籍出版社 2003 年版，第 47 页。

⑤ 章开沅：《实斋笔记》，东方出版中心 1998 年版，第 30 页。

⑥ 黄兴题赠的七绝在国内未曾流传过，对于研究黄兴晚年的政治思想有一定价值。诗曰：“雪平峰前云气开，池中隐约起风雷。何人戏取华阳剑，真割乖龙左耳来。”见《实斋笔记》，第 162 页。

史学家对辛亥人物的感性认知。

只有对话才能更好地“走进历史”。章开沅先生提出了两个层面上的对话：一是需要与往昔对话，与古人对话，即“通过潜在无声的对话与历史人物沟通以形成理解”，与古人形成“潜在的共鸣”①。历史是纷繁复杂的，“历史的复杂性不仅是由于社会环境本身的复杂，而且还由于厕身且活动于这种复杂环境之中的人也非常复杂，特别是他们的思想与心理”②。因此，“善于与古人对话，就是对古人经由沟通形成理解，从中吸取历史蕴含的智慧”③。他还特别以拉贝为例，说明“拉贝现象”的存在，“一个西方纳粹分子，他的国家和领袖以后曾在奥斯威辛-比克瑙集中营残酷屠杀400万无辜难民，而他本人此时却在南京扮演了难民守护者的角色”④。如果不理解拉贝的内心世界，如何解释“拉贝现象”。二是需要进行“广义的对话”，即“历史学者与其他各科学者之间的外在对话”，这是由历史学者的专业背景与知识结构决定的，“历史学家自身的实践经验与知识结构毕竟是非常有限的。因此，为了不断扩展对过去认知的广度与深度，历史学家便不得不经常向许多其他学科专家求助，如社会学、人类学、经济学、政治学乃至科技专家等”⑤。

三、“走出历史”与如何“走出历史”

“走出历史”大体上可以分为三个层面：一是指历史研究者走出历史研究对象所处的时代与空间范围。二是指研究者需要超越历史研究现状，亦即超越历史，“所谓超越历史，就是不要受陈旧历史眼光的局限，更不要因袭过去历史造成的形形色色的偏见与误区”。章开沅先生以抗日战争为例，指出：“过去由于长期的敌对状态，国民党攻击共产党‘游而不击’，共产党指责国民党‘片面抗战’，反而形成历史的自我贬抑。”⑥ 抗日战争史的研究者如果不走出过去那些具有意识形态色彩的党派之见，就难以对抗日战争形成客观的评价。三是指跨越历史研究界域，用历史研究的成果主动参与现实生活、关注未来，

① 章开沅：《走出中国近代史》，北京出版社2020年版，第116页。
② 章开沅：《走出中国近代史》，北京出版社2020年版，第120页。
③ 章开沅：《鸿爪集》，上海古籍出版社2003年版，第32页。
④ 章开沅：《走出中国近代史》，北京出版社2020年版，第125页。
⑤ 章开沅：《走出中国近代史》，北京出版社2020年版，第128—130页。
⑥ 章开沅：《鸿爪集》，上海古籍出版社2003年版，第34—35页。

章先生称之为“史学的参与”。“史学家不能只是面对过去，而是要立足现实，更要把握未来。在全球、全社会关注的重大问题上（如环境、资源、世界伦理、战争与和平等），都应该听得见历史学家的声音。”① 诚然，历史学家不是预言家，难以准确地预测未来，但如何保证当政者了解真实的历史并从中吸取智慧，避免重复历史上的悲剧，却是历史学家应尽的责任。

历史研究者需要“走出历史”，是客观公正地评价历史的需要，这是由主体与客体两方面决定的：首先，就历史研究者而言，时空感是必须具备的素养，但是，历史研究又不能拘泥于时空限制，否则我们就陷入研究对象的泥潭中不可自拔，进而出现“不识庐山真面目，只缘身在此山中”式的无奈，或者爱屋及乌，拔高对研究对象的评价，或恶其余胥，有意贬低研究对象及其关联的人和事。不能客观公正地理解研究对象，更遑论走出历史。因此，历史学家在遵循时空观念的同时又要超越历史时空，这是历史学自身的价值决定的，如罗素所言，历史学“使我们在思想上和感情上成为一个更大的宇宙的公民，而不仅仅是一个日常生活的公民而已”②。其次，就历史研究对象而言，历史是过去的人和事，它需要经过时间的沉淀，然而，时间越久，相去越远，过去的人和事也就越模糊，要使模糊的历史清晰化尚且不易，要客观公正地予以评价谈何容易。只有将研究对象置于历史的长时段和人类活动的全球视野中，才能产生“横看成岭侧成峰，远近高低各不同”的效果。王国维将“走出历史”的作用概括为“出乎其外，故有高致”，即只有走出历史，才能站得高，看得远。

章开沅先生主张“走出历史”，是从阐释中国近代史研究需要走出近代史开始的。21 世纪初，章先生以“走出中国近代史”为题，为华中师范大学近代史所创办的《近代史学刊》撰写发刊词，正式提出了为什么要走出中国近代史和如何走出中国近代史的思考。发刊词从世纪之交人类文明面临的深重灾难出发，基于历史学家应该承担的时代责任，从学科建设的角度，呼吁“为了更好地建设这个学科，中国近代史研究者必须走出中国近代史”③。章先生认为，作为一个学科的中国近代史非常年轻，“而且其成长过程又是先天不足与后天失调”，很不成熟。此前，他在《辛亥革命史研究如何深入》一文中已经提出

① 章开沅：《走出中国近代史》，北京出版社 2020 年版，第 183 页。

② 罗素：《论历史》，何兆武，肖巍，张文杰译，广西师范大学出版社 2001 年版，译序，第 5 页。

③ 章开沅：《走出中国近代史》，北京出版社 2020 年版，第 36 页。

上、下延伸与横向会通问题，开始考虑中国近代史研究的整体发展。纪念辛亥革命一百周年时，章先生以“百年锐于千载——辛亥革命百年反思”为题，主张纵观辛亥革命上下三百年，开展“其本身以及历史遗产的真正盘点”，“三个一百年”即辛亥革命前一百年、辛亥革命后一百年、未来一百年，通过时间跨度上的延伸走出辛亥革命史，再以“走出”后的长镜头评价孙中山、三民主义等，又会有另一番新的认识，只有“放开历史的视距，辛亥革命的历史遗产的正、负面影响才有可能讲透”①。辛亥革命研究中的“三个一百年”，“实质就是历史的连续性问题”，因为“社会变迁是一个渐进的漫长的过程，即令是最伟大的革命也不可能在一个晚上（甚至三五年）把旧社会改变成为新社会”。鸦片战争也不例外，战争及其结果对中国的影响是经过数十年逐渐显示出来的，特别是像中国这样版图广袤、人口众多的大国，很长一段时间内，中国的社会结构、社会制度、政治体制、文化思想，大体上仍然是沿袭于明清，有些甚至可以上溯到秦汉。因此，“走出中国近代史，首先就是走出这 80 或 110 年，在基础知识与学术视野两方面至少要向上延伸到清史乃至明史，而尤其需要重视明清之际经济、文化的内在变迁；同时也要向下延伸到 1949 年以后，因为旧中国的社会结构及其经济、政治、文化，仍然在一定时期和不同程度上沿袭与运动”②。横向会通则包含三个层面：一是“社会乃是一个整体，经济、政治、文化不能割裂”，“应该把握事物各部分之间的有机联系，特别是局部与整体之间的有机联系”。二是“应该把中国史当作世界史的一部分来研究”，“同时还需要从事近代中西社会结构、经济发展、政治体制、革命运动、民族关系、社会心理、宗教流派乃至风俗习惯等方面的比较研究”。三是“从当代学术科际整合发展趋向而言，我们也需要继续努力把社会学、经济学、政治学、法学、文化学、人类学、宗教学、心理学等相关学科的理论与方法引进史学研究”。总之，“上下延伸是从时间上走出中国近代史，横向会通是从空间上走出中国近代史”③。前者是历史的长镜头，后者是历史的广角镜。为纪念法国大革命 200 周年，章开沅先生撰写了《法国大革命与辛亥革命——纪念法国大革命 200 周年》一文，全面深入地阐明了法国大革命在思想渊源、纲领设计、策略选择等方面对辛亥革命的积极影响。章先生还进一步拉长时限，透视

① 章开沅：《走出中国近代史》，北京出版社 2020 年版，第 53—61 页。
② 章开沅：《走出中国近代史》，北京出版社 2020 年版，第 39 页。
③ 章开沅：《走出中国近代史》，北京出版社 2020 年版，第 39—41 页。

了法国大革命对辛亥革命之后中国历史的影响："中国曾经接受其积极影响，经过辛亥革命推翻了君主专制，又经过一系列革命斗争摆脱了帝国主义与封建主义的联合统治。但是，中国又曾走向一种极端，把革命从手段转换为目的，把在一定历史时期必要的革命夸大成为永不停顿的、无间断的革命，终于造成史无前例的大灾难。这是极为沉痛的历史教训！"① 该文可谓从空间上走出中国近代史研究的一个范例。

把"走出中国近代史"提升到一个更高的层面，就是"走出历史"，这是由历史学的学科取向决定的，历史学"关注的是整个人类、整个社会，长于做宏观的、总体的把握，这是历史学家最大的优势。历史学家研究的不仅仅局限于一个短暂的时段，而且往往是一个很长的时代。真正好的历史学家的研究对象可能是全国、大区域乃至全球，至少是以全球为背景"②。因此，一个优秀的历史学家，一定是具有崇高的人类关怀与深切忧患意识的知识分子，在这一点上，章开沅先生将历史学家形象地比喻为乌鸦，他说，"历史学家不是喜鹊而是乌鸦。乌鸦可能叫得不好听，但它确实是益鸟"③。当整个社会弥漫着太平盛世的世纪迷思时，章先生却冷静地指出，"整个人类正处于危机之中，整个文明正处于危机之中。重科技轻人文，重物质轻精神，道德的沦落，战争的灾害，环境的破坏引起环境的报复，等等"④。真正的有良知的知识分子应当保持足够的理智，充当社会的清醒剂，不同领域的社会科学家承担不同的角色，譬如，哲学家需要用理性的批判精神扫除文明进步的障碍，历史学家应该讲清历史发展的曲折性，以史为鉴，在社会普遍唱着"盛世"高调时，应该指出它所面临的忧患，而当人类处于"衰世"悲叹中，又要帮助唤醒自信。罗素对历史的反思却超越了许多职业历史学者，"他的眼光始终朝向前方，他仿佛是在论证：一个历史学家的尊严就在于他关心着未来的可能的忧患"⑤。

章开沅先生始终维护着历史学家的这份"尊严"，他"走出历史"，走向现实，走出过去，面向未来。作为"走出历史"的落脚点，他提出了"史学的参与"，主张历史学者要走出书斋。2004 年 11 月，他在暨南大学星期一史学沙

① 章开沅：《走出中国近代史》，北京出版社 2020 年版，第 87—88 页。

② 章开沅：《走出中国近代史》，北京出版社 2020 年版，第 173—174 页。

③ 章开沅：《走出中国近代史》，北京出版社 2020 年版，第 172 页。

④ 章开沅：《走出中国近代史》，北京出版社 2020 年版，第 170 页。

⑤ 罗素：《论历史》，何兆武，肖巍，张文杰译，广西师范大学出版社 2001 年版，译序，第 27 页。

龙上的演讲中说："我现在没有把我的工作限制在书斋之内，而是把我的活动领域推广到整个社会。就是说史学家不仅要研究历史，还要创造历史，还要干预历史，还要跟其他有识之士一起促进历史往正确的方向发展。那才是真正的史学家！"① 他对辛亥革命的跨世纪思考，是他践行"史学的参与"的案例之一。在纪念辛亥革命九十周年时，他以《珍惜辛亥历史遗产——以世纪意识为例》为题在香港浸会大学演讲，从辛亥革命前中国社会弥漫着的"世纪"意识入手，到九十年后人们对新世纪的鼓吹与企盼，他尖锐地指出："现今流行的世纪话语缺少几分当年的真诚，更缺少当年那么深沉的忧患意识与强烈的自我鞭策"，新旧世纪之交人类文明面临的问题，如"环境污染，资源浪费，艾滋病蔓延，吸毒与犯罪率猛升，还有那挥之不去的世界金融危机与经济萧条的影响"，任何国家都难以独善其身，"因此，我们在考虑 21 世纪中国的命运时，还必须同时考虑全人类的命运"。可见，"仅以世纪意识为例，已可理解辛亥革命历史遗产的弥足珍惜，至少是能够引发我们一系列有关世界与中国前途的深沉思考"②。章开沅先生为南京大屠杀取证是充分发挥"史学的参与"功能的又一个典型例证。南京大屠杀是侵华日军的暴行之一，然而，从政界到学界，日本总有一些右翼政客与右翼学者，肆意否定南京大屠杀的历史。章先生带着强烈的现实关怀，本着一个历史学家的良知，提出"不能忘记历史的真实、历史的尊严"，并投入南京大屠杀史的研究中。他在耶鲁神学院图书馆检索贝德士文献，系统地挖掘、整理其中所保存的南京大屠杀的史实，写成《南京大屠杀的历史见证》等著作，为侵华日军的南京大屠杀提供了铁证，有力地驳斥了日本右翼学者的"虚构说""无稽之谈论"。章先生走进南京大屠杀史的研究，是为了还原真相，更是为了走出历史，超越历史，他说："我们回忆充满恐怖与罪行的往事，绝不是为了复仇，而是为了寻求真理与伸张正义，同时也是为了吸取历史经验，教育包括日本在内的全世界人民，反对侵略战争，维护世界和平。"③ 在《走出中国近代史》一书中，章先生多次表达了与法国年鉴学派代表人物之一的布洛赫的思想共鸣，尤其推崇布洛赫作为历史学家所担的"使命"与"天职"，他指出："布洛赫自我认定的'天职'，有两层意思，一是对

① 章开沅：《走出中国近代史》，北京出版社 2020 年版，第 172—173 页。

② 章开沅：《走出中国近代史》，北京出版社 2020 年版，第 51 页。

③ 林伟苹，高峻：《章开沅：为南京大屠杀取证》，载任红主编：《天下先锋》，甘肃文化出版社 2009 年版，第 176—184 页。

史学的奉献；一是对社会的奉献。在第二次世界大战期间，他作为历史学家，既拿起笔也拿起枪，站在反法西斯斗争的第一线。他未能看到自己的著作（《历史学家的技艺》）的出版，也未能看到反法西斯战争的胜利，但他参与了历史的创造，并且以鲜血与生命谱写了一曲回荡千古的奉献之歌。”章先生认为，这是“历史研究的最高境界，布洛赫可以说是已经进入这个境界的光辉榜样之一”①。当然，章先生并没有停留在共鸣与推崇上，而是以行动呼应布洛赫，虽然时代不同，但在“走出历史”这一点上，两人的学术旨归却完全一致！

四、“走进历史”与“走出历史”的统一

在章先生的史学研究生涯中，“走进历史”与“走出历史”构成一个完整的过程，缺一不可。王国维以“入乎其内，故有生气；出乎其外，故有高致”来概括这一过程，十分精当。章先生则强调这一过程也是一种境界，他说，“境界不仅是营造的结果，而且是运思的过程与状态”②，应该始终伴随历史学家的职业生涯。治史者必须具备这种境界，以“走进历史”的气度来探寻真实的历史，进而“把自己重新体验并赋予生命的真正历史奉献给人类”，以“走出历史”的担当，克服知识分子历史使命感的局限性，实现“史学的参与”。在技术主义十分盛行的现当代，“历史有什么用”之类的问题常常困扰着人文科学研究者，章先生强调历史学家必须具有“走进历史”与“走出历史”的境界，源于知识分子的崇高的使命感，“知识分子不是一般的读书人或有专业知识、技能的人，而是关心人类命运、社会进步的社会精英”③。他说：“建设当代健康有益而又丰富多彩的精神文明，历史学家具有无可代替的重要作用。”④“面对当代人类文明的严重缺失，历史学家不应该保持沉默，更不应该无所作为。我们必须和其他人文科学、社会科学乃至广大科技专家中的有识之士，共同纠正现今文明的缺失，并且用自己的学术精品，用自己的智慧与热情，营造健康向上的使人类免于继续沉沦的精神文明。”⑤ 1995 年，他在香港中文大学

① 章开沅：《走出中国近代史》，北京出版社 2020 年版，第 30 页。
② 章开沅：《走出中国近代史》，北京出版社 2020 年版，第 43 页。
③ 章开沅：《鸿爪集》，上海古籍出版社 2003 年版，第 65 页。
④ 章开沅：《走出中国近代史》，北京出版社 2020 年版，第 35 页。
⑤ 章开沅：《走出中国近代史》，北京出版社 2020 年版，第 34 页。

举办的“知识分子与中国社会研讨会”上，发表了题为“知识分子的历史使命感”的主旨演讲，指出“知识分子是社会培养出来的，知识分子应该反馈社会，对社会承担责任”，同时，他又尖锐地指出了中国知识分子历史使命感的局限性，即“大多表现为追求国家独立富强的自觉，却难以表现为对个性解放与维护人的价值及尊严的强烈诉求”①。

作为一种史学思想，“走进历史”与“走出历史”既是一种方法论，也是一种价值追求。一方面，“走进历史”是为了更好地理解历史，进而“把自己重新体验并赋予生命的真正历史奉献给人类”，维护史学的尊严与品格；另一方面，“走出历史”是为了更好地进入历史，“走出又都是为了回归中国近代史”。前者是后者的基础，后者使前者变得更加顺畅，他用“专”和“通”说明出入史学堂奥的方法及其相互关系，“专则易入，通始能出。若无深入的专题研究作为基础，所谓通识则如水无源，如木无本”②。章先生所强调的“通”，包括对相关学科理论与方法的涉猎与借鉴，读章先生的论著，不仅可以看到他对社会学、经济学方法的借重，而且文笔优美、哲理深邃，这无不得益于他良好的文学、哲学功底。章开沅先生自幼喜好文学，并伴之一生，但他读诗却是为了更好地悟史，他说，“诗中有史，史中有诗，即非史诗佳作，昔人诗词中亦有富于史识、史感者，读之可以增添治史悟性”③。他以孟浩然的《与诸子登岘山》、苏东坡的《题西林壁》、辛弃疾的《南乡子》、陈子昂的《登幽州台歌》、魏源的《悼鹤》、张维屏的《黄鹤楼》为例，揭示诗词中凝重的历史意蕴。这些诗词虽非中国古代诗词的绝世佳作，但在历史学家眼中，却被赋予了历史的深邃感而别具一番咏味！

“走进历史”不易，非有长期的训练与修养，难以真正“走进历史”；“走出历史”更难，它不是历史学家“走进历史”后的必然延伸，而是历史学家对历史学学科品格的坚守，是历史学家的时代责任感与使命感的行为体现。章先生认为，“史学的可贵品格首先是诚实，也就是人们常说的‘求实存真’”④。“而与此相对应的，就是以史学为业者必须保持独立的学者人格。”⑤ 因此，“走出历史”，绝不是简单地附和现实；相反，历史学家“走出历史”后，常常

① 章开沅：《走出中国近代史》，北京出版社 2020 年版，第 22—23 页。
② 章开沅：《走出中国近代史》，北京出版社 2020 年版，第 136 页。
③ 章开沅：《走出中国近代史》，北京出版社 2020 年版，第 138 页。
④ 章开沅：《走出中国近代史》，北京出版社 2020 年版，第 131 页。
⑤ 章开沅：《走出中国近代史》，北京出版社 2020 年版，第 99 页。

以更加理性、更为冷静、甚至批评者的口吻参与现实生活。章开沅先生认为："史学是在保持独立的前提下关注现实，其中也包括关注政治，而绝不是供政治任意驱使的臣仆。"① 因此，他反对急功近利，即"意在把史学变成宣传，变成为某一时期政治中心任务的舆论造势，或者是为某一政策的出台做'学术'注解"②。相比之下，章开沅先生以更加宽广的学术视野与博大的胸怀关怀人类文明和命运，新冠肺炎疫情发生后，先生发表了题为《野叟献曝，三言两语——疫后教育变革展望》的文章，谈了他对这场疫情的认识，文章写道："何谓'疫后'，何有'疫后'？'新冠'肆虐，乃是现代人类文明危机。"

从"走进历史"到"走出历史"，章开沅先生走完了一个历史学家完整的学术人生，取得了辉煌的学术成就，获得了学术界的广泛赞誉，正如2018年第七届吴玉章终身学术成就奖颁奖词所言："他在多个史学领域取得累累硕果，把中国的辛亥革命史研究推向国际，将国外教会大学史研究引进本土。先生不仅关注历史，还拷问'史魂'，以超越世俗的纯真与虔诚，积极参与历史的创造，并在近古稀之年潜心南京大屠杀研究，维护历史尊严。先生治史六十余载，心系史学繁荣以及用史学研究来推动社会进步、文明提升及至世界和平。"章先生能取得如此辉煌的学术成就绝非偶然，在"走进历史"与"走出历史"的背后，还有很多值得我们总结、传承的地方，本文不揣愚陋，略抒浅见，尚望大家指教！

（写于2022年4月）

（原载《江汉论坛》2022年第5期）

（附记：2022年5月28日，章开沅先生离开我们整整一年。虽未曾觉得先生真的已经离去，但却再也无法亲聆先生的教诲。带着这一无法弥补的缺憾，我又系统地阅读章先生的各种文字，并以"从'走进历史'到'走出历史'"为题，概述章先生的治史道路与史学思想，以此怀念章开沅先生。）

① 章开沅：《走出中国近代史》，北京出版社2020年版，第109页。

② 章开沅：《走出中国近代史》，北京出版社2020年版，第112页。

厚积薄发，求真求实

——评《黄奕住传》

在中国早期现代化进程中，华侨是特殊的群体，他们积极支持祖国的革命和经济建设。其中一些人白手起家，由身无分文的传统农民变成具有现代意识的资本家。印尼侨商黄奕住就是其中的一个典型。他由穷到富的奋斗经历颇具传奇色彩，应是近代经济史和华侨史研究的重要课题。但是在国内外学术界，一般地概述华侨经历的多，详细地记述典型人物由穷到富具体经历的传记却很少。新近由湖南人民出版社推出的《黄奕住传》（赵德馨著，1998 年 11 月版），在很大程度上弥补了这一缺憾。该书共有 12 章，31 万字，深刻地展现了传主从一个贫穷的剃头匠到拥有钞票发行权的银行家的传奇人生，促使人们通过解读黄奕住，正确认识资本家和资本主义的历史作用，读后使人深思。笔者认为，《黄奕住传》不仅是国内学术界第一部系统研究黄奕住的学术专著，而且是一部极富时代感的历史人物传记。该书突出体现了如下三个特点：

一、全面性。黄奕住无疑是一位卓有成就的“经济人”，搏击商场是其一生活动的重点。作者以此为主线，全面叙述了黄奕住从穷到富、从小富到大富的经历，深刻剖析了他致富的原因和经验，生动展示了传主经济生活中的坎坷曲折。但是，黄奕住的一生并不仅仅局限在经济领域，作者充分注意到这一点，“力争写出一个活生生的有血有肉、有情有欲、有成有败、有长有短的人来”（前言第 1 页），因此作者还以相当的篇幅叙述了黄奕住的社会活动、政治活动、家庭生活等方方面面的情况，客观公正地透视了黄奕住的成败是非。如作者在分析传主的风险意识时，也揭示了他作为一个商人的投机性；在肯定他回国投资的爱国爱民情操时，也正视他光宗耀祖的封建意识；对黄奕住的“两头家”生活，作者没有简单地斥之为“一夫多妻”制的封建残余，而是给予了同情的理解，认为这是一种特殊环境下的产物。在那个特殊时代里，“黄奕住的一家是中国人与印尼人的结合体。他本人是两国人民结成亲善关系的桥梁”（第 284 页）。时下学术界在为历史人物作传时，存在着一种有意无意褒扬传主的倾向，甚至不惜为传主“遮丑”“护短”。殊不知，过分褒扬历史人物往往难免失真，这是史学著作之大忌。作者对传主客观、公正、全面的叙述与评价，不仅使我们看到了一个真实、可信的黄奕住，而且体现了史学著作的学术真谛。

二、严肃性。同历史舞台上显赫一时的政治人物相比，黄奕住可谓一个“凡人”。他既没有像辛亥革命中孙中山那样叱咤风云，也没有像戊戌变法时的康有为、梁启超那样震惊朝野。但是，作者仍然以一位学者的严谨性，极其认真地为“凡人”立传。这主要体现在三个方面：其一，作者历时 12 载，不顾严寒酷暑，四下厦门，搜集资料，寻访古迹，进行田野调查，使得该书具有十分扎实的资料基础。其二，作者在研究中坚持“所写必有所据，无据之事，宁缺待补”的原则，对学术界存在着争议的问题进行了扎实的考证，还历史以原貌。其三，对于有争议而依据目前史料还无法作出结论的问题，作者存疑并列出各种歧异之处，以供学术界进一步讨论。

三、启迪性。黄奕住从剃头匠到银行家的经历，对当今在市场经济中遨游的人们来说具有启发性。作者把传主的经历融入当时的社会环境中，“通过这种社会环境，使读者了解那时那地为什么会出现这样一个人物”（前言第 2 页），从而使得对传主的剖析十分深刻，给读者以多方面的有益启迪。比如，如何全面认识华侨商人这一特殊群体，经典作家曾经指出，“资本来到世间，从头到脚，每个毛孔都滴着血和肮脏的东西”。资本家的原始积累是通过暴力手段进行的野蛮掠夺，这是资本原始积累或者说资本家形成过程中带有普遍性的现象。但是，我们也不能因此而掩盖了中国资本原始积累的特殊性，尤其是对那些身在异国他乡的以谋生为目的的侨商来说，以暴力手段进行疯狂剥削的可能性几乎不存在。他们是怎样积累起巨额资本的呢？作者透过黄奕住这一典型个案告诉我们，华侨商人原始资本积累过程中起主要作用的不是暴力掠夺，而是“中华民族人文精神和由这种精神所凝聚的历史传统”，如勤劳勇敢、吃得起苦的精神，艰苦朴素、精打细算、节约积蓄的传统，待人诚信与“和为贵”的修养，“这是黄奕住由穷变富的民族文化背景”（第 38 页）。传统族缘、乡缘纽带下的侨胞关系，也在原始资本积累过程中起着重要作用。作者指出，“黄奕住不仅穷困时得到侨胞无私的照顾，得以渡过生活难关；在致富之后遇到困难时，也是靠侨胞的支持，摆脱险情。侨胞的团结精神是他成功的重要因素”（第47页）。成功后的黄奕住大量捐资兴办文化、教育、公益事业，为厦门现代化建设投入了大量资金，成为中国早期现代化事业的推动者。作者的上述论断建立在大量史实基础上，具有极强的说服力，对资本原始积累和资本家历史作用的重新认识是一个有益的补充。

总之，《黄奕住传》叙述全面，立论公允，史料宏富，启迪性强，是一部成功的学术专著。但是，该书在某些史料的运用上出现多次重复，对1937年以后传主活动的叙述较为薄弱，有待再版时进一步考虑和充实。

（写于1999年）

（附记：《黄奕住传》，赵德馨著，湖南人民出版社1998年出版。）

评《中国早期资产阶级概论》

早期资产阶级在近代中国经济现代化进程初期充当着极其重要的角色，对辛亥革命及以后政治运动的成败起着重要的作用。因此，早期资产阶级的研究早已成为国内外史学界的重要课题。欧美及日本、俄罗斯、韩国、澳大利亚等国家的中国资产阶级研究历久而不衰，并取得了一批可资借鉴的成果，产生了一批著名的汉学家。他们的研究集中在中国资产阶级的产生和形成、来源与构成、特点以及资产阶级与辛亥革命、资产阶级与外国资本、资产阶级与国家政权的关系等问题上。在众多的研究成果中，法国社会科学高等学院白吉尔夫人于 1968 年出版的《中国资产阶级与辛亥革命》一书对中国资产阶级的产生、来源、特点及其与辛亥革命的关系进行了系统的分析，产生了较大的影响。近几年来，国外学者继续站在不同的角度，运用新的理论和方法，探索中国资产阶级诸问题。1985 年，白吉尔夫人又推出力作《中国资产阶级的黄金时代：1911—1937 年》，把国外的中国资产阶级研究又推进了一步。这些成果的翻译和介绍，也推动了国内资产阶级研究的发展。

就国内史学界来说，对早期资产阶级的研究虽开始较早，但还未取得令人满意的成绩。

早在 1923 年，瞿秋白就在《前锋》杂志上以“屈维它”的署名发表了《中国之资产阶级的发展》一文，提出了中国资本主义的发展特征、资产阶级与辛亥革命、资产阶级与外国资本的关系等重要问题。这是国内运用马克思主义理论研究中国资产阶级的开山之作。新中国成立以后，由于受到阶级斗争绝对化观念的影响，在中国近代资产阶级研究中，重在强调无产阶级同资产阶级的斗争，对资产阶级批的多，实事求是的研究少。

20 世纪 80 年代以来，随着改革开放的深入，中国近代资产阶级研究日益受到重视。1983 年第一次近代中国资产阶级研究学术讨论会围绕着近代中国资产阶级的产生、发展、内部结构、政治派别及其活动，资产阶级在近代中国的历史地位和作用等问题，展开了热烈的讨论。1988 年 11 月，第二次近代中国资产阶级研究学术讨论会，将资产阶级的研究侧重在北洋政府时期，讨论了这一时期中国资产阶级的状况、北洋政府同资产阶级的关系等问题。与此同时，史学界有许多有关论文问世，这些都推动了近代中国资产阶级的研究向着更深的层次、更新的领域发展。

90 年代伊始，黄逸锋、姜铎等同志合著的《旧中国民族资产阶级》一书对新旧民主主义革命时期的民族资产阶级进行了初步研究，“提供了一个发展的梗概”①。因为时间跨度大，对资产阶级的不同发展阶段（尤其是早期）没有作全面深入的研究。在纪念辛亥革命 80 周年之际，林增平先生出版了《资产阶级与辛亥革命》论文集，该论文集就资产阶级的若干重要问题进行了深入的探索，成一家之言，但它毕竟是一部论文结集，所论难以全面。朱英同志在充分吸收前人研究成果的基础上，利用长期从事苏州商会档案的整理与编辑所积累的丰富的第一手材料，对近代中国早期资产阶级进行了系统的研究，推出了《中国早期资产阶级概论》（河南大学出版社，1992 年，以下简称《概论》）这一新作。

《概论》由 13 章和两个附录构成，33 万字，分别论述了资产阶级的形成和特点，资产阶级与革命派、立宪派及清政府的关系，资产阶级社团的兴起，资产阶级在历次政治活动中的走向，并从个案研究的角度分析了苏州商会的产生与特点、苏州商会与行会的区别和联系以及苏州商会的司法职能与影响。通观全书，有以下几个显著的特点：(1) 在中国早期资产阶级研究的一些重大问题上提出了独到见解；(2) 拓宽视野，填补了早期资产阶级研究中的一些空白；(3) 更新视角，加强了中国早期资产阶级研究的力度；(4) 注意整体研究与个案研究、抽象分析与具体分析相结合，注意从中西比较中把握中国早期资产阶级的特性、从地区比较中考察各地区资产阶级之间的差异。以下就这些特点作点具体分析。

---

① 参见《旧中国民族资产阶级》前言，江苏古籍出版社 1990 年版，第 1 页。

一

国内外史学界对近代中国早期资产阶级的研究，可谓观点纷呈。这既是深入研究的起点，也是深入研究的难点。《概论》的作者在对史料取精用宏的基础上，提出了一些独到的见解。

早期资产阶级究竟形成于何时？它的标志是什么？史学界对此的看法莫衷一是。《概论》从组织发展程度和思想意识的变化这两个新视角，指出辛亥革命前商会的诞生标志着近代中国资产阶级的初步形成。“1904 年以后各地资本家社团组织——商会的建立，可以作为中国资产阶级初步形成为一支独立阶级队伍的重要标志。”（第 7 页）之所以说是初步形成的标志，是因为商会在一定程度上仍受到传统行帮格局的限制，但它毕竟将资产者以往分散的个人或狭隘的地域观念的行帮形象，转变为新式社团法人的姿态，在晚清政坛和社会舞台上，能初步协调行动，说明了资产阶级组织程度的提高。“1912 年‘全国商会联合会’这一全国性的资产阶级联合团体正式宣告成立，使中国资产阶级的组织程度发展到一个更高层次，标志着中国资产阶级完整形态的最后形成。”（第 11 页）从近代意识的角度看，“商会诞生之时际，资产阶级已萌发了明显的近代意识，从另一方面说明当时的资产阶级已初步发展成为一支独立的阶级队伍”（第 12 页）。

作者从新的视角所提出的观点，不仅使读者对资产阶级的形成获得了比较清晰的认识，而且比过去的诸种观点具有更强的说服力。有一种看法称 19 世纪 70～80 年代中国民族资本近代工业的产生，标志着中国资产阶级的产生①。这种看法是将随着民族资本近代工业的产生而相应产生的一部分工商业资本家等同于资产阶级的形成。实际上，在民族工业产生的初期，工商业资本家不仅为数较少，而且他们彼此之间是分散的、缺乏紧密的组织联系和明确的阶级认同感，还没有形成为一支独立的阶级队伍。还有一种意见依据戊戌变法时期代表民族资产阶级上层利益的维新派登上了历史舞台，断定资产阶级上层已经形成，“以康有为为首的资产阶级维新派，主要是被民族资产阶级上层呼唤出场的”②。仔细推敲，这种观点混淆了阶级的政治代表和阶级主体的关系。在一

① 魏永理：《中国近代经济史纲》（上），甘肃人民出版社 1983 年版，第 320 页。

② 胡绳：《从鸦片战争到五四运动》下册，人民出版社 1981 年版，第 499 页。

般情况下，一个阶级的政治代表与阶级主体的产生发展，并非同步。在近代中国，由于政治经济发展的不平衡，代表与被代表者之间出现脱节的状况尤为突出。证诸戊戌变法时期的历史，尽管维新派被时代推向前台，提出了发展资本主义，改革封建弊政的要求，但在戊戌维新中，工商业资本家却没有以一种独立社会力量的姿态，参与这场重大的社会变革，除少数资本家以个人身份参加一些变法活动外，几乎看不到他们以整体的面貌表明其态度，并采取统一行动。可见，这种观点忽视了对阶级主体的考察，把戊戌时期维新派登上历史舞台说成是资产阶级上层产生的标志只能是缺乏事实根据的推断。相比之下，林增平先生提出中国的资产阶级形成于 19 世纪末 20 世纪初的观点较为全面和深刻。他从资产阶级成长的物质基础、资本家数量的增加、资产阶级知识分子的出现以及有了阶级使命感的资产阶级跃上政治舞台这四个方面论述民族资产阶级开始形成为一个独立的社会阶级①。他不仅分析了资产阶级的政治代表，而且开始注意考察阶级主体，为进一步研究拓宽了视野和角度。《概论》在吸收各种观点养分的基础上，着重加强对资产阶级本身发展状况，尤其是组织发展程度和思想意识两方面的考察，提出了关于中国近代资产阶级形成的新观点。

笔者认为，把组织发展程度和思想意识两方面作为考察阶级形成的视角，符合近代历史实际，也符合马克思主义的阶级观点。马克思主义认为，阶级是一定历史时期具有共同利益的人们所结成的社会集团。在阶级的形成过程中，利益是一个必要条件。马克思在分析法国小农阶级时说："既然数百万家庭的经济条件使他们的生活方式、利益和教育程度与其他阶级的生活方式、利益和教育程度各不相同并互相敌对，所以他们就形成一个阶级。"② 但是，利益并不是阶级最终形成的充分条件，马克思接着说："由于各个小农彼此间只存在有地域的联系，由于他们利益的同一性并不使他们彼此间形成任何的共同关系，形成任何的全国性的联系，形成任何一种政治组织，所以他们就没有形成一个阶级。"这就是说，在客观上存在着共同利益的人们只有在主观上能够对他们在政治、经济、文化教育等社会生活各个领域的利益同一性有着明确的认同时，阶级才能最终形成，这种主观认同感产生和形成的结果必然有一个作为阶级成员联系枢纽的组织出现，这个组织能够将全国的有着共同利益的人们联

① 林增平：《资产阶级与辛亥革命》，湖南人民出版社 1991 年版，第 48—53 页。

② 马克思：《路易·波拿马的雾月十八日》，见中共中央马克思恩格斯列宁斯大林编译局编：《马克思恩格斯选集》（第 1 卷），人民出版社 1972 年版，第 693 页。

系起来，以独立、整体的姿态表明本阶级的态度、提出反映本阶级利益的要求，并能采取相应的社会行动。可见组织发展程度和思想意识是考察资产阶级形成的重要依据。《概论》的作者在分析思想意识时，把它扩大为涵盖近代民族主义爱国思想、相互之间的认同感以及对自身历史地位的认识和时代使命感在内的近代思想意识，突出了中国近代历史的特点。近代中国处在半殖民地半封建时代，新兴的民族资产阶级处在帝国主义和封建主义的夹缝中，面临着独立与富强两大课题，因此以独立为核心内容的近代民族主义爱国思想和以富强为核心的发展民族资本主义的强烈使命感是促使中国近代资产阶级形成的催化剂，也是中国资产阶级的一个显著特色。

从近代中国历史的运行看，以 1904 年为界标，资产阶级在政治、经济生活中的地位和作用明显不同。1898 年的戊戌变法，除少数并无联结的资本家外，看不到资产阶级参与这场重大变革的痕迹。1904 年商会成立后，资产阶级则以一个相对统一的整体存在并影响着社会生活各个领域，发起并领导了 1905 年的抵制美货运动，组织领导了 1907 年的拟订商法活动，动员和组织海内外华商积极响应第二次国会请愿运动。中华全国商会联合会诞生后，不仅对内领导全国各地的资产阶级从事经济现代化活动，而且对外代表中国资产阶级参加国际商务会议和国际商会联合会。由上可见，《概论》关于早期资产阶级形成的新见解，真实地反映了近代中国的历史演进历程。

关于立宪派的阶级基础，史学界多数同志认为是资产阶级上层，其理由是：第一，民族资产阶级上层拥有功名职衔，立宪派中的大多数人也具有这个特征；第二，民族资产阶级上层在政治上、经济上同封建主义的联系较之中下层更为密切，难以与清王朝彻底决裂，因而反对革命，支持立宪。《概论》的作者不囿成说，根据所掌握的苏州、上海、天津、汉口、广州等全国数十个商务总会的史料，在重点分析苏州商会会员身份的基础上，得出两点结论："拥有功名或职衔不能单单视为民族资产阶级上层所独具的特点。事实上，在当时不仅是资产阶级上层人物，一些中等水平的资本家，甚至一部分家产非常有限的资产者，也同样是顶戴花翎或身兼功名。"（第 124 页）"其次，立宪派的政治主张也并非只是反映民族资产阶级上层的要求和愿望，而不代表资产阶级中下层的利益。"（第 125 页）作者认为，在武昌首义发生前清朝统治尚未显示出即将土崩瓦解时，整个资产阶级各阶层中的绝大部分人，对立宪请愿众口一词地表示支持，而且在行动上积极敦促立宪的加速进行，将国会请愿运动视为本阶级的主要政治实践之一。据此，作者提出，"与其说立宪派的阶级基础是资产阶级上层，倒不如说是整个资产阶级”的观点（第 126 页）。那么，与立宪派政见相异的革命派的阶级基础又怎样理解呢？作者进一步指出，革命派与立宪派的政见不同只是同一阶级内部不同政治派别之间的分歧，君主立宪和民主共和，都是资产阶级政权组织形式，都符合资产阶级的利益，因此可以说都是资产阶级的代言人，即资产阶级的政治代表。当然，由于立宪派和革命派的构成不同，前者主要着眼于资产阶级的现实利益，而后者则反映资产阶级的根本利益。作者这一独到见解，启发我们重新认识立宪派的政治主张及其活动，使我们对立宪派与资产阶级的关系、立宪派与革命派的关系以及立宪运动在中国近代历史中的地位和作用的认识更进一步深化了。

二

要把中国早期资产阶级研究推向深入，就必须多角度、多层面地拓宽研究领域。过去对资产阶级的研究，由于视野比较狭窄，有些重要领域尚未涉及。《概论》的作者在广泛搜集史料的基础上，对过去尚未论述或论述不多的资产阶级争取立法权的斗争、资产阶级与清政府的关系等问题进行了系统的探索。

1907 年，上海资产阶级发起了一场有领导、有组织、有明确宗旨的全国规模的民间商业立法活动。对辛亥革命前夕这个令人瞩目、迄今尚无专文论述的重要历史事件，《概论》作了专章评述。作者指出，拟订商法活动的动议是上海预备立宪公会提出的，通过上海商务总会的联络和组织，这次活动扩展到全国，目的主要是为了保护商人利益，推动中国民族资本主义的发展，同时也是为立宪奠定基础，并借此加强全国各商会之间的联系。因而它既是资产阶级促进资本主义发展的一项重要经济举措，又可看作反对封建君主专制统治，争取政治权利的一次尝试。拟订商法活动的直接结果是制定并通过了中国历史上第一部比较完整的近代资本主义性质的经济法规文献——《商法草案》，这也是第一次民间商业立法。关于拟订商法活动的历史地位，作者认为：“如果说，1905 年商会发起和领导抵制美货运动，是资产阶级走向自治自立，要求在对外交涉中拥有发言权的第一个行动步骤，那么 1907 年发起自订商法活动，则是资产阶级学习其西欧前辈，进一步争取立法权的首次尝试。”（第 281—282 页）作者这一探索，对研究中国早期资产阶级的形成，资产阶级与清政府的关系，资产阶级与立宪派的关系以及资产阶级在中国早期现代化中的作用，具有不可忽视的学术价值。

关于资产阶级与清政府的关系，有关论著大多强调两者之间的尖锐矛盾。

《概论》依据大量的史实，以“官商关系的发展演变与影响”为题，用一章的篇幅进行了系统的论述。在分析洋务运动时期的官商关系时，作者从清政府对官督商办企业垫借官款、免税减税、商人在企业中的权力以及商股利润等方面，说明在洋务运动的前期和中期，近代中国的官与商第一次发生联系并相互合作。清末 10 年间，“官与商虽然存在着严重的矛盾，但两者之间的联系较之洋务运动时期更形密切，出现了有清一代前所未见的新型官商关系”（第 148 页）。这种新型官商关系“是在中国资本主义发展不充分，清朝财政严重亏空和帝国主义经济侵略急剧加深的情况下，官商双方为着某些共同的利益要求，带着各自不同的动机，在半自觉半自发状态中形成的一种新型关系机制，具有明显的外在强制性和内在互补性”（第 154—155 页）。作者还阐明，正是由于合作双方动机和目标的不尽一致，这一时期的新型官商关系仍然不可能建立在稳固的基础之上，一开始就隐伏着矛盾和瓦解的趋向。随着清政府铁路政策的变化，官商之间的关系愈益激化，到武昌起义时，官商关系彻底瓦解。官商联盟的建立，促进了资本主义工商业的发展和商人社会地位的变化，官商联盟的瓦解，则是加速清王朝分崩离析的原因之一。作者这种系统、具体的分析，不仅纠正了过去那种以矛盾、斗争描述晚清官商关系的偏向，而且对正确把握国家政权和资产阶级以及二者之间的关系在中国早期经济现代化进程中的地位和作用有直接参考价值。撰诸近代史实，我们看到 19 世纪 70～80 年代中叶，官与商首次合作时，中国资本主义经济就获得了初步发展，20 世纪最初几年，官商关系更加密切时，又进一步推动了经济的发展。因此，官商关系的研究，不仅是早期资产阶级研究的重要课题，而且是早期现代化研究的一个重要领域，对我们今天的现代化依然有着启迪和借鉴作用。

此外，《概论》的第 6 章对包括商会在内的各种资产阶级新式社团作了分析，因为这个问题在作者的另一部专著《辛亥革命时期新式商人社团研究》（中国人民大学出版社，1991 年）中有更详细的研究，限于篇幅，不具体展开。

三

在近代中国早期资产阶级研究中，有一些已为史学界同仁形成共识的结论，有一些问题已被研究者反复论述，作为一本研究资产阶级的概论之作，对这些结论和问题不能不有所提及，但若是原装引进，生吞活剥，则有损于其学术价值。《概论》对已有的研究成果更新视角，对普遍为人们所接受的结论作新的观察，加强了研究的力度。

近代中国资产阶级的软弱性和妥协性，为中外史学界认同，这种性格的形成一是由于民族资本主义经济力量的弱小，二是因为资产阶级是由一部分旧式商人、地主和官僚转化而来。《概论》的作者提出从“持续过渡性”和“内部结构失调”两个新角度来认识中国资产阶级性格。所谓“持续过渡性”，就是“一身多任，内部分化组合不充分以及阶级分野不清晰”（第 31 页）。《概论》通过大量具体事例的分析，认为这个特点是从四个方面体现出来的：第一，地主、官僚创办近代企业之后，仍程度不同地保留着原有的封建剥削关系，有的还继续保留官职。“这些人大都是地主、官僚和工厂主多重社会身份集于一身，新旧阶级关系相互纠缠”（第 32 页）。第二，“工商业者通过捐纳取得各种不同品级的功名职衔，从而跻身于所谓绅士的行列”（第 34 页）。第三，“大量买办投资创办近代工商业向资本家转化之后，仍然保留原来的买办身份”（第 36 页）。第四，“有些民族资本家后来也担任了买办职务”（第 41 页）。持续过渡是作者对资产阶级成员的身份流变所作的动态考察。封建地主、官僚与资本家之间的转化，买办和资本家之间的转化，都是双向性的，正是由于这种双向流动使得资产阶级的成员不仅与封建主义有着旧的和新的联结，而且与帝国主义有着既往的和未来的关系，也就是说，资产阶级不会因为第一批成员的逝去而减少同封建主义、帝国主义的千丝万缕的联系。因此中国近代资产阶级在反对封建统治和殖民统治的政治运动中，就表现出软弱性和妥协性。

《概论》还从结构功能的角度分析了中国资产阶级内部结构失调的特点，指出在中国资产阶级的构成中，工业资产阶级相对说来人数甚少，商业资产阶级却一直是资产阶级队伍中的主体，而与封建主义联系最密切的钱业、票号业和典当业商人又在商业资产阶级中的势力更大，“这种结构特点在很大程度上决定了中国资产阶级势必缺乏应有的进取精神和革命素质，表现出保守和软弱的性格特征”（第 61 页）。对早期资产阶级成员构成的静态分析，为我们提供了认识资产阶级性格的新视角。商业资产阶级由于商业本身的某些特点，普遍存在着希望社会秩序稳定的心态，而且封建关系还能部分满足他们获得利润的需求。因此他们害怕革命运动造成动乱，支持在社会稳定前提下的渐进变革。

资产阶级为什么疏远其代表革命派？过去分析这个问题时，多把错误归咎到资产阶级身上。《概论》的作者本着实事求是的治学精神，对孙中山等革命派没有主动联系资本家的失误秉笔直书，认为产生失误的原因，除了当时中国的社会环境（工商业荟萃的经济中心也是封建统治的重心）和孙中山等人的处境（长期受到清朝反动政府的通缉）等客观因素限制外，“更主要的还是孙中山和其他领袖人物，在主观上对这一问题的重要性认识不足”（第 66 页）。孙中山认为中国的资本家没有出世，这种片面的理解，“不能不影响他正确地认识整个资产阶级在革命中的地位及其作用，进而完全忽视在资产阶级当中做广泛的革命动员工作”，“结果，广大资产阶级始终对自己的代表十分陌生，根本谈不上什么具体的了解”（第 67 页）。这不能不说是孙中山“从事革命准备工作的一个相当大的缺陷”（第 68 页）。即使是从资产阶级这一面寻找根源，论者亦多从资产阶级所具有的两面性格和“一身二任”的特征以及由此导致的害怕革命等畏怯妥协的表现上予以分析。《概论》则独辟蹊径，首先从过去研究不多的中国资本主义经济结构和资产阶级构成问题上进行论述，认为特殊的时代环境造成了中国资本主义工业极不发达，商业畸形发展的特殊格局，相应地，商业资本家构成了资产阶级的主体，从而使得中国资产阶级的革命性大为褪色。其次，作者还从中西比较的角度分析了辛亥革命时期的商业资产阶级和英法革命前的银行家、商人在资本积累、自身实力和所处的社会环境等方面的差异，分析了革命之前英法专制政权和清王朝在工商业政策方面的不同变化，指出英法革命前的商业资产阶级“所拥有的政治能量特别是经济实力，在某种程度上已强大到能够左右封建政权的地步。他们一旦拒绝纳税，整个封建国家的财政就将完全陷入崩溃”（第 75 页）。而中国的“商业资产阶级则由于社会地位的低微和经济实力的稚弱，其生存发展不得不依赖于封建统治者的惠顾，故此十分软弱，缺乏果敢反封建的魄力”（第 75 页）。关于政府的工商业政策，作者认为：“英法等西欧国家的专制政权，在革命前的较长时间里一直实行重商主义政策……而到革命形势成熟时，却一变而为困商扰商，从而与实力已很强大的资产阶级发生了激烈冲突。”（第 76 页）清朝所施行的工商业政策，前后演变则与英法等国截然相反。“如果说英法革命前，专制王权不得不主要依靠商业资产阶级解决财政经济危机，那么辛亥革命时期的中国商业资产阶级相反却还要依靠封建王朝的改革和庇护求得自身的发展。这种依存关系的差异，不能不影响他们对待封建专制政权的态度。”（第 77 页）资产阶级疏远其政治代表革命派是近代中国政治运动中的一大特点，分析其产生的根源，仅对中国资本主义经济结构及资本家阶级构成进行研究，显然乏力，还必须把它放到更广泛的范围中加以比较，才有更准确、更深刻的理解。作者从经济、阶级结构和中西比较等多角度对资产阶级疏远革命派的根源进行研究，不仅拓宽了我们的思路，而且是对传统观点的深化和发展，使历史研究更加全面深刻。

四

以上是《概论》在内容上的主要特色。除此之外，作者还在结构上精心设计，在方法上注意创新，突出体现在以下两方面：

首先，注意整体研究与个案研究、抽象分析与具体分析相结合。通观全书构架，作者独运匠心，在前 10 章中对中国资产阶级进行了整体研究，后 3 章则是从个案研究的角度分析了作为地方资产阶级典型的苏州商会，这样既能把握中国资产阶级在形成和发展中的共性，又能看到地方资产阶级的鲜明个性。个案研究为整体研究奠定了扎实的基础，但个案研究若不上升到整体研究，终究是只见树木，不见森林。

细心的读者不难发现，在前 10 章中，第 1 至第 5 章作者对中国资产阶级的形成、特点以及资产阶级与其政治代表、资产阶级与国家政权的关系进行了宏观论述，从中抽象出一般的结论。第 6 至第 10 章则按时间先后次序，具体地分析了资产阶级的政治参与。抽象出来的结论是在对大量史料分析的基础上获得的，然后又以这些结论指导具体分析，做到论从史出，史中寓论，浑然一体，全书表现出一种强烈的整体感。比如，作者在第 1 章“资产阶级的形成”中，从宏观上说明组织程度的提高和近代意识的增强是资产阶级形成的重要标准，并指出 1904 年商会的成立标志着资产阶级的初步形成。接下来，在第 6 章“资产阶级社团的兴起”中，作者通过具体分析包括商会在内的资产阶级社团在社会生活中的实践活动和影响，说明商会等社团的成立，确实提高了资产阶级的组织程度，增强了该阶级的近代意识，从而使作者提出的关于中国资产阶级形成的新说更加可信。又比如，在第 3 章和第 4 章分析资产阶级与政治代表的关系时，作者从宏观上概括出资产阶级与革命派关系的走向是：“革命酝酿阶段疏远冷淡，革命高潮时期进行了短暂的合作，在革命和反革命鹿死谁手的最后决战阶段则走向背叛”（第 104 页）；资产阶级与立宪派则“保持着非常密切的关系”（第 105 页）。接着，作者便在第 7 至第 10 章中，对资产阶级在拒俄运动、抵制美货运动、收回利权运动、拟订商法活动、“二次革命”、护国运动等重大活动中的表现进行了具体分析，从中清晰地描绘出资产阶级与革命派、立宪派关系的轨迹。抽象分析与具体分析的结合，既使得抽象分析的结论有扎实的史实依据，又使得具体分析不是史料的堆积，不会显得枯燥乏味。

其次，注意从中西比较中把握中国近代资产阶级的独特性，从地区比较中考察不同地区资产阶级之间的差异性。中国资产阶级诞生并形成于一个特殊的时代和特殊的国度，因此分析半殖民地半封建中国的资产阶级，就必须放开视野，跳出国门，把中国资产阶级放到世界范围内加以比较，才能更准确地把握其独特性。《概论》多次成功地运用了中西比较的方法。前述作者从中西比较的角度分析辛亥革命时期的商业资产阶级与英法革命前的商业资本家的差异，分析革命之前英法专制政权和清王朝在工商业政策方面的不同变化，就是成功的例子。再比如，在分析资产阶级的特点时，作者从中西比较的角度，揭示了中国资产阶级独特的产生发展道路。在分析官商关系的发展演变和影响时，作者首先比较了西欧、日本等国官商关系的特点，然后再对中国的官商关系展开分析。《概论》一书所作的中西比较随处可见，读者阅读此书，在深刻认识中国资产阶级的同时，也了解了西方资产阶级的一般情况。

当然，仅进行中西比较还不足以全面地认识中国资产阶级。因为中国不仅面积大，人口多，而且在剧烈震荡的近代，各地区间政治经济发展极不平衡，帝国主义侵略的程度不同，相应地，各地区（沿海与内地、南方与北方、通商口岸与非通商口岸）资产阶级之间在产生、形成、发展上，就必然存在着差异。在第 11 章中，作者通过与上海、天津、广州等几个重要商会相互参照比较、对清末苏州商会的特点作了初步探讨，认为苏州商会中无一买办，是苏州商会成员构成的特点。苏州商会具有反帝较坚决与反封建软弱的政治性格，等等。不过，《概论》中的地区比较仅此一例，但这是一个良好的开端，是资产阶级研究尚待进一步开辟的领域。

作为系统研究中国早期资产阶级的著作，《概论》仍留下某些不成熟的痕迹。比如，对早期资产阶级没有界定。从行文看，作者对早期资产阶级的叙述结束于护国运动，但从史料运用看，某些地方引用了 20 世纪 20～30 年代的材料，时间上不免混乱。又比如，对早期资产阶级的经济活动没有专门探讨，对该阶级在近代中国经济现代化进程中究竟充当着怎样的角色，起着什么作用，没有明确的回答。最后，作为系统研究早期资产阶级之作，对资产阶级的宗教信仰、价值观念、心理结构以及家族与家庭，都没有进行专门的探讨，尽管这与资料的短缺、篇幅的限制、时间的仓促不无关系，但终究是一个缺憾。

（写于 1993 年，原载《历史研究》1993 年第 6 期）

（附记：《中国早期资产阶级概论》，朱英著，河南大学出版社 1992 年出版。）

建构基于中国经验的互补理论

——读赵德馨教授著《中国近现代经济史》

1840年以来的中国经济史是一部探索与变革、失败与成功、辛酸与喜悦交织的历史，不仅成为历史学界、经济学界研究的重点，而且是高校经济学专业、历史学专业学生的重要研修课程。但是，几十年来，在林林总总的教材中，中国近代经济史沿袭着大同小异的体例、陈旧不变的内容、沿袭已久的编写方法。近年来，这一情况有所改善。刘佛丁教授主编的《中国近代经济发展史》（高等教育出版社，1999年）首先尝试将经济理论用于中国近代经济史的研究，赵德馨教授的新著《中国近现代经济史》（河南人民出版社，2003年，以下简称《经济史》）则以其鲜明的理论特色和浓厚的创新色彩给人耳目一新之感，堪称中国近现代经济史著作中的一朵奇葩。

通读《经济史》，我们强烈地感受到了一位年逾古稀的经济史学家建构基于中国经验的经济理论的使命感，该书"尽可能地吸取国内外研究中国近现代经济史的理论成果，同时也凝聚了作者50年来研究中国经济史所形成的部分观点"（导言，第17页），系统地形成了若干中国式的经济理论，如经济现代化理论、过渡性社会经济形态理论、互补理论等。这些理论是对中国经验的总结与抽象，深深地打上了中国烙印，有血有肉，有着丰富的内涵，比时下某些经济学家在书斋里绞尽脑汁虚拟假设建构起来的数学模型更贴近实际，更具生命力。在表达方式上，作者非常注重在对中国经济现代化过程的叙述中总结经验，并将这些经验上升为理论，反过来用于指导对过程的叙述，亦即所谓论从史出，史论结合。因此可以说，该书是将描述性经济史与分析性经济史结合起来的成功范例。互补理论就是其中之一。它既是对中国近现代经济史上的若干现象所做的概括与抽象，又是分析中国近现代经济形态，总结其经验与教训的理论依据。

《经济史》的互补理论建构在鸦片战争以来 150 年的中国经济发展历程的时段之上，是经得起时间检验的历史结论。《经济史》突破了史学界传统的中国近、现代的分界线①，将 1842—1991 年间 150 年的经济史视为一个整体，不仅增强中国近现代经济史的时代感与厚重感，而且更有助于从“中时段”上观察中国经济变迁的历程。“中时段”是法国年鉴学派倡导“历史时间三分法”的一个重要部分，是“整体的历史”的一种研究方法，它与“长时段”“短时段”一道构成了史学的魅力与妙趣。只有将历史置于一个较为绵长的时段内进行观察，才能发现其存在着的某些规律。没有一定的时间沉淀，理论的建构会非常困难。时间离现实越近，影响其发展趋势的不确定性因素越多，把握其规律性的东西也越难。因此，传统意义上的近代经济史需要下移，中华人民共和国经济史也需要上溯。但是，打破这个既有的界限，并不是将近代与现代两个时段简单相加，而是有机联结。这需要把握鸦片战争以来 150 年的经济演变过程的趋势与实质，亦即近现代经济史的主线。作者长期从事中国近代经济史与中华人民共和国经济史的研究和教学，明确主张近现代经济史应该以经济现代化为主线，经济现代化是 150 年来，直至当代的中国人追求的共同目标。它既是一个历史主题，也是一个时代主题，是一个连绵不断的完整过程。尊重这一过程的完整性，不仅是历史学、经济学的科学性的必然要求，也是高校课程改革的需要。“统一使用‘经济现代化’这一个概念，连贯地叙述中国经济现代化的全过程，将中国经济现代化及相关经济运动的全过程呈现在学生面前，这有助于他们系统地认识其中的规律与经验。”（导言，第 5 页）没有这种相对完整的时段观，而是将近现代经济史割裂成几块，虽然也能发现中国经济发展进程中的互补性，但却很难建构成系统的互补理论。譬如，新民主主义经济的产生、发展、壮大是一个完整的过程，互补作用的发展也有一个逐步深化的过程，但以 1949 年为界，“新民主主义经济形态被‘腰斩’了”（导言，第 6 页）。那么，互补理论的一个重要实证基础的历史过程也就支离破碎了。

---

① 在现有的教材体例中，经济学专业多以 1949 年为界，将中国近现代经济史设置为中国近代经济史和中华人民共和国经济史，历史学专业则多以 1919 年、1949 年为界划分为中国近代经济史、中国现代经济史和中华人民共和国经济史。

《经济史》的互补理论建构在中国经济变迁历程中正、反方面经验与教训的基础之上，是对150年来，特别是新中国成立50年来经济建设经验与教训的概括与抽象。通过对新中国经济发展历程的分析，作者清晰、准确地描述出阶段性的经济增长和经济结构演变的轨迹与特征，将它划分为1949—1956年新民主主义经济形态、1957—1978年计划经济体制阶段、1979—2000年社会主义初级阶段经济形态，明确指出“中华人民共和国50年间经济发展的路径、阶段和基本经验，集中表现在经济增长、经济结构与经济工作指导思想变动的‘之’字路上”（第15章，第431页）。“之”字路是对新中国50年走过的经济道路的生动形象概括。“之”字路径的特点就是曲折性，在发展进程中经历了短暂的倒退与徘徊之后，重新走上正确的发展道路，具体说经受了1957—1978年计划经济体制阶段的挫折。为什么在新民主主义经济形态和社会主义初级阶段经济形态下，经济增长速度、质量效益、人民生活水平改善速度等方面都快于或好于计划经济体制下呢？作者认为，“之”字形路径中蕴含着诸多经验与教训，作者特别突出了互补理论的重要性，“在特定历史阶段存在的各种经济形态中，那种最能发挥经济各个侧面与各个层次之间互补作用的，便是最有活力、最有优势的经济形态”（导言，第19页）。如果说50年只是一个短时段，150年是一个中时段的话，那么几千年的历史无疑是一个长时段，《经济史》将50多年来中国经济走过的小“之”字形路径，置于更为绵长的中时段、长时段上加以纵向贯通、横向比较，进而抽象出大、中两种“之”字形路径：从公元前5000年到11世纪再到20世纪，中国经济在世界经济中的地位由落后—最前列—落后，形成了长达5000余年的“之”字形路径；从19世纪40年代到20世纪80年代以后，市场经济在中国经历发展—衰落—恢复与发展，构成150多年的“之”字形路径（第23—24页，第80—81页）。互补经济就是构筑在大、中、小三种“之”字形路径两端的成功经验与中途曲折的教训基础之上，是对正、反两方面历史经验的升华。顺便指出，作者这种对经济史实客观描述，不夸大经验，不回避教训的治学品格，体现了作者对求真求实的史学精神的追求。

互补理论所依据的历史事实是：经济发展进程中始终存在着差别与差异性，不同经济成分与资源配置可以多元共存，那种认为资本主义与社会主义势不两立的思维方式、计划与市场不可调和的一元观，不符合经济发展的客观规律。在人类历史上，没有哪一种所有制是完美无缺的，也没有万能的市场，当今资本主义社会常常实行国家干预经济，其实就是以计划的长处弥补市场的不足，克服盲目竞争所造成的弊端。同样，计划也不可能是万能的，没有市场的计划，即使工业化获得了一时的发展，也只能是跛脚的现代化。市场化与工业化之于现代化，犹如鸟之两翼，缺一不可。苏联的解体与新中国1957—1978年间追求单一公有基础上的计划经济体制的失败，给我们留下了惨痛的教训，新民主主义经济形态与1979年以后的社会主义初级阶段经济形态则为我们积累了成功的经验，这就是充分发挥多种经济成分之间的优势互补作用。《经济史》充分肯定并具体论证了互补的积极效应，“其中，功能上的优势互补与经营方式上的优势互补最为重要”（第10章，第178页）。新民主主义经济形态是中国共产党人在极其恶劣的背景下求生存、求发展而进行的一种新探索，从一开始就展现了顽强的生命力，新民主主义经济形态在新中国成立初期极其困难的条件下使国民经济奇迹般得以恢复，显示了强大的活力。因此，“新民主主义经济形态是一种典型的互补经济形态”（第10章，第176页），这也正是其成功的重要因素。1979年以后的社会主义初级阶段经济形态是对计划经济体制痛定思痛的产物，是对新民主主义经济形态的总结与升华。

《经济史》的互补理论吸取了国内外经济史学界探索中国近现代经济史的理论观点，进一步发展了经济学的互补理论。经济上的互补行为是人类的基本倾向之一，古典经济学虽未明确提出互补理论，但已揭示了人类经济行为中的互补性。亚当·斯密从分工开始讨论国民财富的性质和原因，分工的优越性就在于互补，发挥各自的优势，以我之所长补人之所短，以人之所有补我之所无，各人从事自己最擅长的工作，使自己的产量最大化，从而造成国民财富的整体增加，最大限度地满足人类的物质需求。“别人所需的物品，他能与以充分供给，他自身所需的，别人亦能与以充分供给。”① 分工的产生也是基于人类互补的需要。互补既是人类共有，也有人类特有的倾向。“这种倾向就是互通有无，物物交换，互相贸易。”② 在斯密看来，分工就是这种倾向缓慢而逐渐造成的结果。其后，西方经济学家奥斯皮茨、利本、W. E. 约翰逊、希克斯

① 亚当·斯密：《国民财富的性质和原因的研究》（上卷），郭大力，王亚南译，商务印书馆1997年版，第11页。

② 亚当·斯密：《国民财富的性质和原因的研究》（上卷），郭大力，王亚南译，商务印书馆1997年版，第12页。

等人从市场的角度深刻地探讨了商品效用的互补性命题，并将这种互补性建立在严格的数学模型之上①。

实际上，互补性并不只存在于商品的效用上，它与市场经济条件下的替代、竞争等现象一样，几乎是无处不在的。但是，人们对于互补这种人类基本倾向的把握，随着经济的发展和社会的复杂化，反倒变得模糊起来。“在中国近现代经济史研究、经济学研究、历史学研究以及经济工作中，在理论上和思想方法上存在的一种毛病，是对经济的某些侧面和层次之间的关系，只看到对立的一面，而抹杀其互补的一面。这在分析外国资本与本国资本、国家资本与私人资本、市场与计划、手工生产与机器生产等的关系上，尤为突出。”（导言，第19页）这种“毛病”的存在很大程度上是对立哲学、斗争哲学与意识形态在经济工作和经济学、历史学研究与教学中的一种反映。这种认知既不符合历史实际，也不利于培养学生正确的思维方式。如在分析中国近代民族机器工业落后的原因时，有些人习惯性地认为，落后的手工业的广泛存在即使不是唯一的原因，也是主要的因素，似乎是落后的手工业阻碍了民族机器工业的发展。初看起来，不无道理，但仔细推敲，这种解释缺乏足够的说服力。机器工业代表着先进的生产力与生产关系，按照“优胜劣汰”的市场竞争法则，手工业在这种竞争中必然会败下阵来，为什么还会成为机器工业发展的障碍呢？事实上，在近代中国特殊的经济国情背景下，手工业与民族机器工业并非只是绝对地对立、消极地阻碍，而是存在着互补与共同发展的一面。吴承明教授肯定了这种互补性，他指出，“大体在1920年以前，手工业是与近代化工业并行发展的，近代化工业发展较快的时候，也是手工业尤其是工场手工业发展较快的时候，乃至在同一行业中也是这样。两者间的互补作用超过两者间的对抗”②。笔者也曾具体地揭示了两者间的互补关系，如结构性互补、市场水平性互补、市场关联性互补、劳动技术性互补等③。可见，互补造成了两者的共存与某种程度上的发展，民族机器工业的落后与手工业的长期存在是一对孪生兄弟，其原因应到两者之外的其他因素中去探讨。《经济史》深化并肯定了互补论，“认为诸如生产力中的手工业和机器工业，所有制中的公有制与私有制，经济成分

---

① 约翰·斯特韦尔，默里·米尔盖特，彼得·纽曼：《新帕尔格雷夫经济学大辞典④》，经济科学出版社1996年版，第588—592页。

② 吴承明：《市场·近代化·经济史论》，云南大学出版社1996年版，第167页。

③ 彭南生：《论近代手工业与民族机器工业的互补关系》，载《中国经济史研究》1999年第2期。

中的个体经济与资本主义经济、私营经济与公有经济、中国资本与外国资本，地区关系中的城市与乡村、东部与西部等，都存在既竞争又互补的关系。……它们在对立中互补，且互相渗透与互相转化。把它们之间的关系看成只有矛盾、对立、竞争、排斥，是不符合历史实际的”（导言，第19页）。

《经济史》的互补理论是基于中国经验的理论抽象，它与同样建构在中国经验基础之上的过渡性社会经济形态理论，经济现代化的两个层次理论及其他理论概括构成一个整体，相互依存。如互补理论的核心是“经济结构中多种所有制、多种经济成分优势互补”，这种互补建立在不同经济成分、不同生产力与所有制结构、不同地区间的差异性与不平衡性基础上。承认多种经济成分共存及其差异性与不平衡性是过渡性社会形态理论的出发点。作者指出：“互补经济形态适合中国国情，这是由中国近现代时期社会经济形态的复杂性与过渡性决定的。”（导言，第20页）又如，互补理论强调，“资源配置手段中市场与计划的互补”，这与经济现代化两个层次理论不谋而合，该理论既不同意通行的“现代化在经济上表现为工业化”，也不赞成“现代化就是市场化”，而是主张经济现代化包括市场化与工业化两个主要层次，市场化是工业化的前提与基础①。在这种理论视野下，“就会发现同时实行计划经济（削弱市场化）与实行工业化，是使经济现代化的两个主要层次背道而驰”（导言，第18页），因为它忽视了作为手段的计划与市场在资源配置上的互补性。互补理论也离不开其他理论概括，理论概括在《经济史》一书中随处可见。在每章叙述经济史实后，作者都会加以小结，进行理论分析。如关于中国三次现代化机遇的丧失，经济现代化起步的被动型与嫁接型、“之”字形路径等。在每篇叙述结束后，设立专章进行系统理论分析，提炼理论智慧。第五、第十、第十五章就分别在理论上系统分析了半殖民地半封建经济形态、新民主主义经济形态、社会主义初级阶段经济形态。互补理论与这些理论概括息息相关，不可割舍。如关于中国现代化第三次机遇的丧失，即1957—1978年间企图建立单一公有制的尝试，造成了国民经济22年基本停滞与徘徊，教训就在于忽视了多种所有制之间、市场与计划之间的互补。“之”字形路径既是《经济史》分析中国经济发展历程的理论结晶，也是互补理论的基石。还应特别指出，全书的章节体例都建立在“之”字形路径的理论基础上。为了说明大“之”字形路径，作者将起始年

① 赵德馨：《市场化与工业化：经济现代化的两个主要层次》，见赵德馨：《赵德馨经济史学论文选》，中国财政经济出版社2002年版，第640—688页。

代上溯到 1842 年前的远古年代，对前近代经济形态的演进过程加以概括性描述，总结中国从先进到落后的教训。为了说明小“之”字形路径及中国经济的发展趋势，作者将下限下移至 2000 年，这样将中国近现代经济史置于几千年的超长时程中，引导读者对中国近现代经济的发展进行更长时段的观察与思考。

也许是限于篇幅，《经济史》对中国近现代史上的上层建筑、意识形态领域里的变化的叙述还不够，这不利于读者对某些问题的深刻理解。以互补理论为例，如果不联系上层建筑、意识形态等非经济因素，就很难理解为什么同样存在互补的几种经济形态里，只有新民主主义经济形态和 1979 年以后的社会主义初级阶段经济形态才是“最有活力、最有优势的经济形态”？在半殖民地半封建经济形态和其他经济形态里，为什么“经济各个侧面与各个层次之间互补作用”不能充分发挥出来呢？很显然，这已经不是纯经济因素所能解释的，必然联系到政治、文化等方面，才能给出合理的说明。

（写于 2004 年，原载《经济与管理论丛》2004 年第 5 期）

（附记：《中国近现代经济史》，赵德馨著，高等教育出版社 1999 年出版。）

人类文明进程中的幽灵

——读《瘟疫与人》

没有什么时候比现在的我更加迫切地希望了解历史上瘟疫与人类的关系。新冠肺炎疫情的发生，给人类造成的惶恐，带来的灾难是如此的深重。身居新冠肺炎重灾区的武汉，这种惶恐也发生在我的身上，虽然庆幸自己没有中招，但身边的同事、朋友，朋友的朋友中，有人不幸感染，有人不幸丧命，这种心理上的创痛前所未有。瘟疫曾在人类历史上反复发生，作为一名治史的学者，知悉不少，大者如给欧洲历史造成重大影响的黑死病、欧洲大流感等。小者如三国时期，公元 223 年，魏军伐吴，围攻江陵，久攻不下，这时，江陵城内发生瘟疫，魏军惊恐，慌忙撤军，功亏一篑。无独有偶，公元 253 年吴军攻魏，围魏新城，对峙数月，露宿野外，不料，吴军饮用被污染的水源后，士兵拉肚子，恰巧魏军赶到，逮个正着，吴军溃败。坦率地讲，这些历史上的"细枝末节"并未引起我的重视，因为它们的偶发性太强。但是，新冠肺炎疫情带来的切肤之痛，彻底击碎了我过去那些模糊的认识——瘟疫离人类很远，现代医学足以对付那些小小的病毒。

摆在我面前的这本书，叫《瘟疫与人》（中信出版集团，2018 年），是一位名为威廉·麦克尼尔的美国学者（美国芝加哥大学历史学荣誉教授）的著作，字数不多，约 21 万字。但是，阅读经验告诉我，字数越少越难读，老子的《道德经》，5000 多字，但有多少读者读懂了真正的"道"？直到今天，依然是众说纷纭！《瘟疫与人》，顾名思义，就是讲述流行性传染病与人类的关系，它不是单一的个案研究，也不是关于某个国家、某个区域传染病的探讨，而是对整个人类的病毒史进行的宏观考察。这样的课题不仅需要作者有强烈的对人类命运的关怀，而且要有超凡的学术勇气、高超的史学技艺、宽广的学术视野、深厚的知识功底。

麦克尼尔就是这样一位学者。他是一位十分大气的历史学家，在《瘟疫与人》这本书问世前 20 年，他进行的另一项研究，也是面向整个人类社会的，最后催生了他的代表作——《西方的兴起：人类共同体史》。在求诸史料时，一场极不对称的战争使他陷入深度思考中，西班牙的埃尔南多·科尔特斯率领不足 600 人的队伍征服了人口数以百万计的阿兹特克帝国。历史学家们关于胜负原因的解释没有使他信服，这成为他探究瘟疫与人的关系的源头。

《瘟疫与人》一书初版诞生于 1976 年，此后多次再版，并被译成多种文字出版。中译本繁体版 1998 年问世，简体版由余新忠等翻译，于 2010 年出版，2018 年又由中信出版集团推出。全书除引言外，按时间顺序分六章依次展开，围绕 34 个专题进行分析。在时空跨度上，从史前时期到 20 世纪中期，从旧大陆的四大文明中心地带到新大陆的南、北美洲，是一部将疫病史纳入影响人类历史进程的全球史经典之作。

一、瘟疫与人类的共存史

《瘟疫与人》第一章以“狩猎者”开篇，叙述了史前及远古时期病毒性微生物（微寄生物）与人类的关系。人类处在一个巨大的微妙的生态平衡系统中，其中重要的一环是由各种生物包括人类在内相互依存构成一个完整的食物链。人类既要以其他动物为食物，也可能成为其他动物的食物，人类既是狩猎者，也是被猎者。人在捕猎的同时，也会被其他生物所猎食。这些生物不仅有凶猛的狮虎，有人类自身，也有肉眼看不到的微生物。但是，人类随着肢体、脑力、文化的进化，最后站在了食物链的顶端。肉眼可见的凶猛动物都一一被人类征服了，相比之下，以人类为宿主的微寄生物却一刻不停地侵蚀着人体内的细胞，有些是致病性的，有些是致命性的。

第二章为“历史的突破”，叙述原始生态平衡被打破后为疫病传播创造了条件。原始的生态平衡系统被打破了，突破口就是大型猎物的灭绝，人类的食物链面临着中断的风险，要么开辟新的食物来源，要么面临人口减少的危机。在这种背景下，人类出现了新的生产与生活方式，农业产生了，旧大陆出现了可供驯养的动物、可能用于种植的粮食作物，新大陆则发现了有用的植物等。

但新的生产与生活方式也为新的疫病带来了便利，“增加驯养和种植的动植物的数量，也为寄生物造就了潜在的更集中的食物源”（第 34 页），聚居与定居增加了人类“卷入新的寄生物侵扰的风险”（如，粪便的堆积有助于肠道寄生物顺利地进行宿主间的转移，有的寄生物通过污染水源在宿主间随意转移，灌溉农业导致血吸虫病的流行）（第 36 页）。有些寄生物对人类的攻击异常凶猛，来得快，去得也快，它的大面积传播，有赖于规模巨大、组织复杂、人口密集的“文明社会”，通常就是城市和与城市联系紧密的周边农村。有些病毒性疫病无须借助中间宿主而直接在人类之间传播，如麻疹、腮腺炎、百日咳、天花等，这些都是现代社会常见的儿童病。这些传染病在文明社会（城市）的流行，加速了文明社会的地域性扩张：

> 从城市兴起到大约公元前 500 年之间，旧大陆的主要文明地区都各自发展了特殊的人传人（person to person）传染病。此外，在拥挤的城市和邻近密集的农业定居区中，通过水、虫和接触传染的疫病也有了较大的生存空间。在生物学意义上，携有这些疾病并产生抗体的文明社会，对于不曾遭遇过这些可怕疾病的邻居而言是危险的，这使得文明社会的地域扩张更加容易。（第 63 页）

第三章梳理了公元前 500 年到公元 1200 年欧亚疾病的大交融。作者认为，旧大陆四大文明圈的形成，同时也象征着四大“疾病圈”的出现：这就是中国、中东、古印度、环地中海周边地区，至少到公元纪年开始时这四个“疫病圈”已经形成。这些瘟疫包括中东地区的鼠疫（黑死病）、古代中国的疟疾、登革热、血吸虫病，古印度的霍乱、水痘，地中海世界的腮腺炎，等等。

作者认为，随着旧大陆贸易线路的“常规化”，四大文明圈之间的疾病传播发生了深刻的改变，即疾病的“均质化”，这种局面“在公元 1 世纪即已出现”。天花、麻疹和鼠疫等原本存在于印度，非洲的传染病出现在中国与地中海地区，“类似天花和麻疹这样的疾病在公元 37—653 年之间的某时来到中国”，“它们从西北跨越陆路而来”（第 109 页），“鼠疫系于 7 世纪早期由海路来到中国”（第 110 页）。由此，麦克尼尔推断，“在旧大陆文明圈内，一个更接近统一的疾病圈，在公元 1 世纪作为经常性贸易往来的副产品正在形成。到 10 世纪，由传染方式的转变而引发的生物性适应得以在欧洲和中国确立，结果这些文明地区的人口再次开始增长”（第 119 页）。

第四章，作者以“蒙古帝国颠覆旧有的疾病平衡：1200—1500 年”为题，以鼠疫为中心，描述了既有的疾病平衡被打破后，新的疾病平衡模式的重新建立。麦克尼尔认为，早在公元纪年之后几个世纪或更早年代，鼠疫在中国和印度之间的喜马拉雅山地区就已作为地方病扎下根来，“正是蒙古人的征战跨越了以往足以造成隔绝的距离，才第一次将鼠疫杆菌传给了亚欧大草原的啮齿动物”（第 123 页）。麦克尼尔推断，在 1253 年蒙古军队从远征云南—缅甸的行动中撤回不久，鼠疫杆菌就侵入到蒙古的野生啮齿动物群落，并逐渐转化为地方病。随后几年，随着受感染的老鼠、跳蚤和人无意识地把鼠疫杆菌传播到新的啮齿群落，它就向西沿着大草原扩张。在 1346 年传到克里米亚之前的 15 年，鼠疫杆菌已经在中国的河北造成了一场死亡率很高的瘟疫，此后出现了更大范围的灾难。

鼠疫杆菌如此大范围传播的途径是什么？首先，“延伸于中亚和东欧的诸多商队旅馆”（第 133 页），为其提供了现成的途径。其次，“一场杆菌进入草原啮齿动物地下‘城市’的平行运动也在进行着”（第 134 页）。当然，欧洲黑死病的暴发还有其他条件，包括黑鼠在欧洲大陆的蔓延，地中海与北欧之间航运网络的开通等。这些条件汇聚到一起，才造成了 14 世纪中期欧洲黑死病的毁灭性灾难。不幸中的幸运在于，黑死病后，麻风病发病率减少了。人口的减少（麻风病患者死亡率更高）、羊毛织物的增加，使得皮肤直接接触的“抱团取暖”方式减少了，这是麻风病赖以传播的主要途径。到 15 世纪末期，旧大陆的疾病模式达到了新的平衡，16 世纪的欧洲和中国都出现了新的人口增长。

第五章题为“跨越大洋的交流，1500—1700 年”，所谓交流实乃新旧大陆之间疫病的相互传播。在哥伦布踏上新大陆之前，美洲原住民即印第安人的疫病很少，相反，欧洲人、非洲人“却带着他们自古以来陆续遭遇的诸多传染病踏上了新大陆，并给美洲印第安人带去了万劫不复的人口灾难”（第 162 页）。

印第安人第一次接触传染病是 1518 年，天花使得伊斯帕尼奥拉岛上的印第安人仅 1000 人幸存。1520 年科尔特斯率 600 名远征军挑战数百万人的阿兹特克帝国，最后攻占了帝国首都特诺奇蒂特兰（Tenochtitlan）。这样的结局不仅使人意外，其中缘由更使人感到蹊跷。麦克尼尔认为，“如果没有天花，西班牙就不会在墨西哥取得胜利”（第 169 页），因为在战斗的关键时刻，阿兹特克人“在迫使西班牙人退出该城后的几小时之内死去。结果，阿兹特克人非但没能像预期的那样对落荒而逃的西班牙军队乘胜追击，反而因天花的肆虐而无法采取有效行动，以致陷入了令人目瞪口呆的无能为力之中”（第 168—169

页)。随后，危地马拉、秘鲁也因相同原因而被征服。天花之后，麻疹于1530—1531年在墨西哥和秘鲁蔓延，1546年，斑疹伤寒又接踵而至。

不仅如此，旧大陆上传染性较轻的疫病，到了缺乏后天免疫力的新大陆就变成了致命的杀手。因此，白喉、腮腺炎以及天花、麻疹在16～17世纪定期发作。非洲的疟疾和黄热病也在新大陆安营扎寨。其中，“疟疾几乎毁掉了热带低地的美洲印第安人，乃至于几乎清空了原本人口稠密的地区”（第174页）。

这一时期，欧洲大陆上出现了新疫病：梅毒、斑疹伤寒和英国汗热症，现有材料虽不能断定上述传染病源自新大陆，但可以肯定的是，“环球航行，让欧洲水手们有机会将新的疫病从世界各个港口带回老家”（第182页）。随着新、旧大陆文明社会交流的频繁，人类疫病出现了全球均质化，“也就是说，在地球上因长期与传染的多样化接触而所有人（除了婴儿）都获得免疫方式的那些地方，很难再突然暴发一个季节就杀死一个社会过半人口的古老形式的瘟疫”(第184页)。

第六章“近代医学实践的影响：1700—　”，阐述了近代医学对传染病的免疫治疗及其对人口增长的促进作用。比如，欧洲19世纪人口的增长得益于18世纪天花接种技术的出现和传播。从19世纪80年代开始，医学研究者成功地将一个接一个的传染病“病菌”进行分离和研究，“医学家设计出有效的遏止传染病的方法，如合成新药或进行免疫注射；再如推行新的卫生规定，改变人类与昆虫、啮齿动物或上述疫病的其他可替代宿主的接触方式；还有以别的方式设法打破疫病传染的既成模式。此外，国际组织还提供了城市和国家对付传染病的措施。这样，到20世纪头几十年，预防医学不仅在欧洲人，也开始在亚洲人、非洲人的疫病经验中刻上了深深的印记”(第211页)。

当现代医学进入实验科学阶段，尤其是显微镜的应用，使得许多病原菌被发现后，人类控制瘟疫的概率大大提高了。曾经肆虐全球的疫病如霍乱、伤寒、黄热病、疟疾、天花等，要么从地球上被清除，要么已不再成为致命性的威胁。

但是，人类与瘟疫将长期共存，一方面，病原体即病毒在不断地发生变异；另一方面，人类预防传染病的成功又引发了新疾病。因此，麦克尼尔认为，“技术和知识，尽管深刻改变了人类的大部分疫病经历，但就本质上看，仍然没有也从来不会把人类从其自始至终所处的生态龛中解脱出来”（第236页），传染病引起的瘟疫“将会与人类始终同在，并一如既往，仍将是影响人类历史的基本参数和决定因素之一”（第 237 页）。

二、病毒传播与文明化进程如影随形

虽然我们不情愿看到麦氏的这一结论，但支撑这一结论的，不仅有人类长时段的疾病史经历，也有这一漫长历程所以延承赓续的复杂因素。

人类文明在不断进步，文明圈在不断拓展，病毒也在悄悄地随着文明进步的步伐而不断进化（变种与变异）。随着人类文明的发展（技术、语言等），人类站在了食物链的顶端，而当大型动物猎食殆尽时，人类又开始驯养动物，种植可食植物，并使农业文明（灌溉、翻土、休耕等）获得了长足的发展，为人口数量的增加奠定了基础。但那些驯养的动物和种植的植物也同时为其他寄生物创造了潜在的更集中的食物源。灌溉农业的出现，“加快了寄生物在宿体间的转移频率，众多潜在的人类宿主在温暖、浅缓的水域中驻足，为其提供了理想的传播媒介”（第 37 页），血吸虫就是其中一例。西非疟疾也是农业扩展的后果之一，疟蚊“在人类为农业所开辟的非洲雨林中的空地上恣意繁殖，并随着农业的进展，取代了别的喜食动物血而非人血的蚊子。结果，人—蚊子—疟疾这一循环链获得了前所未有的强度，切实地影响到每个深入雨林空地的人”（第 40 页）。

贸易活动是人类文明圈交流的重要内容，但“商品的交流，也意味着传染病的交流”（第 94 页）。麦克尼尔认为，旧大陆的贸易在公元一世纪即已出现，“公元纪年之后的两个世纪，东地中海、印度和中国之间的贸易似已常规化，且达到了令此前的长途贸易相形见绌的规模”（第 94 页），最为著名的就是东西方之间的陆上与海上“丝绸之路”。随着贸易的发展，中国、欧洲遭受了严重的瘟疫灾难，而印度和中东几乎没有什么反应。譬如，公元 165 年传遍罗马帝国的瘟疫，“至少肆虐了 15 年，年复一年地暴发于不同地点，有时还会故地重游”（史称安敦尼瘟疫，第 95 页）。与此规模相当的新一轮瘟疫，暴发于公元 251—266 年，“据载，罗马城的死亡率甚至更高：在传染高峰期，一天内的死亡人口高达 5000 人”（第 96 页）。而从公元 542—750 年延续了 2 个多世纪的查士丁尼瘟疫，依据现有史料，可以确定为腺鼠疫，这个疫病“非常清楚地表明了与遥远地区扩大交流的后果，因为该病是从印度东北或中非的发源地侵入地中海的”（第 101 页）。“黑鼠”原生于印度，它们是怎样跑到地中海沿岸的呢？原来，“黑鼠是熟练的攀爬高手，可以很容易地通过锚绳爬上船，又同样容易地在一个陌生的港口上岸。因此，黑鼠在地中海的出现极有可能是埃及、印度之间航海交流的早期结果”（第 102 页）。查士丁尼瘟疫的高峰期，“这场鼠疫在君士坦丁堡每天杀死 10000 人，而它在那里横行了 4 个月”（第 104 页）。

至此，我们看到，随着农业、商业活动的发展，传染病也在人类社会蔓延和传播。在多数情况下，文明社会所特有的传染病原本通过中间宿主（如某种动物）传给人类，但是，城市的出现，使得瘟疫无须经过中间宿主而直接发展到人传人。人类文明的集大成者莫过于城市的出现，由城市掌管和控制的“文明”社会“规模巨大、组织复杂、人口密集”。因此，“直接在人类之间传播而无须通过中介宿主的细菌和病毒性疫病，首先是文明社会的疾病（即所谓‘文明病’）”（第 43 页），包括麻疹、腮腺炎、百日咳、天花等。城市为“文明病”的传播提供了适宜的环境，“除了存在像儿童病那样的在人与人之间传播的、借由吸入空气中由喷嚏或咳嗽喷出的传染性的飞沫所致的疫病外，古代城市还经受着因水质污染而强化的传染循环，以及许多以昆虫为媒介传播的传染病”（第 53 页）。以麻疹为例，“若要在现代城市中延续下去，其人口下限大约为 50 万”（第 50 页），“50 万的人口规模肯定足够支撑类似现代儿童病这样的传染链”（第 52 页）。

交通工具的进步加速了病毒的传播，“18 世纪中期之后更先进的汽船和铁路运输所取得的成就之一，便是加快了霍乱从所有重要的世界中心向全球传播的步伐”（第 215 页）。如前所述，哥伦布环球航行之前，美洲大陆上印第安人部落并未流行太多的传染病，但是，随着欧洲人的到来，天花、麻疹、斑疹伤寒、白喉、腮腺炎、疟疾、黄热病等也到达美洲，并安营扎寨，当然，美洲社会原有的传染病也侵入欧洲社会，据称，梅毒就被怀疑是由美洲传入的病毒。

在病毒传播史上，战争、宗教扮演了极不光彩的角色，病毒随着欧洲人殖民新大陆的脚步来到了美洲，几乎摧毁了印第安人部落社会，这样的案例很多，其中有两个颇为典型：一是天花随着科尔特斯远征阿兹特克，使得科尔特斯率领 600 名远征军击败了数百万阿兹特克人。但天花并没有停留在阿兹特克，而是继续南下，1520 年扩散到危地马拉，随后侵入印加帝国，结果，“在位的印加国王在离开首都远征北方的途中死于天花，他指定的继承人也随后死去”（第 169 页），帝国陷入内战，此时，皮萨罗轻易地摧毁了印加帝国。另一个案例发生在 20 世纪初，1903 年，一个叫“卡亚普”的南美部落接受了一名传教士，这位牧师宣称会千方百计地保护他的教民免遭文明的罪恶和危害。

"当他到来时，部落人口有6000～8000人之多，但到1918年只有500人还活着，而到1927年锐减到27人。到了1950年，则仅有2～3人可追溯到卡亚普血统。"（第166页）

疫病也影响到政治文明的进程，作者推测，埃及法老的专制统治可能与瘟疫有关，麦克尼尔说，专制统治的形成不仅与灌溉农业社会的治水所需技术有关，也与"长期光脚在湿漉的田间劳作的农民"有关，他们被寄生物传染了"令人虚弱的疾病"（第38页）。疫病也在形塑着文明特色，以印度为例，种姓制度、佛教等等，都与南亚次大陆上微寄生平衡密不可分，"印度社会种姓制度的部分规定与远离传染病的需要有关"（第78页）。此外，"在一个微寄生远为猖獗的社会，较少的物质剩余、脆弱的国家结构和来世主义的禁欲理念是必然的伴生现象"（第79页），南亚次大陆"恒河流域的气候，只要出现足量的人口，即会引发寄生物的大面积滋生"（第77页），在看似富足（出口宝石和香料）的光鲜外表下，"整体似乎总是贫困的"（第77页）。与此相适应，佛教主张出世，拒斥俗世的繁华、财富、权力以及一切感性的存在，"劝诫他们的追随者去过一种简朴的社会生活"（第79页），而将美好生活寄托于来世。

三、平衡与重合：微寄生与巨寄生的交叉

在漫长的文明进程中，人类既要面对微寄生入侵带来的传染病威胁，又面临人类之间诉诸战争的相互征服，"人类大多数的生命其实处在一种由病菌的微寄生和大型天敌的巨寄生构成的脆弱的平衡体系之中，而所谓人类的巨寄生则主要是指同类中的其他人"（第6页），微寄生与巨寄生不仅交替进行，有时甚至是重合叠加在一起。

地球作为一个巨大的生态系统，始终处在一种"平衡—失衡—再平衡"的动态过程中。其中，微寄生与人类宿主间有着脆弱的、微妙的平衡，当自然生态的变迁与文明化进程中的人类行为导致其中一方过度发展，进而威胁到既有的平衡时，人类理性、微寄生本身、自然生态系统相互调适，从而达到新的平衡。一方面，微寄生的疯狂肆虐，可能会在短期内杀死人类宿主，最后连同传染链一并中断；另一方面，人类自身免疫力迫使微寄生的杀伤力不断弱化，进而与宿主共存。"一个病原体如果很快杀死其宿主，也会使自己陷入生存危机，

因为这样一来，它就必须非常迅速和频繁地找到新的宿主，才能确保自身的存活与延续。反过来，如果一个人的抗感染能力足以让寄生物无处藏身，显然也会对病原体造成另一种生存危机。”（第 9 页）此外，医学、公共卫生事业等人类理性的发展，也使得微寄生与人类宿主之间的平衡稍稍偏向于人类，也正是如此，人类文明才在曲折中不断向前发展。

但是，人类社会从早期的氏族部落到后期的民族、国家，始终面临着巨寄生型争斗。在食物链的竞争中，人类似乎战胜了其他肉眼可见的大型动物，但是，人类却没能避免彼此间的相互残杀，在文明社会前，“同类相食几乎构成人类相邻族群间相互关系的重要内容”（第 6 页），当农业出现时，或者说，“当食物的生产成为某些人类社群的生活方式时，一种较温和的巨寄生方式才成为可能。征服者从生产者那里攫取并消费食物，由此成为靠生产者为生的新型寄生者”（第 6～7 页），于是，征服者与被征服者之间也在维持着一种微妙的平衡。

两者的相似性体现在：当微寄生入侵人体时，人体内白细胞有力地消解微寄生，形成对病毒的抗体，防御疫病感染，军事行动中的征服者则迫使被征服者生产超过自身维生所需的谷物和其他粮食，这种剩余可以看作应付巨寄生的抗体：

> 成功的政府可以使纳税人对灾难性的掠夺和外敌的入侵产生免疫力，正如轻微的感染可以让它的宿主对致病的疫病产生免疫力。疾病的免疫力通过刺激抗体形成，以及将其他生理防御能力提高到更活跃的水平而发生作用，政府则通过刺激食物和原材料的更多生产以供养掌握数量庞大、武器精良的专业武士，来提升对抗外来巨寄生的“免疫力”。（第 46 页）

因此，在文明历史的早期，“导致强大的军事和政治组织发展的巨型寄生，几乎可以与形成人体产生免疫反应的微型寄生相对应”（第 46 页）。越是文明早期，巨型寄生所带来的杀伤力越像未形成免疫力前的微寄生一样，其后果是灾难性的，“从历史记载来看，就像一种疾病侵入缺乏罹患经验的宿主人群的情形一样，文明型的巨型寄生模式的影响力，常常处于剧烈的波动之中，有时会杀死超量的以其劳动支撑该体系的农民和其他的劳动者；而有时却又未能保持与可利用的食物相当的人口数量”（第 57 页）。

麦克尼尔认为，文明的扩张“并非是有意识的政策或巨型寄生方式扩张的结果，而是源于微型寄生方式的推动”（第57～58页）。何以言之？战争也好，贸易也罢，当文明社会对某些传染病形成免疫力时，它们就相当于掌握了“一种非常强大的生物武器”（第58页），“每当与以前封闭的小群体接触时，它就开始发挥作用。一旦在缺乏相关病史的人口中肆虐开来，文明病便很快展现其猛烈的一面，将老老少少一起杀死”（第58页），但比生命损失更为严重的，是原有文化的毁灭：

> 通常，幸存者将变得意志消沉，对其传统习俗和信仰失去信心，因为这些习俗和信仰没有告诉他们如何去应对这些灾难。有时候，新的传染病在青年人当中表现得烈性最大……对于整个社会来说，失去20到40岁这类青壮年，显然要比失去同样多的老人或孩子损失更大。任何一个社会，若在一次瘟疫中就损失相当多青壮年，都会感觉其无论在物质上还是精神上都将难以维系。当初次遭逢一种文明病后，又有其他类似颇具杀伤力的遭遇尾随而至，该社会内部凝聚力的崩溃几乎毋庸置疑……即使是幸存者，也往往无力抵制而只能彻底融入文明的政治实体中。（第58页）

美洲印第安文明就是其典型。即便不是整个部落彻底消失，“而像墨西哥和秘鲁所发生的那样，于120年内（5～6代）人口减损90%，也会带来严重的心理和文化后果：对既有制度和观念的信仰很难经得起如此强烈的冲击，技术和知识亦随之消失；而西班牙人把自己的语言和文化带到新大陆，使其成为标准，甚至包括在几百万印第安人一直按自己的标准和习俗生活的地区”（第167页）。

历史上微寄生对人类的入侵和人类之间巨寄生式的征服，有时交叉存在，共同发挥作用，甚至决定着人类历史的走向。如果说早期人类社会只是无意识地（或者说不自觉地）运用了疫病、瘟疫对敌方的杀伤力的话，那么，随着实验科学的发展，已经有国家开始尝试运用生物武器对敌人进行攻击，这正是麦克尼尔所担忧的“令人不安的隐患”。“那就是为置敌人于死地，有意在敌方有效传播致命病原体的生物学研究，有可能在部分地区乃至整个世界酿成疫病灾难”（第236页），第二次世界大战中，日本军国主义就有尝试运用细菌战的先例。

四、人类与疫病的长期博弈

人类与瘟疫、疫病、传染病的关系可以归纳为斗争中的你死我活、调适后的共生共存两大类别。从狩猎时代开始，人类与瘟疫就开始了不懈的斗争，但起初的斗争方法是消极的，是在试错后不断总结经验教训的基础上形成的。比如在土拨鼠出没的大草原上，游牧部落总结了一套习俗以应对感染鼠疫的危险，“根据这套习俗，土拨鼠只能射杀，设陷阱则是禁忌；活动懒散的要避免接触。如果看出哪个土拨鼠群落显出生病的迹象，人们就要拆掉帐篷远走他乡以躲避厄运”（第 126 页）。马来西亚的泰米尔族人有一种习俗，“他们只喝当天打进屋的水，不会隔日储存水。这自然使蚊子失去了室内滋生地。结果，那里的华人和原住民马来人，虽然和泰米尔族人工作生活在同样的环境中，却因没有遵循泰米尔族人的习俗，所以感染登革热和疟疾的概率就特别高”（第 191 页）。14 世纪中期以后，出现了检疫观念，人类与传染病的斗争转向主动，15 世纪中期以后形成了检疫制度，在地中海地区，港口要求“所有来自疫区的船只必须停靠在隔离区，且 40 天内不得同陆地往来”（第 139 页）。

随着实验科学的发展，18 世纪以来，近代医学实践使人类在与病毒的较量中前进了一大步，以天花为例，先是试行天花接种法的成功，接着是牛痘接种法的发明，使天花逐步销声匿迹。天花接种法在 18 世纪 20 年代被引入英国，40 年代在英格兰开始推广，“这种方法是把取自天花脓包的东西，注入在接受者皮肤上开的小伤口，以人为引发感染。……一般来说，接种后的症状往往比较轻微，只会留下一些小痘痘，而获得的免疫力则与自然患病无异”（第 202 页）。牛痘接种法源自 18 世纪末年（1798 年）英国乡村医生琴纳的观察试验，“用牛痘接种的试验也表明，对天花的免疫力的确形成了，而对人类而言，来自牛痘的危险则是可以忽略的”（第 204 页）。因此，随着人工接种技术的推广，“天花死亡率急剧下降”（第 206 页）。此后，一系列医学科学的进步，使得原来可怕的疫病慢慢降低了杀伤力。譬如，1893 年治疗霍乱的疫苗研制出来了，1896 年伤寒有效疫苗问世，1891 年针对白喉杆菌的抗毒素被证明具有特效，1908 年巴氏杀菌法被用于杀死牛奶病菌，1937 年“一种廉价而有效的疫苗的成功研制，大大消除了黄热病对人类生活的威胁”（第 229 页），1942 年疟涤平（Atabrine）等许多非常有效的抗疟疾药物陆续被研发出来（第 228 页）。

人类与传染病作斗争的另一种方式就是公共卫生观念的发展与公共卫生事业的进步。显微镜技术的出现有助于人类揭示瘟疫发生的病原菌，随着炭疽杆菌（1877—1879 年）、结核病杆菌（1882 年）、白喉杆菌（1883 年）、伤寒杆菌（1896 年）和导致霍乱的新弧菌（1883 年）等最早一批病原菌被发现，瘟疫的理论争论也终于有了科学结论，病菌理论取代了瘴气理论。特别是 1892 年霍乱在汉堡的传播再一次有力地证明了病菌理论的科学性。据载，当年暴发的霍乱“只是沿着两城分界线的街道的汉堡这一侧传播，而另一侧阿尔托那的人们毫发无损”，为什么？原来，汉堡“从易北河中不经处理地直接取水，其对面就坐落着属于普鲁士的阿尔托那城，当时政府体恤居民，设立了一座水过滤厂”，于是，“霍乱的光顾无可置疑地证明，是一处污染的水源传播了这一疫病”（第 223 页）。与此同时，公共卫生观念的改变促进了公共卫生设施的建设，从英国开始，随着工业革命的完成，英国开始在全国城市中普遍建设供水和下水道系统。“19 世纪末的西方所有大城市，无不在努力接近大不列颠在 1848—1954 年首倡的新的卫生和水源管理标准，城市生活要比以往更加远离疾病。不仅是霍乱和伤寒等烈性传染病，其他一般水媒传染病也在急剧减少。”（第 223 页）

包括宗教在内的文化、习俗的某些规定，减少了瘟疫的传播。譬如，有的宗教禁食猪肉，减少了“现代的旋毛虫病”发生的可能性，犹太教“将麻风病人驱逐于正常社会之外这一做法”，“减少了通过皮肤接触而感染的机会”（第 39 页）。然而，也有些规定可能助长瘟疫的传播，譬如某些宗教朝圣者聚集沐浴，“又为寄生物寻找新宿主提供了绝佳机会”（第 39 页）。而有人认为朝圣本身也是虔诚信仰的行为表达，“朝圣的内涵包括在追求神圣境界过程中接受危险，对虔诚者而言，死在朝圣途中是上帝的安排，以此可让朝圣者从此岸的苦难中超度到与神同在的彼岸。于是，疾病和朝圣在心理和疫病上相互强化”（第 192 页）。

传染病与人类经过调适后出现共生共存的“新型的寄生关系”。一种新的病毒在第一次入侵人类后，通常给人类造成巨大的伤亡，这是一种“两败俱亡”的惨剧，人体内的白细胞对入侵的病毒进行抵抗，它们可能杀死病毒，也可能为病毒所消灭。但是，还有一种情形，就是病毒在经过人体内的细胞抵抗后，其毒性逐渐降低，如兴盛于 16 世纪的梅毒，到世纪末开始衰退，“随着宿主与寄生体之间正常调适的出现，急性的感染形式正在消失，一是，较温和的螺旋体正在取代那些急切杀死宿主的那种螺旋体；二是，欧洲人口的抵抗力也在逐渐提高”（第 179 页）。有些病毒则在人体内隐藏起来，待时机和条件适宜时再出现，病毒性感冒就是这样形成的。“这种关系更为稳定，对人类宿主来说，更少面对生命威胁；对寄生者来说也相对安全，因为易被它们感染的儿童在人数上相对稳定，比起烈性传染病时而提供盛宴、时而又断炊的情形，它们的生存状况也更为良好。”（第 184 页）

医学的进步似乎使人类看到了永远消灭瘟疫（传染病）的希望，但是，事情的发展并非如此。“19 世纪 80 年代以后，医学研究对微寄生关系的成功控制，也产生了一些始料未及的副产品和危机”（第 234 页）。“一个引人注目并具有讽刺意味的现象是，出现了因清洁过度而引发的新疾病，突出的例子是 20 世纪急性脊髓灰质炎的日渐流行，尤其是在格外注重卫生细节的阶层当中。”（第 234 页）1918—1919 年造成 2000 万乃至更多的人死于非命的大流感，使我们看到了病原体变异的复杂性。流感长期存在，看似普通，但这次流感暴发时，病毒飞速传染，“医务人员和应急设施的超负荷运转，很快使卫生服务体系普遍崩溃”（第 235 页），给人类社会造成了重大灾难。“流感病毒自身极不稳定，其遗传细节频繁改变。因此，所有新的大流行肯定来自另一种病毒，它可以绕开人们上次注射的疫苗抗体。”（第 235 页）在这一点上，微寄生物也遵循着达尔文的“物竞天择，适者生存”法则。“即使没有变体，那些迄今隐匿的寄生物，也总归会有逸出自己惯常的生态龛的可能，让地球上日益稠密的人口遭遇新的疫病，甚或是毁灭性的死亡”（第 235—236 页）。当下正在肆虐全人类的新冠肺炎，虽然尚无最终结论，但确定无疑的是，它是从某种中间宿主“逸出”来到人类社会的。最后，还有一种风险，那就是实验室病毒的有意外泄。因此，人类与传染病将长期并存，时不时还会形成一场传播范围不一、感染人数不等的瘟疫。

经历过瘟疫的肆虐，我对《瘟疫与人》所叙述的宏大故事，犹如身临其境，感同身受。这种感性认识有助于对麦克尼尔基于推测、推导之上形成的假说的理解，犹如阅读大量史料后史官应有的“同情之理解”。《瘟疫与人》多处着墨试图揭示瘟疫与人类关系的历史走向，这是过去为史学界所忽略的宏大话题。但是，作为一名史学工作者，我依然保持着学术理性，在历史研究中，遵循有一分史料、说一分话的原则。因此，我认为麦氏的一些推论仍有待历史真相的证实。

（附记：华中师范大学图书馆组织全校性的读书报告会，邀我与书友们一起分享阅读名著的体会，我携《读〈瘟疫与人〉》与会，但该文并非专门为读书报告会而写。我初读《瘟疫与人》是2020年6月，彼时新冠肺炎正肆虐全球，900多万人感染，40多万人病亡；再读《瘟疫与人》是2021年2月在海南休假期间，此时新冠肺炎仍肆虐全球，感染人数超过1亿，病亡人数达230多万。2021年3月底参加读书报告会时，新冠肺炎全球感染人数达1.28亿，病亡人数超过280万，这是人类文明史上的一场巨大浩劫。谨记于此，并对逝者表示深切的哀悼！）

历史问题的发现、理解与解释

——在兰州大学历史文化学院的学术报告

对于学历史的本科生、研究生来说，如何能写出一篇像样的学位论文，是学习面临的最大挑战。因为它是对学生多种能力的综合考核，从某种意义上说，硕士或博士学位研究生的学术研究能力如何，最终取决于一篇学位论文，撰写学位论文的第一步就是选题。可是，相当一部分同学对于如何选题定题，比较茫然，有时候绞尽脑汁选出来的题目却难以驾驭。比如，我曾看到有些同学以“论近代中国早期现代化道路”“论中国近代革命运动”“论近代中国立宪运动”“论近代中国向西方学习的历程”“中国近代农村社会问题研究”等作为学位论文题目，这样写论文时要么容易陷入泛泛而论，很难深入下去，要么因题目太过宏大，难以把握，让人不知从何下笔。如何避免这种问题呢？我认为关键是问题意识的培养。

什么是问题意识呢？问题意识是一种敢于质疑的精神，是一种以问题为导向的自觉，是一种敏锐的学术洞察力，一句话，对于一个学者来说，问题意识就是一种发现问题、解决问题的能力。比如说，面对相同的史料或相同的历史现象，问题意识强的人，就能从中发现问题，甚至从多个角度发现问题，问题意识弱的人，不过是看到了一则文字材料而已。培养问题意识要求我们不要总是把自己放在一个受体、一个接受者的地位，认为书本上写的、课堂上教师讲的都是正确的，只要接受就行了，这还是中学生的学习观念。所以那些考试成绩优秀，但却不会写论文的研究生，并不是优秀的学生（高分低能），充其量只能说知识掌握得比较牢固，或掌握了一些学术动态，优秀的学生应该两个方面都比较擅长。如是两者不能得兼的时候，宁取后者，这当然不是鼓励同学们不重视课堂学习，而是要在重视课堂学习的基础上，更注重问题意识的培养，注重历史问题的发现、理解和解释。有没有问题意识，同学们可以尝试通过多种方法自我检验。比如，可以看看自己面对史料的感觉，可以看看自己在课堂讨论中的体验，有些同学常常感到困惑，对相同的问题，张三是一种观点，李四是另一种观点，王五又提出了第三种观点，看来看去，觉得张三、李四、王五的论点都能言之成理，于是便无所适从。如果是这样，就说明这些同学需要加强问题意识的培养。今天我就读书的体会并结合个人 20 年来从事近代经济史、社会史学习与研究工作的经历谈谈历史问题的发现、理解与解释。

有些同学可能不以为然，历史问题不是可以信手拈来吗？历史问题不就是针对某些历史现象、历史人物、历史事件而提出的“是什么”“为什么”“怎么样”之类的问题吗？比如，鸦片战争是哪一年爆发的？为什么会在 1840 年爆发？给中国社会造成了什么样的影响？这不都是现成的问题吗？需要我们去发现吗？是的，这类问题已不需要我们劳神费力去寻找，它们已经是经过研究、获得共识的问题，是知识性的问题。但是，在这些知识性问题之外，还有很多、很多认知性的问题需要我们去寻找、去发现。那些问题有些是宏观的、有些是微观的；有些是全局性的，有些是区域性的；有些是浅层次的，有些是深层次的；有些是显性的，有些是隐性的；有些是长时段的，有些是短时段的。如果某些同学有较为敏锐的学术洞察力，抓住了一个大问题，这个大问题包含了一系列的小问题，诸如微观的、局部的、短时段的问题，那就好像打开了潘多拉的盒子，问题会一个接着一个地出现，他们就朝着一个大问题的解决走近了一步，就会有一种快慰，投入下一个问题的解决过程之中。所以，问题意识是研究的源泉和历史研究者的动力。

那么，如何在历史中发现问题呢？

一、发现有价值的历史问题

（一）在史料中发现问题

史学研究的品格是求真求实，即尽可能地复原历史，恢复历史的本来面貌。研究历史就是通过文字记载（史书、档案、报纸、杂志等）、历史实物、民间传说等材料与古人对话。因此，当我们接受了一定的史学专业训练、具备了一定的理论修养之后，就要回到史料中、回到当时的时代与情景中去，这是发现问题的基本途径。

一篇学术论文解决一个问题，从史料中发现了问题，论文的成功就具备了良好的基础，就好像一位烹饪大师在精心烹制一道新菜，具有很高的技艺，但不能缺少好的原料。史料在一篇论文中的地位，就好比一道菜中必须有好的原料一样。常言道：巧妇难为无米之炊。没有原料，佐料再多，也做不出好菜。同样，没有史料，方法再好，史学论文也不可能有什么新意。在史料中发现问题，就使我们拥有了解释这个问题的充分史料，我们就不会为了解释我们的问题而绞尽脑汁地搜寻史料。不过，在史料运用方面，发现问题时充分拥有史料与解释问题时充分占有史料，是两个不同的概念。章开沅先生曾说，“占有史料，跟拥有史料不是一回事，拥有是说手头有多少东西，而占有是指真正地把它消化了，或者是融会贯通了，这样史料才真正属于你”①。历史研究者与地质勘探者有很多相近的地方，探矿者不是仅仅知道这个地方有铁矿就行了，对于铁矿的位置、处于哪个矿层、矿脉怎么样，这些都要清楚，这样的勘探才有用。同样，写史学论文不仅要注意使用原始资料，还要分析原料资料的来源、背景是什么，因此必须读原文，读原本。文本是必不可少的，尤其是要考虑文本的完整性。史料本身有时也存在问题，对同一事件的记载，有亲历者的记载，有旁观者的记载，有道听途说者的记载。如对鸦片战争的记载，出现了很多版本，姚薇元先生通过耐心细致的考证，写出了《鸦片战争史实考》一书。一般来说，亲历者记载的可信度较高，但有时候亲历者为了掩盖历史只记录对自己有利的“史实”。蒋介石在《西安半月记》中只字不提周恩来在西安事变中的作用，只说自己如何不屈服，如何对张学良、杨虎城等人晓之以大义，最后圆满地解决了这次事变。但是，他对历史的掩盖，很容易被揭破，因为共产党的档案解密之后，保存了大量周恩来与中共中央的往来电报。政治人物为了一时的政治需要拼凑、粘贴出历史的“真实”，在这种时候，“真实”便走向了它的对立面。史料伪造者的动机、过程也是一个有趣的问题。

之所以强调读原文，读原本，是因为初入研究之门的青年学者往往运用编好的史料集，并把它当作一条熟悉史料、发现问题的捷径。这也的确是一条捷径，它省去了很多爬梳、归类、比较的功夫。但是完全依靠史料集所发

---

① 李平生：《章开沅教授与中国近现代史写作》，载《史学月刊》2003 年第 7 期，第 8—11 页。

现的问题、所得出的结论往往不可靠，因为史料集的编写已经经过了编者的加工取舍，哪些资料应该编入，哪些应该舍弃，背后一定蕴藏着某种观念，研究者完全依靠史料集会自觉不自觉地陷入编者设定的框架中，廉价的史料一定伴随着肤浅的问题和对该问题的简单、片面理解。正确运用史料集的方法，应该是将之作为继续搜寻史料或阅读完整文本的线索，扩大史料的采集范围。比如，我们研究旧中国早期工业化问题，孙毓棠主编的《中国近代工业史资料》、汪敬虞主编的《中国近代工业史资料》、陈真主编的《中国近代工业史资料》、彭泽益主编的《中国近代手工业史资料》等，构成了我们进一步搜集史料的线索，正是这些史料集把我们引进了史料的海洋，不至于使我们迷路而无所适从。

在史料中发现问题，这种路径是史料在前，问题在后，问题是从对史料的对比分析、归类中产生的。不过，从史料中发现问题，要具备相当的史感、史识，也就是要有相当的理论修养。中国近代史上可供产生问题的史料实在是太丰富了，这是古代史，甚至当代史所不具有的优势。除了历史人物文集、全集外，报纸、杂志、档案都是我们从史料中发现问题的对象，如《申报》《东方杂志》《大公报》《中央日报》《新华日报》《民国日报》等以及各地各级档案等。《申报》不仅存在时间长，而且报道范围广，是一百科全书式的报纸。近几年很多博士、硕士论文的选题都是从中产生的。如晚清轰动一时的杨乃武与小白菜案，《申报》作了完整的报道，该报对此案的前后态度或倾向有差异，其中蕴藏着很多可供探讨的问题：为什么会产生前后不一致的态度？是政府对《申报》这一新闻媒体产生影响还是一般社会舆论对媒体产生了影响？《申报》的报道对该案的进展有无影响？我们可以通过这个个案透视出晚清时期国家与社会之间复杂关系的一个面相。

（二）从现有研究分歧中发现问题

作为研究主体，由于自身理论素养、情感倾向、研究能力（分析、综合、归纳、抽象、演绎）、观察视角等存在着差异，因此，对于同一问题的研究，往往得出不同的结论，有些结论甚至截然相反。比如中国近代手工业为什么长期存在的问题，彭泽益先生侧重从生产力层次上加以解释，认为：“近代中国工厂工业的机械化程度是很低的，它同大量的工场手工业长期共存，并且在很多方面都有联系，怎好割裂开来？要是忽视了这一点就不能很好地掌握中国半殖民地半封建社会工业资本主义发生和发展的规律和独具的特点。”① 但是，汪敬虞先生不认可这种解释，他指出：“中国大机器工业和手工业的‘长期共存’，并不是由于工厂和手工业在机械化程度方面彼此互相接近，而是由于中国工厂工业和手工业同受帝国主义的侵略和压迫，在外国资本的强大势力面前，有着共同的命运。这种‘长期共存’，不是发展中的共存，而是两者都得不到发展的并存。这是半殖民地半封建社会工业资本主义发生和发展的规律性和独具的特点。”② 两位学者的观点根本对立，而且都认为自己找到了中国近代工业资本主义发生和发展的规律性和独具的特点，既然是独具的特点，当然就具有唯一性和排他性。因此，两位大家的论点不可能都符合历史的真实，这就是一个值得研究的极富挑战性的问题。为什么会产生这样的现象？历史的真实情况究竟是怎样的？我们可以沿着这个问题来寻找证据、展开研究。如果我们站在一定的理论高度上看，那么这个问题实际上是一个落后国家和地区的工业化道路问题，这是一个大问题，要彻底弄清这个问题，必须对系列小问题展开研究：民族机器工业的发生模式是怎样的？传统工业在工业化启动之后的状况如何？如何评价两者在近代社会经济中的地位与作用？两者之间有何关系？民族工业与外国在华企业之间的关系又是怎样的？政府和民间（商人经济团体如商会、同业公会等组织）是如何对待传统工业与民族机器工业的？将这些问题弄清楚了，可能又会派生出其他更深入的问题，比如：中国传统工业在工业化启动之后的状况是怎样的？通过研究，我们发现，洋务运动后，中国传统工业并不是像我们已有的研究所描述的那样，整体陷入衰落、破产之中；相反，某些行业、某些地区还出现了发展，尤其是广东南海、顺德，华北高阳、宝坻，江南环太湖区域等地区，织布或缫丝等行业在农村经济结构中地位非常重要，甚至由昔日的副业上升到主业的地位，如何看待这种现象？我们从工业化进程的角度，可以把这种现象界定为“半工业化”：那就是技术进步的、以区域外市场为依托的城乡手工业经济的发展，即形成传统手工业与机器工业之间的动态发展状态。这样，关于传统工业的命运，我们就形成了一种新认识。针对这种新的认识，又产生了新的问题：半工业化兴起的原因是什么？半工业化

① 彭泽益：《近代中国工业资本主义经济中的工场手工业》，载《近代史研究》1984 年第 1 期，第 125—137 页。

② 汪敬虞：《中国近代手工业及其在中国资本主义产生中的地位》，载《中国经济史研究》1988 年第 1 期，第 88—100 页。

的生产形式有什么特点？半工业化存在于哪些行业与地域？半工业化阶段的手工业与民族机器工业的关系如何？半工业化是怎样中断的？半工业化的发展对农村经济社会产生了什么影响？半工业化和原始工业化的区别与联系何在？等等。上述问题的产生源于学术界研究的分歧，但是如果没有一定的理论素养，比如关于工业化理论尤其是原始工业化理论、发展经济学中的二元经济理论等，那么，接下来的问题链就很难形成。

从分歧中发现问题，这种路径是问题在前，史料在后，首先需要研究产生分歧的原因，然后围绕着问题充分地搜集史料、占有史料，这是能否突破现有分歧、树立一家之言的关键。

（三）以现实为基点的溯源式思考

我们常常说，今天是昨天的延续，今天又孕育着明天，就是讲历史与现实之间有着复杂的关系，史学的功能之一就是其借鉴性，以史为鉴，可以知兴替。所以，历史学家大多具有强烈的现实关怀，从历史发展进程中，通过对历史本来面貌的揭示，吸取成功的经验和失败的教训，为现实社会提供某些借鉴和启示，这是无可厚非的。著名历史学家章开沅先生正是在这个意义上提倡“史学的参与”和“参与的史学”。的确，从现实出发，能够发现很多具有学术价值与现实意义的问题，如近些年来很热的灾荒史研究、生态史研究、乡村社会经济史的研究，等等，都体现了史学家强烈的现实关怀。近些年来，我国自然灾害频发，灾荒史研究可以帮助我们总结历史上灾荒的预防和救济的经验与教训。生态问题是与工业化相伴而生的，随着新中国五十余年的工业化建设，生态问题日益突出，林木草矿的过度开发，导致生态失衡，产生了水土流失、山体滑坡、河水污染、风沙肆虐等危害人类生存的大问题。在历史上，发展与生态保护就是一个两难选择，在这方面留下了很多教训，值得探讨。如垦殖和林业发展对生态环境的影响，现代工业如冶金、纺织、采矿等对环境的影响等，都值得投入力量加以研究。乡村社会经济史受到关注，与当前我们“三农”问题的突出不无关系。

但是我们切勿将历史研究弄成了对现实的注解，为了现实的需要而到历史上去寻找依据，甚至歪曲历史，只讲对现实有用的，只讲符合现实需要的，讲领导爱听的，而失去一个学者的良知，忽视一个史学研究者起码应该具有的求真求实品格。我们提倡现实关怀，在很大程度上体现为对人类的终极关怀，我们提倡史学研究要立足于一个国家、一个地区、一个民族，但又不局限于一个国家、一个地区、一个民族，而是提倡史学研究者要有一种高远的境界和宽广的学术胸襟。

二、理解历史研究对象

问题发现了，能否最终圆满地解释，取决于理解的程度。发现问题和理解问题不完全一样，就像科学上有一些猜想，但猜想本身不是科学，能否成为科学定理或科学规律，还需要很多科学实验数据的验证。历史问题也是一样，我们发现了它，不等于我们自然而然地理解了它，我们必须具有宽阔的学术视野，厚实的理论基础，要了解当代史学的现实状况和发展趋势才能更好地理解历史问题。

严格意义上讲，理解和解释是对待历史问题的两个不同层次，一个是人文层次，一个是社会科学层次。在人文层次上，对历史人物、历史事件、历史现象等作“历史人”的理解，即同情的理解。陈寅恪先生主张“同情的理解与理解的同情”，“同情”要求研究者回到当时的历史氛围中，回到当时的历史时代中，设身处地地为古人着想，这样才能理解历史人物，以及在历史事件中历史人物丰富、复杂的内心世界与动机，不要以今人的思维方式去诠释古人，诠释历史事件，尤其是不要简单地予以肯定或否定。“理解”并不是要研究者与研究对象抱持完全相同的态度，比如，研究康有为，康有为主张君主立宪，反对革命，研究者是不是也要主张立宪、反对革命，才能够达到对康有为的理解呢？当然不是。同样，研究孙中山的学者，也不一定赞成革命。作为“历史人”的理解，是要将研究对象的复杂面相揭示清楚，还历史人物、历史事件以本来面貌。比如近代历史人物主张革命也好，主张立宪也罢，究竟是为什么？因为，即便主张相同的人，他们的动机可能不完全一样，他们的境界有高有低，我们不要预设一种观念，革命就是好的、进步的，怎么肯定也不过分；立宪就是坏的，反动的，怎么批判也不为过，这就没有做到“同情的理解”。

社会科学层次，作为“现代人”的解释，或者说科学的解释。人物、团体、事件、现象等作为研究客体，一旦沉淀为历史，其人物行为、事件脉络等内容就固定下来了，但是如何理解行为、事件背后的原因，寻求因果对应关系，尤其是这些行为、事件的意义或者价值判断，可能是随着时代的发展而发展的，尤其是随着社会科学的不断发展而变化。比如，近 20 年来兴起的商会史研究，商会史的资料早就存在（如苏州档案馆、天津档案馆保存完好的商会资料)，为什么要到20世纪80年代初才成为学术界研究的课题呢？是因为这个时期学者们觉得它是一个具有学术价值和现实意义的研究课题。20世纪80年代之前，面对堆积如山的、尘封已久的商会史料，人们没有认识到它的价值。章开沅先生曾讲过一段往事，苏州档案馆邀请他考察商会档案，章先生看了保存完好的商会档案后，非常兴奋，觉得这是对当时学术界正在热烈讨论的民族资产阶级相关问题（民族资产阶级的结构、地位、作用以及与政府及其他社会阶层的关系等）有重要研究价值的史料。他主张“在资本家个人和资产阶级整体（或其某一阶层的整体）之间，多做一些集团（如资本集团、行业、商会以至商团、会馆等）的研究，然后再进行类型的归纳与区分，所得结论可能比简单的上、中、下层划分更切合实际一些”①。此后，以商会史为代表的社会集团史的探讨蓬勃开展，推动了近代资产阶级的深入研究，也因此成就了一批青年学者。这是对商会问题最初的理解。随着理论视野的拓宽，学者们从现代化视角来理解商会，把商会研究与现代化主干载体结合起来，对商会的理解更加深化。现在越来越多的学者从国家与社会互动的角度、从市民社会的角度来研究商会，研究面也更加宽广了，不再局限于苏州、天津、上海、汉口等通商大埠的商会组织，其他中小城市的商会也受到了他们的关注。对与商会组织密切相关的行业、同业公会等商人经济团体，也有研究成果陆续问世。

历史问题的解释需要借助社会科学的理论与方法，如商会史研究，就需要了解现代化理论、国家与社会关系理论、市民社会理论。同样，研究其他问题，也少不了相关学科的理论修养，如政治史研究需要有政治学的理论素养，经济史研究需要经济学的理论素养，社会史研究需要有社会学的理论素养。

除此之外，历史研究者还需要掌握一些哲学理论知识，要能从历史哲学的高度理解问题。如社会事物的中介性、社会发展的渐进性等。中介性背后的哲学思想就是“一分为三”。过去我们只提一分为二，实际上，“一分为三”也是一种源自哲学的研究方法，是对一分为二的补充。通俗地讲，任何事物都不能分为好、坏决然对立的两面，不是好就是坏，不是朋友就是敌人，这种思维方式违背了事物发展的规律。事实上，在好与坏之间、在朋友与敌人之间，大量存在着的是不好不坏、既非朋友亦非敌人的普通关系。“在现实世界中，在直观上，一切都是一分为三的。从空间上说，有上、中、下，左、中、右，大、

① 章开沅：《关于改进研究中国资产阶级方法的若干意见》，载《历史研究》1983年第5期，第25页。

中、小；从时间上说，有过去、现在、未来；从颜色上说，有白、灰、黑。从数学上说，有正数、负数、还有‘0’这个不正不负的数。从人称上说，有我、你、他。从物质的结构说，有电子（带负电）、中子（不带电）、质子（带正电）。从政治来说，有敌、友、我。从经济来说，有宏观、中观、微观。从主体来说，有国家、集体、个人。如此等等，千千万万。总之，我们睁眼看到的尽是一分为三的东西。”①

从哲学的高度来说，文明社会的发展总是渐进性的，过去我们总是提倡革命哲学、斗争哲学，但是人类社会的进步无一不是在和平时期逐步取得的。一夜之间不可能建成共产主义社会，物质文明的高度发达是一步步积累起来的，做学问也是如此。治学不要指望一夜成名，不要企盼某一天机会突然从天而降，不要过于依赖天赋，要有积累、有准备，那些成果累累者无一不勤于积累、勤于思考，并且笔耕不辍。人文社会科学没有太多的偶然性，需要勤奋和一定的悟性，“衣带渐宽终不悔，为伊消得人憔悴”。即便如此，也难以说哪位学者已经穷尽某种学问。数学中有一种现象，叫作渐近性。社会运动也是如此，总是逐步接近于人类所期盼的理想目标，但可能无法达到真正理想的境界。学问更是如此，我们常常说学问是个无底洞，我们可以接近我们所努力的顶点，但无法真正登临学术的顶点，所以学者的努力是没有止境的。

三、理解与解释的表达：史学论文的撰写

问题发现了，也在相当程度上理解了，最后需要做的工作就是用文字把我们所理解的东西表达出来，把我们所认识的问题解释清楚。大家都知道，一篇好的论文要做到“三新”，即新观点、新材料、新方法，“三新”可以具体从以下四个方面作出努力。

第一，定好文章的题目。

（1）确定好的标题。如果说一篇文章解释一个问题的话，那么好的标题就是一个问题的关键，也可以说就是文章的切入点，所以要适度、明确。适度就是题目不要太大，论文的题目太大，要么使我们无从下手，要么泛泛而论，如前面我们讲到的题目“中国近代农村社会问题研究”，这样的题目不是一篇文

---

① 艾丰：《中介论：关于改革方法的思维》，北京：经济日报出版社 2000 年版，第 2—3 页。

章可以完成的，更适合于做一系列研究的课题。明确，就是指标题要清楚地揭示作者要研究的问题是什么。

（2）限定选题范围。当然，并不是说大题目一概不能作为标题，有时候因为研究视野的需要也可选择较大的题目，但一定要加以限制，因为大的题目所揭示的现象或特点，往往是带有某些共性的，这种共性可能存在于多个地区、多个领域，应该限制为某一个特定地区、特定方面、特殊行业。这样行文会比较容易，别人能够挑的毛病也就比较少。以打靶为例，靶标在10环以内，要击中它并不容易，而6环、5环甚至3、4环，很容易被击中。论文选题也是如此，题目越大，涉及的面就越宽，越容易发现问题，因此，需要限制范围。比如，中国早期工业化进程的模式是一个重要的问题，通过考察，我们发现中国早期工业化存在着“突发”（移植）型和渐进（嫁接）型两种模式，这两种模式在中国多个行业中都存在，如缫丝业、丝织业、榨油业等，但是以棉纺织业最为典型，因此，在解释的时候，最好将范围限定在某个地区、某个行业，比如，《中国早期工业化进程中的二元模式——以近代民族棉纺织业为例》。一般来说，作者限定题目范围是基于小处着手、大处着眼，以小见大，微观考察、宏观把握的指导思想，把一些个案、问题放在一个宏观的视野下进行观照。这就好像生物学家把某一种微生物放在显微镜下进行观察，发现的这种微生物的某种特征，实际上代表了某一类生物的特性。

第二，阐明文章的论点。

（1）创新已有观点。文章的论点可以是新观点，新观点有两个层面：一个是别人没有做过的研究，我们第一次做，我们得出的结论一定是新的；再一个就是推翻已有的观点，或在现有观点之外提出新见，这通常出现在讨论或商榷性的论文中。从一个新的角度重新解释已经出现过的观点，好比老树新枝，或枯枝发新芽。观点鲜明要求作者不要在两种对立的观点之间搞平衡，或者模棱两可，像算命先生那样玩“父在母先亡”之类的语言游戏。

（2）快速摆出自己的观点。开门见山地阐明文章观点是吸引读者或编辑的技巧，最简单的方法就是在内容提（摘）要中直接说明观点。内容提（摘）要的写作是非常有技巧的，一般来讲，内容提（摘）要是对文章主要内容的概括，但有不同的写法，或直接展示文章的新观点，或通过强调文章对学术界的贡献或揭示作者写作的意图，来引出作者的观点，等等。作者的观点也可以在文章的引文中提出，或开门见山，或挑战已有的观点，或从该领域的研究现状出发，提出个人的观点，等等。

（3）提出独创的思想。一篇论文解释一个问题，解释得是否到位，能否为别人所接受，不仅需要充分的论据与行文技巧，还取决于解释的背后有无深刻的思想，通过作者的解释，读者能够受到怎样的启发。因此，作者需要从历史哲学的高度来开展自己的研究，比如，近几年来我研究早期工业化过程中的传统工业，在重新诠释中国近代手工业经济的地位与作用时，我提出了近代手工业是一种介于传统与现代之间的“中间经济”的观点。在考察近代乡村手工业演变过程后，我用“半工业化”来界定近代若干地区、若干行业中的手工业的发展状态。这些观点的提出都受到“一分为三”的哲学方法论，以及中介论、渐进论等哲学思维的启发。

第三，运用好资料。

（1）用好原始资料。原始资料是指当时人在当时的记载（日记、奏折、发表在报纸和杂志上的文章、碑刻等），充分地占有第一手材料是史学研究的前提条件。没有史料，就没有史学。但是，在史料的运用上，也要防止另一种倾向，那就是史料的堆集。英国著名历史哲学家柯林武德说过：“史料不是史学。史学是要建筑一座大厦，而史料则是建筑这座大厦的砖瓦。建筑材料无论有多么多，都不是建筑本身。史实的堆集和史料的考订，充其极也只是一部流水账，要了解这部流水账的意义，则有赖于思想。……只有通过思想，历史才能从一堆枯燥无生命的原材料中形成有血有肉的生命，只有透过物质生活的遗迹步入精神生活的堂奥，才能产生真正的史学。”

（2）对相反的论据进行剖析。对于历史上的人物、事件，不同人的记载、评价不尽相同，不同的报纸、杂志也可能作出不同的评价，这些不同的记载是导致史学家观点分歧的主要原因。因此，作者在解释的过程中必须对相反的论据进行剖析，重点分析这些论据产生的背景、主要意图，以及它在证明某一事件、评价某个人物时的支撑力。

（3）坚持做到论从史出。史学是一门实证科学，任何结论的得出都必须有论据。不能仅仅从理论出发，尤其是基于非经典理论解释历史问题。对经典理论的借用也要防止教条化。理论实际上是一种方法，是融入作者思维中的潜意识，不到这种程度，作者在用理论解释某个历史问题时很可能是对理论的生搬硬套，或者产生理论与历史问题解释两张皮的现象。

第四，注意文章的写作技巧与规范。

（1）好的叙事。好的叙事是复原历史的必要条件，是求真求实的前提。历史研究的文字表达有两种形式：一种是描述历史，另一种是分析历史。分析历史离不开对历史的描述，历史事件与历史人物的研究，离开了叙事，无法展开。因此，叙事在历史事件的评价、人物传记的写作中非常重要，把过程本身原原本本地描述清楚，是任何评价的基础。某些历史人物模糊不清，某些历史人物的活动记载不详，这时就需要研究者耐心细致地考证，于是产生了考证、考据性的文章。在对某些历史事件、历史人物的研究中，考证、叙事本身就是一种评价，比如说考证某个历史人物是否参加同盟会，参加了多少次同盟会的活动，在这些活动中说了些什么话，某种程度上说，这本身就是对历史人物的评价。但是，在绝大多数情况下，好的叙事只是历史研究的第一步，是正确评价历史事件、历史人物的基础性工作，而不是历史研究的最终目的。

（2）注释规范。一个人不仅要有自己的灵魂，还要有得体的衣着。一篇好的历史研究论文不仅要有新的观点、深刻的思想，还要有规范的注释，外在的与内在的要有机地结合起来。大家不要认为注释不规范是不拘小节，实际这是做学问不严谨的表现。注释不规范可能意味着研究者根本就没有看原始资料，而是转引第二手资料，以讹传讹，可能是抄袭别人的东西。这会使我们的论点缺乏有力的支撑，所以大家从入门开始，就要严格要求自己，文章无论是否发表，都要做到注释规范。有些同学认为平常习作，或课程论文之类的东西，不需要太严格，久而久之，可能形成习惯，等到文章要正式发表或专著正式出版时，校对就会非常麻烦，甚至有些资料由于自己的坏习惯，根本找不到出处。如果这是一条重要的史料，而又不得不“规范”掉的话，这对我们的文章来说，就是一个重大损失。这里介绍几种文献的注释方法：①书籍注释法：引用的书籍初次出现时一律应注明著（编）者、书名、版本（出版地、出版社、出版年份）、页码，以后再次引用时可以不标注编者和版本。②杂志注释法：除正文中已交代所引文章作者、篇名者外，一般应依次注明文章作者、文章名、杂志名称、出版年份、期数等。③报纸注释法：除正文中已交代所引文章作者、篇名外，一般应依次注明作者、篇名、报刊名称，不同地方出版的同一报纸还应注明出版地点。如汉口《新华日报》、重庆《新华日报》、天津《大公报》、长沙《大公报》等。④未刊（正式出版或发表）函电、书籍注释法：一律依次注明名称、时间、藏所或目录号，并在所标时间之后，注明未刊字样。

（3）客观评价。客观评价就是要求研究者尽可能地不带个人感情、理性地看待研究对象，超脱时人与时事。不以现代标准评价历史上的人和事，做到这一点并不容易，“文革”时期的史学大多从阶级感情出发，给历史人物贴上标签，对所谓的反动阶级的历史评价很低。即便一个“反动阶级”的人做了一些好事，也难以得到正面评价，要么被认为动机不纯，怀有什么罪恶目的，要么被当作不自觉的行为，认为不值一提。这种标签评价法现在已经得到纠正，但又走入了另一极端，一些研究者评价所研究的对象时往往有拔高的倾向，似乎只有如此才能体现自己研究的价值。其实，史学研究的价值就在于还历史人物、历史事件、历史现象以应有的面貌，该肯定的肯定，该否定的否定，该在某个阶段、某个事件上给予肯定的就给予肯定。学者应该具备更多的理智，不被感情所左右，只有这样，史学研究的价值和它对人类文明进步的作用，才能得到体现。

(4) 为读者着想。文章是写给读者看的，就像好的产品需要得到消费者的认可一样，文章也要得到读者的认可，必须为读者着想。在形式上，文章要首尾呼应（绪论与结论）。呼应的方式多种多样，比如文章开头提出问题，最后一段作出明确的答复；文章引文部分阐明自己观点，正文部分展开论证，最后从一个宏观的角度把自己的观点作一个必要的提升，并且提出一个新的问题，引出一篇新的文章。史学论文要求文字平实流畅、波澜不惊、表达准确，历史叙述行如流水，娓娓道来，而不能像文学作品那样，辞藻华丽，表达夸张。在内容上，学术前史的介绍是必不可少的，现在正规的学术刊物对论文都要求有学术前史的介绍，目的就是为了给读者提供方便。当今学术期刊众多，各类电子数据库不断丰富，任何人都不可能穷尽所有学术观点，有了学术前史的介绍，就使读者能简要地了解该领域的研究现状，了解我们文章的创新之处。

历史问题的发现、理解与解释，是有机地联为一体的，我们只是为了讲述的方便把它分为三个环节，其中理解是关键，问题的发现是一种理解了的发现，在发现问题的过程中，既要充分了解学术研究现状、明确学术发展趋势，又要指出该问题的现实借鉴意义，更离不开对史料的爬梳、归纳与分析。问题的解释是一种充分理解后的解释，没有理解，再美的行文、再好的方法，都无法将问题令人信服地、深刻地解释出来。这些都需要有开阔的视野、深厚的理论功底。这是历史研究者的素养，也是我对同学们的期待。

（写于2004年）

（附记：2004年，我应兰州大学历史文化学院之邀，担任该校“萃英计划”讲席教授，每年抽出一个月时间前往该校授课，授课期间，公开作两场学术报告。“历史问题的发现、理解与解释”就是为该校研究生所作的学术报告，以后该报告内容又逐步完善，在其他高校进行过交流。）

将博士学位论文当作学术事业的一个高峰

——在华中科技大学优博论坛上的演讲

很高兴有机会跟在座的年轻朋友交流，同学们正处在博士生阶段的学习中。我是过来人，也指导了八九届博士生。但走过的路未必都是经验，也有教训。我今天以“将博士论文当作学术事业的一个高峰”为题谈谈我的体会。这是我的博士生导师章开沅先生在我的博士论文开题报告会上的一句话，是对我们那一届博士生在学术态度、学术志向上的期望和告诫。他还举例说，加拿大华裔学者陈志让的博士论文——《军绅政权——近代中国的军阀时期》奠定了日后他在学术界的地位，乃至成为他个人学术事业的一个顶峰。他看了我的开题报告后，还讲了另外一句话，说“你的论文成功了一半”，他是从选题这个角度来评判的，一个好的选题就等于论文成功了一半，我的开题报告题目是《中间经济：传统与现代之间的中国近代手工业（1840—1936）》。我是1995年师从章开沅先生攻读博士学位的，十多年过去了，博士生阶段的生活记忆很多都模糊了，但章先生的这两句话我始终铭记在心，也成为我对近代史所博士生在学术态度、学术志向上的要求。从我个人求学、成长的经历来看，导师的作用是至关重要的，在攻读博士学位之前，我曾经跟随中南财经大学经济学院的赵德馨先生研修经济史，对于如何运用经济学的理论研究经济史有了初步的了解。博士毕业后，我又到南京大学历史系师从蔡少卿先生，从事社会史研究，对于如何运用社会学理论进行历史研究，也有了一些实际的体验。当然，对我影响最大的，还是章开沅先生及其导师组成员。

下面我结合博士生阶段的学习经历，从我个人受益的角度，谈谈导师在博士生培养过程中的作用。

第一个问题就谈谈导师的核心作用。

导师的核心作用就在于一个“导”字。具体说，“导”体现在激励、鞭策和引领三个方面，其中引领是关键。章开沅先生是大家，他的学术影响远远超出了他的研究领域，能够入他的门下攻读博士学位，这对学生来说不仅是一个十分难得的机遇，而且本身也是一种激励。在我之前，马敏、桑兵、朱英、虞和平等颇有成就的中青年学者都出自章门，在自豪感油然而生的同时，我压力也很大，我对自己的要求是不说为章门增光添彩，至少不能丢脸。章先生希望学生“将博士学位论文当作学术事业的一个高峰”，这既是对学生的一种激励，更是一种鞭策。他常说，做学问犹如爬山，一座座山峰需要一步步地攀登，只有爬过一座又一座山峰，才能到达学术事业的高峰。博士生阶段的学习，就要使学生学会征服学问道路上的一个个难题。我觉得，章先生对学生在学术态度、学术志向上的激励和鞭策，会使他的学生受用一辈子。

激励、鞭策之后，最重要的是引领，这对导师提出了很高的要求。引领的作用有两方面，一方面导师要善于开辟或发现新的研究领域，并且将学生带进这个领域。比如，章开沅先生倡导商会史研究，他敏锐地意识到这将是一个学术高地，所以鼓励马敏、朱英等学者进入这个领域，马敏、朱英后来果然成为商会史研究专家，这充分证明了章先生远大深邃的学术眼光。章先生常将自己比作一只老母鸡，不断地为学生觅食，他说：“我是一只老母鸡，带着你们这些小鸡东刨刨、西扒扒，找到一块有虫子的地方，让你们几个自己去深刨下去，我再往前找。再找到一块有虫子可食的地方，再留几个在这个新地方刨下去，我再往前找……”① 这虽是玩笑之话，但充分说明了章先生对弟子们的引领作用。

他也鼓励学生自己选题，但是，选题是否可行，他会从导师的角度严格把关。从事历史研究，主要依循三条路径选题，即从史料中发现问题、从现有研究分歧中发现问题、以现实为基点进行历史反思。选题犹如选矿，选矿需要弄清楚矿脉、矿层、含矿量的大小，确定是否具有开采价值，选题也是一样，导

---

① 华中师范大学中国近代史研究所：《章开沅学术与人生》，华中师范大学出版社 2011 年版，第 369 页。

师要帮助学生分析选题的学术价值。有时候，学生会为选题而绞尽脑汁，这时候最需要导师指点迷津，这个过程也最能体现导师的引领作用。我庆幸在这个关键问题上，得到了导师最好的指导。我的博士论文选题是近代手工业经济史方面的，相对于机器工业而言，手工业比较落后，当时很多经济史学者更多地关注机器工业，关注冒烟的工厂，手工业经济史研究较为薄弱。但是，如何衡量这个题目的学术价值，我心里没底。有一次，我正好同章先生一道到汉口去办身份证，两人并排坐在车子的后座上，我有点忐忑不安地向章先生谈了我的想法，分析了学术研究现状。章先生听了之后谈了一些他在海外的见闻与感受，如在欧美许多家庭与餐馆，为保护环境而不再使用一次性塑料餐具，但又缺乏其他可以取代的简易餐具，菲律宾商人根据这一市场需要，发展传统的手工编织业，制造不同型号的藤盘作为食物容器。人们吃完饭只要把垫在盘子上的油纸丢在垃圾箱就算完事，懒人甚至可以免于洗碗之劳，因此一度很受那些上班族（特别是单身者）的欢迎。此外他还谈到日本的“一村一品”、瑞士的高级钟表仍然是以传统手工业的改进为主。章先生这番看似漫不经心的闲聊，却坚定了我从事该课题研究的信心，从中我也悟出了近代手工业的长期存在自有其历史继承性与合理性。

在论文的选题与写作过程中，近代史所导师群体之间的合作精神、集体培养机制也使我受益匪浅。当时所里有严昌洪、罗福惠、马敏、朱英等导师，为了减轻章先生的负担，近代史所在对博士生的指导上为章先生配备了助手，形成以章先生为中心的三人指导小组，对每一位学生进行集体指导。我当时的导师指导组除了章先生之外，还有马敏教授、朱英教授。马敏教授、朱英教授的指导更加细致，两位导师的学问风格都非常鲜明，比如马敏教授学术视野非常开阔，擅长宏观研究，他的论文常常体现出大格局、大气势，理论功底十分扎实。朱英教授史料功底非常扎实，逻辑思维缜密，他的论文常常以实证研究见长。我的博士论文中主要观点的形成得益于马、朱两位导师的具体指导。比如，对于近代手工业经济长期存在的原因及其历史地位的评价，我提出用“中间经济”概念进行分析，认为近代手工业是一种介于传统与现代之间的中间经济层次，中间经济既是对手工业经济形态变更所处阶段的定位，又是对手工业在传统农业和现代工业中间所起作用的界定。从经济形态变更的角度分析，我发现近代手工业出现了“石磨＋蒸汽机”的技术模式，形成了包买主制下的依附经营、业主制下的自主经营、合作制下的联合经营等多种经营形式。此外，管理形式（学徒制度）也发生了变化。手工业又是一种介于传统农业与现代工业之间的中间力量，因为手工业不仅解决了一部分早期工业化过程中民族机器工业所无法吸纳的农业剩余劳动力，而且对传统农业的种植、管理技术提出了更高的要求，产生“后向联进”（“反向联进”）作用。比如手工棉纺织业、手工丝织业的发展要求对棉花、桑树品种及种植技术进一步改良，手工制茶业的进步同样离不开茶树品种、土壤改良和茶园管理的进步。这种后向联进作用在以农业产品为原料的手工业中都或多或少地存在。因此，我们看到近代历届政府在倡导发展手工业时，都同时制定颁布或推行了改良或奖励手工业原料作物种植的政策和措施，如晚清农工商部就曾制定和颁布《奖励棉业章程》，而晚清各地也制定了对手工业优质原料作物种植的推广措施。清政府可能不会自觉地意识到手工业发展所具有的这种“反向联进”功能，但却认识到手工业的存在离不开优质原料的供应，而优质原料的供给自然离不开农业生产的改进。

手工业又与民族机器工业产生互补，即“前向联进”作用。这种互补是多方位、多层次的，我将其概括为四种：结构性互补、关联性互补、水平性互补和劳动技术性互补。“中间经济”概念的理论思维起点是20世纪70年代西方经济史学界讨论十分热烈的原始工业化理论，简单地讲，原始工业化理论要重新改写工业化史或工业革命史，它认为工业革命可以追溯到工业革命前西欧农村社会经济内部手工业的长期发展，这种发展为工业革命的发生准备了资本和管理经验，构成工业化的第一阶段。论文写作前期，我比较注重对马克思主义手工业经济史理论的借鉴，原始工业化理论还没有进入我的视野。记得有一次学校运动会开幕式的入场仪式上，马敏老师（时任历史文化学院院长）当时也在队列中，我们边走边谈，他希望我加强对原始工业化理论的学习。后来，我不仅大量阅读了美国学者门德尔斯有关原始工业化研究的原典论文，并且通读了德国学者克里特等人关于原始工业化研究的集大成之作——《工业化前的工业化》（*Industrialization Before Industrialization*）。当时我读得很苦，但读完之后，有一种豁然开朗的感觉。我在思考近代手工业经济时，不仅可以借鉴马克思主义的经典理论，也可以借重西方流行的原始工业化理论，这使我的论文理论与史实结合得更加紧密。朱英教授则在论文结构、史料运用乃至于遣词造句等细节上严格把关，初稿写完后的指导是由朱英教授完成的。这是我谈的第一点体会，导师的引领作用和导师组的集体指导使我受益良多。

第二个问题，我谈谈对一个好选题的认识。一个好的选题，需要具备三个条件：前沿性、挑战性、可持续性。博士研究生教育是一种高层次的精英教育，论文选题必须站在学术研究前沿上，以史学研究来说，就是要做别人没有做或做得不够的研究，凸显其填补空白或改进研究中的薄弱环节的学术价值。中国近代手工业经济史是当时学术界研究较为薄弱的一个点，经济史大家吴承明、彭泽益等先生都多次呼吁学术界关注中国近代工业化进程中手工业经济史的研究。但是，由于资料较为分散，涉及面较宽，这一研究始终没能引起重视。前沿性还必须关注重大理论问题，近代手工业经济史研究不是简单地将各地、各行业手工业发展的状况弄清楚，而是要关注其背后的落后国家和地区的工业化道路问题。在这个问题上，近代以来的中国是一个非常好的历史模型，近代手工业长期存在这一事实本身说明了传统产业、固有产业不会在外来工业文明的冲击下迅速地土崩瓦解，其中一部分地区、一部分手工业行业还能有若干发展，甚至发展到可以直接使用机器动力的阶段，这又说明我们的工业化不仅仅依赖移植，也要依靠嫁接。

挑战性是指我们进行论文选题不回避现有研究中的分歧，敢于正视分歧、回应分歧。社会科学研究者由于自身理论素养、情感倾向、研究能力、观察视角等存在着差异，因此，对于同一问题的研究，往往得出不同的结论，有些结论甚至截然相反。比如中国近代手工业为什么长期存在的问题，彭泽益先生侧重从生产力层次上加以解释，认为："近代中国工厂工业的机械化程度是很低的，它同大量的工场手工业长期共存，并且在很多方面都有联系，怎好割裂开来？要是忽视了这一点就不能很好地掌握中国半殖民地半封建社会工业资本主义发生和发展的规律和独具的特点。"① 但是，汪敬虞先生反对这种观点，他指出："中国大机器工业和手工业的'长期共存'，并不是由于工厂和手工业在机械化程度方面彼此互相接近，而是由于中国工厂工业和手工业同受帝国主义的侵略和压迫，在外国资本的强大势力面前，有着共同的命运。这种'长期共存'，不是发展中的共存，而是两者都得不到发展的并存。这是半殖民地半封建社会工业资本主义发生和发展的规律性和独具的特点。"② 且不说两者观点上的根本对立，两位学术大家都各自宣称找到了中国近代工业资本主义发生和发展的规律性和独具的特点，既然是独具的特点，当然就具有唯一性和排他性。因此，两位大家的论点不可能都是符合历史实际的解释。这就是值得研究

① 彭泽益：《近代中国工业资本主义经济中的工场手工业》，载《近代史研究》1984 年第 1 期，第 131 页。

② 汪敬虞：《中国近代手工业及其在中国资本主义产生中的地位》，载《中国经济史研究》1988 年第 1 期，第 88—100 页。

的极富挑战性的问题？为什么会产生这样的问题？历史的真实情况究竟是怎样的？我们可以沿着这个思路来寻找证据、展开研究，通过理论的、实证的研究，可以对上述观点作出自己的解释。

一个好的选题要有可持续性。博士学位论文的选题需要考虑博士毕业后若干年研究课题的持续深入，占领一个学术根据地，使学术界同仁知道某某人在某个领域的研究颇具代表性，同时也免得另起炉灶，这样较为省时、省力。一锤子买卖的选题不是一个好的选题，东打一枪、西放一炮，费时费力，论文数量虽多，但学术界不一定知道我们的专长之所在。

第三个问题，从章门弟子的成长经历看，在博士生的培养上，应注重如下一些环节。

第一，要注意生源的质量。从历史学博士生的选拔来看，要招收那些经过严格的史学训练、理论功底扎实的考生，要招悟性高的学生。20 世纪八九十年代，华中师范大学中国近代史所培养了桑兵、马敏、朱英、虞和平、王奇生等一批高质量的硕士、博士生，一个很重要的原因，是因为这些学生在当时已经具备了相当好的基础。作为国内第一个中国近现代史专业博士生的培养单位，加之章先生又是国内近现代史领域的权威，因此我们近代史所有优势、有条件吸纳全国优秀青年才俊到章门来攻读博士学位。生源质量高，对于导师的指导来说，可以达到事半功倍的效果。但是，相对说来，近些年我们的生源质量有所下降，这就要求我们的导师在指导上要更加投入，更加严格。

第二，要注意学生的游学经历。游学是要求导师在博士生学习阶段为学生创造条件，通过会议、考察、访问等多种方式，带领学生拜访国内同领域的知名专家，一方面使专家了解学生所从事的研究工作，另一方面让学生就相关研究请教于专家，博采众家之长。

第三，将个性化指导与激励、鞭策相结合。在确定选题之前，一定要先了解学生的研究兴趣、知识背景、特长所在，使选题尽可能量身打造，符合学生个性。激励与鞭策也是很重要的，我们现在在国家层面上有优秀博士论文的评选，这不仅是学生努力追求的一个目标，对学生也是一个很好的激励。但我个人总认为，这种激励方式有些功利化色彩，功利性追求是外在的，容易被放弃，毕竟能够获得全国优秀博士学位论文的总是凤毛麟角，但是，如果我们倡导“将博士学位论文当作学术事业的一个高峰”，使之内化为博士生的一种学术志向、一种事业追求，那将更加具有激励作用。我们华中师范大学前几届中的获奖者都不是以追求全国优秀博士学位论文为目标的，最后他们的博士学位论文能够被评为全国优秀博士学位论文，很大程度上是“将博士学位论文当作学术事业的一个高峰”的一个副产品。

第四，施行分层培养。我们虽然对所有学生都提出“将博士学位论文当作学术事业的一个高峰”的要求，但是，将属于学生个人的一个个高峰放到同行中加以比较，一定还是有高有低的。从培养单位来看，应该分层培养，采取有力措施，在奖学金分配、创新基金提供、出国出境游学等方面向优秀博士生倾斜，解决有希望获得全国优秀博士学位论文荣誉的博士生的后顾之忧。此外，在导师的考核方面，对这部分博士生的导师要实行任务减免，使其全心指导博士生撰写高水平的博士学位论文。

第五，注重博士生理论的综合性、交叉性。社会科学越分越细，但社会科学上的问题大多具有综合性。在历史研究中，历史现象、历史事件并非单纯的政治现象、政治事件，往往涉及经济、社会、文化、心理等多层面，这就需要我们掌握相关学科的理论与方法，展开综合研究。

第六，指导学生多读本领域的优秀博士学位论文，吸取他人长处。

以上只是个人对博士生培养过程的一点感性认识，每个学科都有自身的特点，即便是同一学科，每位导师也都有自己的一套做法，如果我的发言能够使有的同学在攻读博士学位或者年轻导师在指导博士生的过程中提高效率，那就算是起到了抛砖引玉的作用，我的目的就达到了，我也期待着学习兄弟院系和各位专家的成功经验。

谢谢大家！

（附记：2010年6月6日，我应华中科技大学研究生科学技术协会邀请，为该校第四期优博论坛作了题为“把博士学位论文当作学术事业的一个高峰”的演讲，本文根据在论坛上的发言整理而成。）

第三篇

教改探索留书香

从读书到教人读书，从教人读书到如何教人更好地读书，我的人生始终没有离开过书，从学生到老师，从老师到学校管理工作者，我一直没有离开过华中师范大学。2008年到2014年我任历史文化学院院长，推动了“研教双优”人才培养模式改革。2014年初我开始分管华中师范大学的教学工作，与同事们一道推进信息技术与教育教学的深度融合。在实践过程中，我提出了“学术·技术·艺术”高度融合的大学创新课堂标准，并投身教学改革，探索信息化背景下的人才培养之道。改革有阵痛，探索很艰辛，苦辣酸甜咸，五味杂陈。本篇收录的文章是我对大学教学改革的思考，或为理论探讨，或为经验总结，主要围绕如何教人更好地读书、更好地成人成才而展开，这段经历在我职业生涯中不可或缺。

精心培育擅教善研的“双优型”人才

——华中师范大学历史学“研教双优型”人才培养模式的创新实验

2008年，我校历史学科在教育部人文基础学科科学研究与人才培养基地的基础上，再获国家教育部、财政部批准，立项建设“研教双优型”人才培养模式创新实验区。2009年，历史学又获评为国家级特色专业，这既是对历史文化学院本科质量工程建设的肯定，又对我们提出了更高的要求。围绕着如何将学生打造为擅教善研、专精复合的“研教双优型”历史教师，实验区立项建设以来，学院教职工大胆探索，在课程设置、课堂建设、课堂延伸等方面采取了一系列措施，基本形成了宽口径、厚基础的模块化课程设置，以师为导、生为主的研讨式课堂教学模式以及重艺术、强技能的课堂延伸和教育实习体系。

一、宽口径、厚基础：模块化的课程设置

我校历史学门类由历史教育、基地班、文化遗产与文化产业三个专业构成，以历史教育专业学生为主，全部为免费师范生。三个专业的课程体系均由三大模块构成，即通识类、专业必修类、专业选修类。通识类课程除马克思主义、英语、高等数学、计算机、数据库等基础课外，还规定学生必须自主选修理科类、艺术类课程，以提高学生的科学素质与艺术素质。专业必修类课程包括历史学专业基础课和教师教育课程，前者主要有中国通史（古代史、近现代

史、当代史)、世界通史(古代中世纪史、近代史、现当代史)、中国历史文选、历史科学概论等,教师教育课程除教育学、心理学、历史学科教学论外,我们还特地设置了教师口语、教师书法、现代教育技术、历史教学技能训练等课程,使学生掌握必备的教育教学技能与艺术。专业选修类课程则结合本院教师研究状况开设,开设的各种课程多达105门,这类课程旨在加深、拓宽学生已有历史知识,注重学生研究能力的培养。在三大模块课程中,历史教育专业更加重视基础课程,学分分布依次为47、67、34,共计148学分,学分分布比例分别为32.9%、44.7%和22.4%。基地班更加注重培养学生更为宽阔的视野和较强的研究能力,其中,通识课、选修课的学分分别为47和48,占总学分的比例分别为34.8%和35.6%,相比之下,专业基础课的学分及比例依次为40学分和29.6%。

为强化基础教学,我们采取了一系列措施:一是大力加强精品课程建设。近年来,我们围绕历史学人才培养模式改革,积极申报国家级精品课程,先后获得中国近代史、中国历史文选、中国近代史纲要、中国古代史等四门国家级精品课程,并由知名教授领衔组成强大的师资队伍,如中国近代史教学团队有马敏、朱英、刘伟、彭南生等教授加盟,中国历史文选以周国林、刘韶军、董恩林、张固也等教授为主体组织教学力量。中国古代史教研室通过长期不懈的努力,在教学团队、课程群、网络教学资源、教学改革等方面取得了明显进步,终于在2010年获国家级精品课程立项建设。截至目前,中国近代史国家级精品课程已通过专家验收,并被评定为优秀,其他精品课程建设扎实向前推进。除此之外,学院还有世界近代史等省级精品课程。

二是开发具有本校特点的系列化教材,在课堂教学中深受学生欢迎。近几年来,我们先后组织编写了《中国文化概论》《中国近现代史》《中国当代史》《世界通史(古代中世纪卷)》《世界通史(近代史)》《世界通史(现代卷)》《中国历史地理学导论》《文化学》等系列教材。这些教材不仅深受学生欢迎,而且产生了广泛影响,有些还被多所大学采用。如周国林主编的、由中华书局出版的《中国历史文选》,在"选目""解题立意""编排格式""图文配合"以及"附录"等方面具有鲜明的特点①。章开沅、朱英主编的《中国近现代史》

① 李晓明:《谈〈中国历史文选〉教材的特点》,见彭南生,邢来顺,尤学工主编:《研教双优 彰显特色——华中师范大学历史文化学院本科教学研究论集》,湖北人民出版社2010年版,第253—262页。

2009年由河南大学出版社推出，该教材邀请了武汉大学、中山大学、湖南师大、南开大学、中山大学、北京师大、郑州大学等国内多位从事中国近代史教学与研究的学者参与编写，不仅突破了传统的中国近、现代史分界线，将1840—1949年间的历史作为一个整体，而且多有创新，如："注意历史新知识的增补、传授，也注意新理论、新观点、新方法的介绍，史实的叙述尽量精练，减少篇幅，学术研究的介绍则加大篇幅，不仅向学生讲授什么是近代史，同时也引导学生学习怎样认识近代史。"同时，每章正文后"列本章小结、学术综述、参考书目和思考题，目的是开阔学生视野，促使学生将课内学习与课外学习有机结合，激发学生的思考和研究兴趣"①。该教材出版后，深受授课教师和学生的喜爱，"是反映史学发展趋势和适合阅读对象的成功之作"②，已陆续被南开大学、中山大学等国内著名高校的历史专业作为教材使用。

三是坚持教授授课制。我院现有教授38人，是教师队伍的主体，他们教学经验丰富，学术造诣深厚，教学艺术高超，其课堂深受学生的欢迎。但教授们课题多，科研压力大，加之时下科研工作实行量化考核，使得教授们给本科生上课的积极性不高。为了鼓励教授给本科生讲课，我们将教学与科研放在同等重要的位置。在聘任时，如果教授的本科生教学工作不达到一定的课时，将会影响其下一轮聘任；在年度考核中，如果教授没有本科生教学课时工作量，则教学考核为不合格，进而影响其绩效工资。这样的制度设计旨在确保每位教授每一学年至少为本科生开设一门课程。

二、师为导、生为主：研讨式的课堂教学

传统教学的"一言堂"或"满堂灌"，不给学生思考的余地，久而久之，养成了学生学习上的惰性，形成上课做笔记、下课整理笔记、考前背笔记（有些懒惰的学生甚至省去了前两个环节，只是到了考试的时候才匆忙复印同学的笔记）的学习模式。创新型人才不仅需要知识的积累，更需要宽阔的视野，发散性的思维，因此，传统教学模式难以满足创新型人才培养的需求。大学教学

---

① 章开沅，朱英：《中国近现代史》，河南大学出版社2009年版，第691页。

② 吴兴星，何芸：《一部推陈出新的中国近代史教材——评章开沅、朱英主编的〈中国近现代史〉》，载《近代史学刊》（第7辑），华中师范大学出版社2010年版，第215页。

不再只是知识的传授，而是更注重能力的养成，研讨式教学的特点旨在强调学生学习的主动性和教师授课的引导性，改变学生被动接受的学习方式。

为加强研讨式教学，在“研教双优”人才培养模式创新实验区内，我们鼓励各专业、各课程的教师积极进行探索，并采取课题立项形式加强研究，大胆实践，及时进行理论总结、提炼与升华。这样的课题较多，如周国林主持的“《中国历史文选》教学与人文素质培养”、洪振强的“研教双优教育模式下的课堂建设——以‘中国现代史’课程为例”、江满情的“《当代中国史》课程探究式教学研究”、尤学工的“理论的位置——《史学概论》研究型教学探研”、吴琦的“学生学术前沿意识的培养与训练——以《明清史》《社会史》为平台的教学探索”、李晓明的“中国历史文选与其他相关学科的沟通融合研究”、马良怀的“《魏晋名士与清谈》授课实录”、刘固盛的“《中国文化史》课程教学改革与大学生人文精神培育”、魏文享的“方法与经验：中国近代史教学中学生研究意识的培养路径”、冯玉荣的“免费师范生历史教育专业课程建设——以《中国古代史》为例”、黄尚明的“文化遗产与文化产业专业实践教学探讨”、杜芳的“高师历史专业师范生职业素养培养的实践探索与创新研究”、张明生的“构建第二课堂，提升学生综合素质”等。通过上述课题立项研究，教师们不仅提出了很多创见，如建议在院系网页上开辟交流平台，用于师生交流和在线答疑，根据学生兴趣爱好，建立QQ群，交流学习心得体会等，而且在教学中付诸实践，取得了良好的效果。

近年来，研究型课堂实践在实验区内逐渐推广，如中国古代史课堂“以问题为中心，注重专题讨论”。如在课堂上，教师会提出这样的问题：“从新儒学的复兴和文化下移的角度、贵族政治向官僚政治转变的角度、商业革命的角度、科技进步的角度探讨转型时期的社会问题”，并将学生分成若干个兴趣小组，每一小组重点围绕一两个专题作主题发言，其他学生补充，主讲教师点评。这种以问题为中心的教学方式，“充分调动了学生的学习兴趣，充分发挥学生的主体性、积极性和创造性，大大活跃了课堂气氛和学生思维”①。教授中国当代史课程的教师尝试开展“轮流式”互动教学，依据基本内容及发展阶段将课程分为24～26个专题，开列相关论著目录，每个专题的讨论以一个学

① 冯玉荣：《中国古代史课程“研究型”教学的实践探索》，见彭南生，邢来顺，尤学工主编：《研教双优　彰显特色——华中师范大学历史文化学院本科教学研究论集》，湖北人民出版社2010年版，第253—262页。

习小组为核心，轮流进行。各小组围绕问题精心准备，在讨论时，重点发言，讨论中所有小组同学相互启发，通过争论，学生发现问题和解决问题的能力提高了①。世界近代史课堂长期坚持本科生的科研能力训练，探索五步教学法，即选题、辅导、写作、交流、点评，“激发了大学生的求知欲与想象力，培养了他们的求异思维和探索精神，也培养了学生的学习能力、创新能力、交流能力”②。专业选修课更多地采取了研讨式的教学方式，在“宋史”课堂上，“形成‘对话式’、‘商讨式’或‘答辩式’的教学氛围，经常保持课堂中具有教与学的双向交流”，通过研讨式教学，构建了“师生参与互动—座谈研讨—科研实践一体化的复合型的多样化的教学模式”，这种教学模式就是把课堂教学与学生的课堂内外实践、科学研究融为一体。③

在“中国近代史研究专题”教学中，任课教师朱英教授充分运用现代网络手段，在学院网站专业论坛 BBS. DONG. HUBI. CN 开设网络论坛，由教师、助教担任论坛版主，加强师生之间的联络和沟通，通过网络论坛向学生提供必要的专业学习资料，并辅助课堂讨论。网络论坛有效地拓展了课堂，收效显著。据悉，“在这一个学期中，本论坛共发有近百个主题帖，跟帖也达到近五百个，点击量更高达逾万之数，很快就一举超过在该网络社区原已开设多年的众多论坛，成为主题帖，跟帖数量、点击次数最多的一个论坛，十分引人瞩目”④。研讨式教学取得了明显的效果，“中国近代史研究专题”的课堂讨论使得学生“学习积极性变强”“表达概括能力、文献检索能力以及分析能力提高显著”“专业认同感增强”“发现问题、思考问题的能力增强”⑤ 等。

---

① 江满情：《实施研究性教学：高校“当代中国史”教学改革研究》，见彭南生，邢来顺，尤学工主编：《研教双优　彰显特色——华中师范大学历史文化学院本科教学研究论集》，湖北人民出版社 2010 年版，第 151—159 页。

② 李其荣：《本科生科研能力训练与创新型人才的培养——一种教学方式的探讨》，见彭南生，邢来顺，尤学工主编：《研教双优　彰显特色——华中师范大学历史文化学院本科教学研究论集》，湖北人民出版社 2010 年版，第 18—36 页。

③ 张全明：《〈宋史〉教学内容优化与方法创新研究》，见彭南生，邢来顺，尤学工主编：《研教双优　彰显特色——华中师范大学历史文化学院本科教学研究论集》，湖北人民出版社 2010 年版，第 183—193 页。

④ 朱英，李里：《网络论坛在历史学本科研究型教学中的运用》，载《历史教学问题》2010 年第 5 期，第 114—116 页。

⑤ 朱英，李里：《高校历史学研讨式教学如何开展课堂讨论——以“中国近代史研究专题”研究型课程为例》，载《历史教学》2009 年第 18 期，第 68—73 页。

多元化的考核是检验研究型课堂效果的有效手段，也是克服一张试卷论优劣的重要教学评价方式。研讨式课程大多采取了多元化的考核，如在世界近代史课堂上，任课教师对学生成绩的评价主要包括“学生的课堂参与程度、小组课题合作程度、课堂的语言表达以及课程论文的研究质量等方面”①。中国古代史的课程成绩“由讨论、作业、论文撰写、课题研究、社会调查、考试等多种检测指标来决定”②。

可见，研讨式教学将学生的课前准备、课堂讨论、课后论文有机地联为一个整体，在这个过程中，通过课前准备，学生提前进入角色，学术视野扩大了，发现问题的能力提高了，文献检索能力增强了。在课堂讨论中，同学们的交流互动能力、语言表达能力、即兴思维能力等都得到了不同程度的提升，课后论文则是培养学生科研能力的一个关键环节，是学生选题、资料搜集、解读与运用、写作技巧与规范训练的一种综合实践。总之，研讨式教学的大力开展是“研教双优型”人才培养模式的一个主要特色。

三、重艺术、强技能：课堂延伸与实践教学

教学是一门艺术，涉及课堂组织、演讲技巧、板书设计、粉笔书法艺术等多个环节，优秀教师的课堂对学生来说是一种艺术的享受，往往能产生事半功倍的效果。要当好一名优秀的中学历史教师，不但要擅长讲演、板书等传统教学艺术，更要懂得多媒体教学等现代教学技能，这是在长期的教学实践中习得的，但大学阶段教学艺术的理论修养和必要的教学技能训练对教师的成长十分重要。为了培养“重艺术、强技能”的中学历史教师，一方面，我们在课程设置中将计算机基础、高等数学、多媒体技术与应用等必备的现代教学技能作为通识必修课，将教师口语（普通话）、教师书法、历史教学技能训练、现代教育技术等作为专业必修课，强化学生在教学艺术与技能方面的素养；另一方面，我们有效延伸课堂，通过丰富多彩的课外活动，使学生养成勤动手、善动

① 曾晓祥：《关于研究型教学课堂实践的经验和思考——以〈世界近代史〉教学为例》，见彭南生，邢来顺，尤学工主编：《研教双优　彰显特色——华中师范大学历史文化学院本科教学研究论集》，湖北人民出版社 2010 年版，第 126—131 页。

② 冯玉荣：《中国古代史课程“研究型”教学的实践探索》，见彭南生，邢来顺，尤学工主编：《研教双优　彰显特色——华中师范大学历史文化学院本科教学研究论集》，湖北人民出版社 2010 年版，第 253—262 页。

脑、敢开口的习惯。

为了牢固树立学生“重艺术、强技能”的观念，我院还注重青年教师教学艺术与技能水平的提升，让他（她）们以身示范，现身说法。为此，我们配合学校青年教师竞赛，在院内开展相应的教学比赛活动，40 岁以下的任课教师全部参加，此项活动，不仅让青年教师交流了教学经验，提高了青年教师对课堂教学重要性的认识，而且促进了他们教学水平的提高。为了加强现身说法的效果，我们还开设了中学特级教师讲坛，从全国范围内聘请一批中学历史名师，让他们围绕名师的成长经历、中学历史教学的特点、教学艺术等主题，为毕业班开设专题讲座，深受本科生欢迎。

为了强化对学生教学艺术、教学技能的训练，我们采取了两项主要措施，即有效延伸课堂，强化课外训练，延长教学实习时间，强化实践环节。第一，我院从 2008 年开始举办每年一届的“开沅文化节”①，每年围绕一个主题开展丰富多彩的活动，如名师讲坛、演讲比赛、辩论赛，培养学生开阔的学术视野和演讲技巧等。第二，举办“迈向名师”训练营，开启师范技能教育新篇章。为了培养学生的教学技能，我院坚持开展“迈向名师”教学技能训练营活动。通过举办讲座、经验交流以及粉笔字板书设计大赛、手抄报设计大赛、书法大赛、诗歌散文大赛、经典诗文朗诵大赛、教案设计大赛、说课比赛等一系列活动，对师范技能进行有针对性的培养和训练，提升学生的教学技能和水平，为其今后走向教学工作岗位奠定良好的基础。第三，全力推进“博学计划”，传承“博学育人”精神。从去年开始，我们开展了多层级、多类型的读书活动。各班、各年级、挂靠学院国学社、新学人读书社、朗诵队、辩论队、碎墨杂志社等社团，举办各种形式的读书报告会、读书心得交流会。据统计，学院年均举办各类读书活动近百场，阅读经典已成风气。第四，推出由学生自己选题、自己主讲的“学子论坛”，指导学生自办《文史之舟》《碎墨》等刊物，发表科研习作。第五，延长教学实习时间。在以往 6 周教学实习的基础上，我们调整教学计划，将见习、实习时间延长至 12 周，在实习的同时，要求学生对中学历史教与学的现状展开调查和研究，丰富实践教学的内容。

总而言之，我们围绕擅长研究、善于教学的“研教双优型”人才培养目标，从课程设置、教材建设、教学方式、课堂延伸、实习安排等方面，多措并

---

① “开沅文化节”以华中师范大学历史文化学院教授、博士生导师章开沅先生的名字命名，章开沅系国内外著名历史学家，湖北省首届荆楚社科名家。

举，取得了一些积极成效，但要在整体上形成一套缜密高效的人才培养模式，有待于进一步探索和总结。

（附记：本文原载《中国大学教学》2012 年第 4 期，系作者主持的 2008 年度教育部、财政部“历史学研教双优型人才培养模式创新实验区”项目的阶段性成果之一，时任华中师范大学历史文化学院院长。）

魂、体、用：高校教学改革的三个层面
——以华中师范大学 2013 年人才培养方案改革为例

2013 年，华中师范大学推出了新版人才培养方案，其主要特点有：一、减少课堂学时，将旧方案的 170 左右学分大幅压缩，减至不超过 140 学分，课堂教学时数相应减少。二、调整课程结构，将大类平台课程放入通识模块，将通识选修课程分为人文艺体、社会科学、自然科学三类。在专业课程平台上，除专业必修课外，对专业选修课按研究方向来设置系列课程模块，优化专业核心课程。三、强化研讨式教学方式，确定“2+1”的讲授与讨论构成比例，加大对学生学习过程的引导与评价，提高平时成绩比重。四是转变教育评价方式，加大学生学习过程考核力度，平时成绩最高可以达到课程成绩的 80%。

一年多来，新版人才方案实施效果良好，在调研过程中，我们听到了师生不同程度的好评。同时，我们也听到了少量师生对新版人才培养方案不理解、不满意的反馈。我们甚至发现在日常教学中存在着与改革初衷相背离的现象。因此，有必要对 2013 年人才培养方案修订的理念与举措进行系统的梳理，以进一步推进改革的深入。

一、理念转换：新一轮教学改革之“魂”

人才培养质量的提升，尤其是创新性人才培养质量的提高是新时期高等教育改革的根本目标，为此，必须大力推行教学改革，调整人才培养方案。华中师范大学在广泛调研的基础上，本着将时间还给学生、把方法教给学生的理念，提出了调整人才培养方案的四个维度的转变，即从以教为主向以学为主转变，从以专业教育为主向通识教育和专业教育有机结合转变，从以课堂教学为主向课内外结合转变，从以结果评价为主向以结果和过程评价结合转变。四个转变有助于充分调动学生学习的主动性与创造性，不仅符合教育教学规律，也是新时期我国高等教育综合改革的需要。

现代教育理念要求教师和学生必须转变角色，在新的教育模式中，“老师的角色要转化，教师是学生学习的促进者和帮助者，教师是教育教学的研究者，教师是课程的开发者和建设者，教学过程不只是忠实地执行课程计划的过程，而且是师生共同开发课程、丰富课程的过程，教师必须集中更多的时间和精力从事那些创造性的活动。教学不在传授，而在激励鼓舞，让学生带着个性愉快成长，享受学习、享受学校、享受教育”①。简单地讲就是教师要从知识传授者转向学习引导者，学生从知识接受者转向自主学习者。现代教育理念提倡教学过程以学生为中心，教学过程围绕着学生来设计并展开，用科学的教学方法帮助学生掌握三大能力：批判性思维能力、沟通与理解能力、组织与领导能力。教师在教学过程中应包容、尊重并鼓励学生的独立思考能力与创新精神。现代教育理念还倡导学生自觉、自主、自愿、自乐地学习，以鼓励学生创新、开发学生的潜能为主。但是，在传统教学方式下，教学过程通常以教师为中心，在课堂上教授什么取决于教师有什么。在“满堂灌”的教学模式下，学生只是跟从或盲目模仿，学生获取知识与能力不是建立在自我分析、理解与掌握基础上的深层次创造。

因此，必须改革传统的教学方式，这已然成为教育界的一个基本共识，并且已经上升为国家教育方针。华中师范大学新一轮人才培养方案的修订就是在这一大背景下，结合学校整体发展思路推出的：

首先，2010 年《国家中长期教育改革和发展规划纲要（2010—2020 年）》（以下简称《纲要》）明确提出要“把提高质量作为教育改革发展的核心任务”，深化教学改革，推进和完善学分制，实行弹性学制，促进文理交融。《纲要》要求高校支持学生参加科学研究，强化实践教学环节，健全教学质量保障体系，改进高校教学评估，充分调动学生学习积极性和主动性。2012 年，教育部为落实《纲要》出台了《关于全面提高高等教育质量的若干意见》（以下简称《意见》），该《意见》共三十条，进一步明确高校应“走以质量提升为核心

① 周洪宇等：《第三次工业革命与中国教育改革》，湖北教育出版社 2014 年版，第 124 页。

的内涵式发展道路”，落实文化知识学习与思想品德修养、创新思维和社会实践、全面发展和个性发展紧密结合的人才培养要求，根据实际制订科学的人才培养方案。《意见》强调了“创新人才培养模式”的重要性，提出高校应“创新教育教学方法，倡导启发式、探究式、讨论式、参与式教学”。《意见》提出“强化实践育人环节”，要求“增加实践教学比重，确保各类专业实践教学必要的学分（学时）”。《意见》还明确指出信息化在高校教学改革中的作用，强调“信息化资源共享平台建设”的重要性，提倡高校加强校际开放与合作，推进教师互聘、学生互换、课程互选、学分互认。《纲要》和《意见》明确了我国高等教育今后一个时期改革攻坚的总体战略和目标任务。2013 年 9 月，习近平同志在第十八届中央政治局第九次集体学习时发表重要讲话，号召“深化教育改革，推进素质教育，创新教育方法，提高人才培养质量，努力形成有利于创新人才成长的育人环境”①。

《湖北省中长期教育改革和发展规划纲要（2011—2020 年）》将教育信息化提高到教育现代化引擎的战略地位，提出要坚持以教育信息化带动教育现代化，促进教育内容、教学手段和方法现代化。湖北省是国家教育信息化试点省，作为位于湖北的国家教育信息化试点学校，华中师范大学在教育信息化建设进程中更应有所担当。

其次，近年来，华中师范大学提出了以人才培养质量的提高为根本（“一体”），以信息化、国际化两轮（“两翼”）驱动的发展思路，学校第十一次党代会确定了“一体两翼”的办学思路。国际化、信息化，成为学校驱动新一轮发展，尤其是人才培养工作的两大重要抓手。要充分借助“两化”要素，就必须对既有人才培养方案进行调整，将“两化”要素融入教学方案之中，其中全英文专业、全英文课程建设，加强交换生和短期游学等是国际化的重要体现，运用信息技术进行课程改革，尤其是教育教学模式的创新则是信息化的主要目标。

最后，我校在“学院办大学”的理念下，进行了两级管理体制改革的有益探索，进一步下放了办学自主权。这项改革包括教学、科研、人、财、物、事等在内的责、权、利相配套的改革，人才培养方案的调整，而彰显不同专业、不同课程的差异化、个性化，也是综合改革的一项重要内容。

理念是改革的先导，正确的理念可以成为推进改革的动力，减轻改革成

---

① 习近平：《敏锐把握世界科技创新发展趋势　切实把创新驱动发展战略实施好》，《人民日报》2013 年 10 月 2 日，第 4 版。

本；相反，错误的理念则会成为改革的无形阻力。在新一轮改革中，全校教师与学生必须在理念上达成高度共识，才能确保各项改革措施的顺利推进。从实施情况看，大部分教师与学生能够理解新一轮教学改革的理念，从而使得新的人才培养方案较好地得到落实。

二、教学形态：高校教学改革之“体”

何谓教学形态？简单地说，教学形态是教与学的呈现形式，是教学过程中教师与学生、学生与学生互动关系的总和。传统教学形态主要体现为课堂教学，其主要特点是教师的单向灌输多，师生间的双向互动少，教师是知识的加工与搬运者，学生是知识的接受者，教师是课堂上的讲授者，学生是课堂上的记录者。结果，往往是教师在讲台上讲，学生在笔记本上记，懒惰一些的学生甚至到期末考试时借同学笔记复印，突击复习，不仅省却了上课记笔记之苦，而且能取得高分。久而久之，传统教学形态下的学生养成了被动接受知识的习惯，唯教材独奉、唯权威是尊，优秀的学生，基础知识固然扎实，但思维创造性明显不足。因此，要提高人才培养质量，尤其是创新性人才质量，就必须改变传统的教学形态。

新一轮的教学改革改变了传统课堂一统天下的格局，将一元化课堂教学形态转变为多元并存的教学形态，即传统课堂、网络课堂（在线学习）、混合课堂（传统面授课堂与网络课堂相结合、线上学习与线下学习相结合）多元并存。传统课堂也必须进行改革，尤其是要大力推进研讨式教学，引进网络课堂、混合课堂；同时，借助信息技术（“云端一体化”的教育云服务体系），实现交互式、体验式、混合式教学。

实体课堂仍是信息化时代高校教学的基本形态，教师与学生面对面的授课不仅是学生获取知识的重要途径，而且是传承校园文化的重要载体，学生与教师，尤其是名师面对面的接触与思想碰撞，不仅可以使学生近距离地感受名师风采，而且可以使学生在潜移默化中感受他们的人格魅力，陶冶学生的高尚情怀，产生春风化雨般的效果，这是其他任何形态的教学方式取代不了的。实体课堂是网络课堂的基础，实体课堂效果的好坏直接影响网络课堂质量的高低，尤其是网络视频资源建设的质量，一个在讲台上授课不受学生欢迎的教师，很难想象其网上视频能吸引学生。但是，实体课堂也必须改变过去那种单向知识灌输的教学模式，增加讨论、辩论等方式，强化师生、生生间的互动，使学生从被动的知识接受者向主动的知识获取者、知识探究者转变。

混合课堂是实体课堂与网络课堂的结合体。一部分适合于网上教学的单元可以采取录播视频方式开展教学，一部分内容可以采取知识资源方式在网上呈现，网络课堂可以实现优质教育资源的共享，满足学生自主学习的个性化需求。但是，并非所有课程都适合以网络课堂方式教学，如操作性强、思想性强的课程，还是应以教师在讲台上讲授以及师生讨论的方式组织教学为宜，这样可以增加教师的示范性，让学生感知教师思想的脉动，进而形成一种面对面的碰撞与交流。知识更新频率高、速度快的课程也不适合于视频教学，因为等到视频上网时，教师上传的知识资源或许已经过时了，这样会增加巨大的教学成本。政策性强的课程，一般来说，知识的时效性短，也不宜采用网络教学，强调演算过程、逻辑推导的课程，如高等数学等，也不适合于网络教学。混合课堂有多种方式，微观上是指一节课内一方面充分利用网上资源，另一方面充分运用讲台艺术；中观上是指一门课程中部分内容采用实体课堂教学、部分内容采用网络课堂教学；宏观上是指同一专业中部分课程采用实体课堂教学，部分课程采用网络课堂教学，至于两者间的比例以及哪些课程、哪些内容适合于哪种教学形态，则应由教师自主掌握。

除面授课堂外，我们还需要大力拓展网络课堂。随着互联网技术的日趋成熟与广泛运用，网络课堂的比例还可逐步增加。网络课堂的形式多种多样，总体上包括视频资源课堂与知识资源课堂两部分，视频资源课堂又可分为实时直播课堂（即同步课堂）、实时录播课堂（异步课堂），在人文通识课中，学校应大力引进、推广一定比例的网络课堂，把那些艺术水平高、人文内涵丰富、思想深邃的校外课堂视频化。同时，将我校效果好的人文通识课推向校外，实现校际优质资源的互补与共享。知识资源的数字化是网络课堂建设的重要内容，它不仅满足了学生随时、随地自主学习的需求，而且节约了实体课堂上的讲授时间，从而实现实体课堂的“反转”，教师可将更多的时间用于答疑、研讨等。

在新版人才培养方案实施中，我们要对现有3000门课程认真研究，科学分类，确定哪些课程适宜于网络课堂，哪些适合于面授课堂，哪些需要运用混合课堂。随着教育信息技术的进一步完善，三者的共存、互渗将成为大学教学的新形态，形成你中有我、我中有你、取长补短、相互借鉴的局面，共同促进人才培养质量的提高。

三、信息技术：高校教学改革之“用”

高校教学改革势在必行，但是，改革究竟从何入手？经过广泛调研和顶层设计，学校找到了国际化和信息化这两个重要抓手。在国际化方面，加大中外合作办学规模，实现优质教育资源的引进，加大全英文专业和全英文课程建设力度，扩大交换生比例，利用第三学期增加短期游学生人数，培养具有国际化视野、通晓国际语言的各类专门化人才（笔者将另文详述，此处从略）。在信息化方面，以信息技术助力教学改革，用教学改革进一步检验、完善教育信息技术，从而实现两者的深度融合。

人类社会已经进入信息化时代，以3D打印机为代表的数字技术已经悄然进入工业生产领域，互联网的广泛应用也大大促进了信息技术与教育教学的结合，教育信息技术突破传统教学活动的时空限制，满足了学习者的个性化需求。可以说，在高校教学改革中运用信息技术的时机已经成熟，学校在新一轮教学改革中牢牢抓住信息技术这个“用”，把信息技术与教学改革有机结合起来，宏观结合转观念，中观结合调方案，微观结合改课堂。

新的人才培养方案实施前夕，学校花了很大精力组织教学骨干集中轮训或选送青年教师出国培训，以他们为种子，带动更多教师积极投身教学改革，宏观上转变了师生观念，提高了师生对信息技术的认识。信息技术是为教育改革发展服务的，它不仅是促进教育公平、提高教育质量的有效手段，也是促进教学模式变革、推动教育现代化的重要载体，尤其是信息技术在促进“以教为中心向以学为中心转变”中具有重要的作用，不仅丰富了转变教学方式的手段，而且为学生的自主学习提供了生动活泼的载体。在中观层面上，经过广泛讨论，学校对旧方案进行了大幅调整，压缩学分，缩减面授学时，加大通识课比重，丰富教学形态，引进网络课堂并加大建设力度。微观上，在课堂教学中，加大研讨式教学比重，运用信息技术支持翻转式课堂建设。

信息技术的运用将极大地促进教育教学现代化，但信息技术本身并不等于教育现代化。高校在新一轮的教学改革中必须抓住信息化的“用”，但又不可为了技术而信息化，而是要努力促使信息技术的“用”与教学形态的“体”的深度融合，“使信息技术进入教育教学全过程，在信息技术支撑下改革教学方法和模式”①。客观地讲，信息技术与教育教学的结合经历了一个由浅入深的过程。PPT在课堂教学中的辅助运用，可以说是信息技术与教学的浅度结合，PPT的功能主要是将粉笔板书改成了电子板书，但依然没有改变以“教”为中心的传统教学模式，信息技术与教学过程的深度融合还没有成为教师的自觉

① 杜占元：《改革创新，加快推动教育信息化发展》，《中国教育报》2013年11月29日，第1、3版。

意识与行为。随着信息技术的发展和网络教学资源的云端化，教师从备课到辅导答疑、学生从预习到考试等一系列教与学的环节均发生了彻底变化，学习成为学生的自主行为，教师在课堂上只是问题研讨的引导者，启发式讨论、批判性思维成为信息技术支持下的课堂的核心元素。一年来的运行实践表明，学校师生观念为之一新，对新方案的态度由不理解逐渐转变为基本支持，并在教学中尝试深度融合。以问题为导向，借助信息技术手段，以任务驱动教与学，正在部分师生中成为现实。教学方式也在悄然发生改变，如部分课程线上学习、讨论一体化，部分课程线上学习与线下课堂讨论结合，等等，这些都说明，新的教学改革获得了良好的开局。

但是，万物之初，其形必丑。高校教学改革是一个复杂的综合工程，信息技术在教育教学中的运用也才刚刚起步。毋庸讳言，学校新一轮教学改革中，教育信息技术开发与运用方面还存在着一些问题：现有技术水平（如宽带速度、软件完美度与简洁度、网上监测精准度等）和教学方式还不能较好地为个性化学习提供支持，这增加了师生教与学的成本，进而影响教学效果；教师运用教育信息技术的基本能力有待进一步提升；学生运用网络进行自主学习的认识还需要进一步深化。各项改革（如两级管理体制改革、“三公”课程改革、教务管理改革）之间的配套措施有待进一步衔接和完善。当然，这些问题都是改革与发展过程中出现的问题，也只有通过进一步改革才能彻底消解这些问题。

总之，在新一轮教学改革中，教学理念、教学形态与教育技术是不可分割的一个整体，相互促进，缺一不可。没有真正树立起“学习者中心论”的理念，教学形态的改革将很难推动。教学形态的多样化不仅有助于优质教育资源的共享，实现教学模式与方法的改革，而且将促进以学生为中心的教与学的理念更好地落实。信息技术的发展为教育教学发展带来动力，助推教育内容、方式和模式的深刻变革。

（附记：原载《中国大学教学》2015 年第 12 期。2015 年我参加国家教育行政学院第 46 期高校校长培训班，该文是培训班学员调研成果，曾获得该期培训班优秀调研成果一等奖第一名。）

论专业课程发挥思想政治教育功能的三个维度

高等教育要回答好“培养什么人、如何培养人以及为谁培养人”这一根本问题，离不开思想政治（以下简称“思政”）教育。思政教育是立德树人的重要手段，包括思政课程教师、高校党团干部、政治辅导员在内的思政队伍是高校思政教育的主体。但是，思政教育绝不仅仅是几门思政课程和思政工作者的事。随着时代的发展，思政工作越来越复杂，要求越来越高，难度越来越大，因此，只有全体行动起来，才能形成全过程育人、全方位育人的氛围，达到预期的效果。习近平总书记在全国高校思想政治工作座谈会上指出：“做好高校思想政治工作，要因事而化、因时而进、因势而新。要遵循思想政治工作规律，遵循教书育人规律，遵循学生成长规律，不断提高工作能力和水平。要用好课堂教学这个主渠道，思想政治理论课要坚持在改进中加强，其他各门课都要守好一段渠、种好责任田，使各类课程与思想政治理论课同向同行，形成协同效应。”① 诚然，包括专业课在内的课堂教学是人才培养的主渠道，在思政教育中理应发挥主渠道功能。大别而言，课程教学包括思政理论课程和专业课程两大类，理论界对思政课程建设论述较多，但对如何发挥专业课程在思想政治教育中的功能，仍有探讨的余地。本文重点结合中国近代史专业课程的教学实践，就课程思政的三个维度谈一点粗浅的看法，以就教于思政教育专业和一

① 习近平：《把思想政治工作贯穿教育教学全过程 开创我国高等教育事业发展新局面》，《人民日报》2016 年 12 月 9 日，第 1 版。

线的教学工作者。

一、课程思政：思政教育的有机构成

课程思政是指在专业课程的教学活动中开展思政教育，它是学校教书育人的主渠道，在高校思政教育中具有不可替代的重要地位。

第一，专业课程是师生教学活动的主要载体，通常由专业基础课、专业主干课和专业选修课等模块构成，是一个完整的知识体系。其内容不仅包括本专业的基本知识架构，而且反映了该领域的前沿研究动态。唯其如此，才能培养出专业基础扎实、学术视野宽广的创新型人才。各专业领域虽然关注的问题各有侧重，理论方法千差万别，但是，从宏观指向上看，不是探索自然规律，就是研究社会问题，或者关注人与自然、人与人的关系。如何处理人与自然、人与人的关系，本身就是思政教育的重要内容。第二，专业课教师在学生中的认可度高。他们大多具有深厚的学科素养，受过专门的学术训练，能够站在科学研究的最前沿，其自身的成长过程能够产生一定的示范效应，能对学生的成长起到励志作用。第三，专业课程在学生中更加受重视。专业课程不仅是区别学生专业方向的主要标准，还是学生未来提升职业能力的基础。无论是进一步深造，还是选择就业，专业课程成绩的好坏，都是重要依据，因此，主观上学生更加重视专业课的学习。

长期以来，我国高校思想政治教育都是以思政课程为主，发挥主渠道作用，为学生健康成长奠定了世界观、人生观、价值观基础。但是，人的思想问题是错综复杂的，不是某个或者某些学科能够独立解决的，而思政课程体系虽然内容丰富，文、史、哲、经、法等无所不及，但大多点到为止，难以深入。同时，由于课时限制，教师只能浅尝辄止，无法在课堂上充分展开，这在一定程度上影响了思政课程育人功能的发挥。以中国近现代史为例，笔者长期从事中国近现代史的教学与研究工作，作为一门“思政课程”，中国近现代史纲要总学时 48 节，每周 3 学时，从 1840 年至十九大召开，时间跨度大，内容极其丰富，要在 48 节课的教学中讲深讲透，难度的确太大。教师的课堂教学要么把教材内容粗线条地拉一拉（这与中学相关课程的教学内容没有什么显著区别），要么重点突出某些内容，其他内容让学生课后带着问题阅读教材。但现有教材 30 万字篇幅，文字精练有余，生动不够，可读性不强。这不仅是中国近现代史纲要课程存在的问题，也是当下马克思主义基本原理概论、毛泽东思想和中国特色社会主义概论、思想道德修养和法律基础等思政课程存在的共性问题，讲得太多，时间不够，讲得太少，形同说教。因此，思政课程之外，课程思政就显得格外重要。

二、内容思政：课程思政的重要载体

内容思政是指任课教师结合专业课程知识开展的思政教育活动。

作为一个专业完整的知识体系，专业课程的学习为学生未来从事某一领域的深入研究或从事某些特定职业打下牢固的基础，某种意义上讲，专业课程的知识体系仅仅只是体现工具理性，而学生如何运用好这些知识，则取决于其价值理性。爱因斯坦曾经对加州理工学院的学生说："如果你想使你们一生的工作有益于人类，那么，你们只懂得应用科学本身是不够的。关心人的本身，应当始终成为一切技术上奋斗的主要目标……保证我们科学思想的成果造福于人类，而不至于成灾祸。在你们埋头于图表和方程时，千万不要忘记这一点！"①所有专业课程和通识课程中都蕴含着特定的文化基因和价值观念，都可以在课堂上开展思政教育。社会科学中关于道德伦理、美学艺术、辩证思维的内容博大精深，自然科学中关涉到伦理价值、道德责任和家国情怀的内容同样浩如烟海。教师只需要在讲述中将其提炼出来，在知识传授中融入理想信念层面的精神指引，便能产生和风细雨、润物无声的效果。

课程思政就是要挖掘所有课程的隐性教育资源，传授有向度、有温度、有厚度的知识。课程思政的知识传授不局限于单纯的学科知识，教师在引导学生学习知识的过程中体验和感知科学的魅力，在知识传授的同时引入人文情怀和价值思考，从而实现课程思政的育人功能。无论什么专业的课程，很难说其中没有思政元素，关键在于我们愿不愿、能不能挖掘，并恰当地运用这些资源。比如，在大数据与人工智能课程中，教师可以结合内容讲述精益求精的科学精神，如精确制导，哪怕一个小数点的错误，可能就导致偏离目标很远。正所谓失之毫厘，差之千里。在企业经营管理课程中，教师可以通过成功企业家的故事，讲述质量至上，诚信第一的企业精神。在物理、化学等有关课程中，科学家献身科学的精神，严谨、务实的科学态度，批判与质疑的创新意识，科学研

---

① 许良英，赵中立，张宣三编译：《爱因斯坦文集》（增补本，第三卷），商务印书馆 2009 年版，第 89 页。

究过程中的合作理念等都可以贯穿到教学活动中。在体育专业的有关课程中，教师可以讲述团结、协作的精神对赢得胜利的重要性。文学、艺术类教师可以在作品赏析课上对学生介绍作品创作的时代背景及作者的民族自信、家国情怀，从而引起学生的共鸣。理工科教师可以在专业课讲授中穿插我国现代科技的进步及目前我国与欧美强国的差距来激发学生的科技强国热情等。这些都有利于提高专业课程的思政教育效果。

具体到中国近代史这门专业课程，虽然时间只有八十年，但内容却相当丰富，不仅要使历史专业学生系统掌握中国近代历史的演进及其特点，中国近代政治、经济、社会、文化发展变化的脉络及其趋势，中国近代史学术前沿研究动态等，还须通过相关内容的讲授、讨论，取得良好的思政教育效果。比如，教师可以通过全面分析两次鸦片战争、1884—1885 年中法战争、1894—1895 年中日甲午战争、1900 年八国联军侵华等一系列历史事件发生的原因、过程及其结果，使学生深入思考西方列强为什么要、为什么能把一系列战争强加给中国？进而揭示帝国主义的掠夺本性与霸权逻辑，以及清政府为什么在战争中一败再败、不败而败？进而让学生牢记愚昧、腐败、软弱、落后是导致被动挨打的惨痛教训。再比如，通过系统探讨洋务运动、戊戌变法、清末新政等重大改良运动的兴起及其结局，可以说明在近代中国依靠清政府自上而下的、枝枝节节的改良，不可能达到富国强兵的目的，改良主义道路在中国近代行不通。又如，通过重点考察护国运动、护法运动、新文化运动、五四运动等一系列重要历史事件的发生，说明在近代中国反对封建帝制、追求民主共和的历史艰巨性。教师还可引导学生了解太平天国运动、义和团运动、辛亥革命及历次反侵略战争中中国军民英勇抵抗的爱国行为，从而展现中国人民反帝反封建的斗争意志和爱国主义精神。所有这些，无须任课教师刻意渲染，苦口婆心说教，只需教师在课堂上娓娓道来，充分摆明史实，或组织学生开展理性的课堂讨论，辨是明非，便能产生春风化雨般的效果，从而达到学史明理，学史增信的思政教育目的。

三、实践思政：课程思政的重要方式

实践思政是运用参与、体验等手段，通过科学实验、社会实践等活动，让学生了解、熟悉并掌握知识产生和运用的过程，进而养成科学精神、实践意识的思政教育。

现代科学知识的产生途径大别为二：一是在科学实验、社会实践的过程中产生，并经过科学实验、社会实践的检验；二是在现有知识的基础上，经过严密的逻辑推演生成，但这些知识仍需要经过实验的验证或实践的检验。前者运用归纳法，后者适用演绎法，但无论哪种方法，最终只有实践才是检验真理的唯一标准。因此，知识与实验、理论与实践是须臾不可分离的一对孪生兄弟。

知识是人类进步的阶梯，后人总是在前人的肩膀上向上攀登的。前辈学者已经将经过实践检验的知识编写成系统的教科书，并形成严密的知识体系，学校教育将各种专门的知识通过系统的课堂教学传授给学生，使后来者可以少走弯路。但是，纸上得来终觉浅，绝知此事要躬行。古今中外的教育家、科学家和著名学者都十分重视“知”与“行”的关系。马克思在《关于费尔巴哈的提纲》中提出要坚持从“感性的人的活动”，也就是从实践活动中理解人，“人应该在实践中证明自己思维的真理性”①，强调实践对认识的促进作用。明代学者王阳明“心学”理论的核心就是认识与实践的关系问题，即著名的“知行合一”理论。他说“知行原是两个字，说一个工夫”，“知是行的主意，行是知的功夫；知是行之始，行是知之成……只说一个知，已自有行在；只说一个行，已自有知在”②。王阳明的知行论阐释了两层意思，一是知中有行，行中有知，二是知行是一个功夫的两面，二者不能分离，也没有先后。单纯只有知还不够，知而不行无益于社会进步。我国近代著名教育家陶行知继承并发展了王阳明的“知行合一”思想，进一步提出“行是知之始，知是行之成”③ 的观点，后来干脆将自己的笔名改为“行知”。他将晓庄师范的校训定为“教学做合一”，也是颇具深意的。

近代以来，自然科学领域的重大发现离不开科学实验。实验的过程需要有科学家长年累月的坚守，日复一日的坚持，科学家要耐得住枯燥和寂寞，承受短期内没有任何进展甚至失败的风险，没有献身科学的精神，是难以数年乃至于数十年，数千次乃至数万次重复同一科学实验的。任何重大发现的科学实验都必须是可重复的，没有万无一失的科学态度，持之以恒的意志和毅力，就可

---

① 中共中央马克思恩格斯列宁斯大林著作编译局编：《马克思恩格斯选集》（第1卷），人民出版社2012年版，第133—134页。

② （明）王守仁：《传习录》，见王晓昕，赵平略点校：《王阳明集》，中华书局2016年版，第4页。

③ 陶行知：《行是知之始》，见董宝良主编：《陶行知教育名篇选》，人民教育出版社2012年版，第28页。

能出现不可靠的数据甚至造假。因此，实验是课程思政的鲜活案例，让学生参与科学研究和科学实验，不仅在于使学生掌握科学实验的理论与方法，更重要的是养成尊重科学的态度和献身科学的精神。

人文社会科学离不开实践，取决于人文社会科学探究人类社会的属性。古人云，读万卷书，行万里路，强调了书本知识与实际相结合的重要性。当代著名史学家、华中师范大学教授张舜徽先生生前经常告诫学生读“无字书”的重要性，他指出世界上有两本书，一本是有字书，另一本是无字书，社会就是一本无字书，它需要我们深深地读，细细地品，观察社会需要深入社会，有时需要在社会的危难时刻，在人类的危机中去深入体悟。比如，经济学家关在象牙塔里用数理逻辑的方法演绎出了许多经济模型，但是，这些模型是否有效，还须得到现实社会的检验，因为社会的复杂不同于模型世界里的设定条件。同样，教学工作不能总是局限于教室，局限于网上，而应该适当走到现场，以社会为课堂，加强实践。当下网上教学流行，我们要充分利用它的优势，但是，网上教学的弱点也不能视而不见，那就是实践的缺失，再好的仿真实验，即便模拟得惟妙惟肖，但终究不是真实场景。

历史是已经画上句号的过去，历史教学不可能使历史事件重演，但仍然可以让学生参与其中，走出课堂，走进现场，亲临其境。比如，我们在中国近代史的教学中，可以充分利用武汉丰富的历史遗址，如起义门、咨议局、彭刘杨三烈士就义处、辛亥革命博物馆、汉口俄租界宝善里等，开展现场教学。这种教学不仅有助于培养学生跨越时空、走进历史的史感，增强学生对辛亥革命首发于武汉的体悟，还能让学生理解仁人志士为了民主共和所付出的艰辛与鲜血，从而激励他们奋发图强。其他社会科学类的专业如经济学、政治学、社会学、法学、新闻学等应用性专业的课程，更应该以社会为课堂，深入实际，观察社会，以社会经济生活中的鲜活案例为素材，把知与行有机地结合起来。

劳动教育也是一种实践活动。我们要培养社会主义事业的合格建设者，需要让他们树立正确的劳动观，养成热爱劳动的习惯和尊重劳动者、珍惜劳动成果的观念。当前，各级各类学校都开始重视劳动教育，编教材、定标准、建基地，显示出良好的势头。但是，劳动教育要防止两个误区，既要防止有劳无育，单纯以一段时间的体力劳动代替劳动教育，又要防止有育无劳，只有说教。劳动教育是包括体力劳动、脑力劳动等劳动形式在内的广义上的劳动教育，科学实验、社会实践等也应该纳入劳动教育的范畴。

四、行为思政：课程思政的重要保障

行为思政有两层含义：广义上说，是指教师职业行为所产生的示范作用；狭义上讲，是教师利用从备课到课后辅导答疑等一系列环节在内的教学活动进行的思政教育。

教师是一个崇高的职业，是培养人的事业，工作对象的特殊性决定了教师不仅要重视言传，更要重视身教，教师的一言一行都会成为学生参照的标准，甚至模仿的对象。“学高为师，身正为范”，教师的职业道德水平和行为决定着人才培养的质量。因此，教师不仅要有广博的知识，还要有高尚的人格。教师的行为必须符合社会广泛认同的价值观念。近年来，国家教育部门高度重视教师职业行为，教育部先后出台了《新时代高校教师职业行为十项准则》《新时代中小学教师职业行为十项准则》《新时代幼儿园教师职业行为十项准则》，并制定了教师师德失范行为处理的指导意见和办法。这一系列准则明确了新时代教师职业行为规范，划定了师德底线，是进一步加强师德师风建设的重要抓手，也是充分发挥行为思政功能的重要遵循。

有一种观点认为，专业课教师只需要有深厚的专业素养，不需要具有高尚的职业道德，遵守严格的行为规范，这是典型的重教书、轻育人，甚至是只教书，不育人的错误倾向。教师教书是传授知识的过程，一门生动、精彩的课程往往能使学生终身受益、终生难忘，但为了把书教好，教师在课前、课后需要投入大量的时间和精力。“台上一分钟，台下十年功”，为了上好一节课，负责任的老师课前一定花费数倍于课堂的时间进行课程设计、搜集资料、撰写教案、做PPT，因此，课堂上教师的良好状态无不是其背后辛勤付出的结果。好教师就是一个活生生的范本，他的课堂行为能够为学生直接感知，也能对学生产生最为直接的影响。如果教师在传授知识的过程中，条理清晰，逻辑严密，语言生动，讲解透彻；在课堂讨论中，能够精准点评，广征博引，循循善诱，批改作业详细精到，辅导答疑不厌其烦。这样的教师一定深受学生喜爱，是学生心目中的好老师。

进而言之，专业课教师如何对待教学、如何对待学生，无时无刻不受到学生的关注，并影响学生。授课人在课堂上的一言一行、一举一动等细节，都可能给学生留下好或不好的印象，进而也在塑造着未来的公民。以身示范，行胜于言，在行动面前，任何言论都是苍白的，在学生成长过程中，教师的课堂行为在无声地影响着学生。比如，一个教师无论酷暑寒冬，从不缺课，总是提前来到教室，这是对敬业精神的坚守。教师课前准备充分，讲授精彩，课堂效果好，这是在培养学生的责任意识。教师时刻关心班上的每一位学生，无论好生、差生，无论男生、女生，无论家庭背景优越与否，这是在培养学生的公平或平等观念。教师以热心、细心、耐心、爱心对待班上的每一位学生，是在对学生进行爱的教育，是在传授博爱、大爱的精神。教师注重挖掘教学内容中的真善美元素，充满激情地授课，是在向学生传递乐观向上、与人为善、待人以诚等人文情怀。

总之，课程思政是高校思想政治教育工作的重要抓手，也是全员育人的重要体现。我们要从为党育人、为国育才的高度，全面把握课程思政的三个维度。“内容思政”是课程思政的重要载体，没有结合专业课内容的思政教育只能是空洞的说教，甚至会出现生搬硬套、两张皮等问题，或产生画蛇添足、狗尾续貂等现象，从而使思政教育效果大打折扣。“实践思政”是课程思政的重要方式，是巩固“内容思政”效果的重要手段，也是遵循“知行合一”这一人才培养规律的体现。“行为思政”是课程思政的重要保障，教师的职业道德与水平，教师课堂教学行为及其为课堂教学付出的大量辛勤劳动，为学生树立了榜样，能对学生产生潜移默化的正面影响；反之，必然产生负面效应。“内容思政”“实践思政”“行为思政”三个维度相互补充，缺一不可，构成课程思政的完整体系。这样一个体系与思政课程相互呼应，相得益彰，高校思想政治教育工作必将提升到一个新的高度。

（附记：原载《中国大学教学》2022 年第 5 期。2020 年夏，我曾代表学校赴湖北省荆门市开展招生宣传，时任荆楚理工学院副校长的刘建清教授邀请我和我校马克思主义学院院长万美容教授与该校思政课教师交流，我在交流会上以“专业课程发挥思政功能的三个维度”为题作了发言，该发言后经华中师范大学文学院赵娜博士进一步充实、完善整理成文，并经我最终修改校正定稿。）

循序渐进，行稳至远：后疫情时代教育变革之我思

突如其来的新冠疫情打乱了人们的工作、生活节奏，教育也不例外。教学、科研活动无不因阻断病毒传播的需要而受到影响。学生不能返校上课，教师不能去教室授课，正常的学术会议被迫取消或推迟，必要的田野调查也难以为继。疫情的肆虐迫使教育工作者求新求变。既有的校园形态、教学形态、教学管理受到了前所未有的冲击。各行各业都在思考疫情所带来的冲击、影响及疫后的应对之道。那么，疫情过后，我们的教育应该怎样变革呢？

一、顺势而为：大力推进以信息技术为驱动力的教育现代化改革

在教育部的统一部署下，大、中、小学采取了“停课不停学”的疫中教学模式，即暂停集中的传统课堂形式，采取分散的网上教学模式。广大教师八仙过海，各显神通，有的借助企业微信、腾讯会议、钉钉、师训宝、ZOOM 等软件，开设直播课堂，有的运用所在学校开发的具有自主知识产权的云端系统，汇聚起大量教学资源，把课堂搬到了网上。学生只需在电脑、手机上安装上述系统的 APP，便可以坐在家里，进入网上学习。家庭成了学校的延伸，学校则成了知识加工与配送的总部。学术交流或借助于会议系统，或开发集管理会务与举办会议于一体的云会堂，研究生答辩以远程方式进行，学生就业采

取异地面试。在特定的时空背景下，“互联网＋教育”的优势一览无余，“人人皆学，处处能学，时时可学”的局面在疫情期间变成现实。

从国家教育改革与发展的战略部署上看，这次疫情中的“停课不停学”能够得以实施，是近些年来我国教育领域坚持信息化改革的结果。2012 年，教育部为落实《国家中长期教育改革和发展规划纲要（2010—2020 年）》，出台了《关于全面提高高等教育质量的若干意见》，明确高校应“走以质量提升为核心的内涵式发展道路”，强调信息化在高校改革中的作用，强调“信息化资源共享平台建设”的重要性。同年 11 月，教育部、发改委、工信部等九部委联合下发通知，部署加快推进教育信息化的几项重点工作，以“切实体现国家对教育信息化的高度重视，使广大基层学校与师生实实在在感受到教育信息化的成效”。2016 年，教育部又颁布了《教育信息化“十三五”规划》，提出了“十三五”信息化建设的三大目标：一是建成“人人皆学、处处能学、时时可学”的教育信息化体系；二是基本实现教育信息化对高素质人才和教育领域综合改革的支撑作用；三是基本形成具有国际先进水平、信息技术与教育教学融合发展的中国特色发展路子。“十三五”目标完成了吗？疫情期间“停课不停学”的实践表明，这些目标已初步达成。可以说，如果没有前些年来持续不懈的信息化建设，教育将难以应对疫情的冲击，后果将不堪设想。

对于广大教师和学生而言，毫无疑问，这次的疫情已成为一次普及信息化教学理念、提升网络教学水平的机遇，也必将成为教育教学变革的分水岭和教育教学信息化改革的助推器，信息技术与教育教学的深度融合必将成为教育教学变革的必然趋势。疫情的冲击和影响超出了人们的意料，无论我们愿意不愿意，疫情期间的课堂统统让位于线上教学，从师生面对面的授课到师生“见面不见人”的网络授课，从师生间的直面互动到网上的人机互动，网络信息技术将分散在各地的师生连接到网络课堂里。从各地情况看，各级各类学校基本上如期完成了既定的教学任务。疫情期间网上教学的优势显而易见，特点十分鲜明。第一，教学不受地域限制，教师通过网络可以坐在家里把教学大纲规定的内容教授给学生，远程直播成为网上教学的主要方式。教师可以按教学进度适时布置作业，基本教学秩序得以维持，教学的基本进度得以保证。第二，学生可以依据个人的需求，重点回放课堂上老师讲授的内容，反复观听，或有选择性地重放学习中的重难点，这样更能做到重点突出，学习的针对性也更强。第三，在技术环节上，教师布置作业、学生提交作业、教师批改作业等课后的教与学环节，可以借助网络毫无障碍地完成，网上虚拟学习社区里的讨论也更能充分体现学生交流的平等性，教师的辅导更加有的放矢。第四，家校一体，更加突出了家校育人的协同性。家庭是学校的延伸，课堂建在家里，从某种意义上说，家长也成了孩子的业师，低年龄段的孩子甚至是在家长的陪同与督促下完成网络学习和相关作业的。因此，总体上说，网络拉近了家庭与学校的距离，加深了家长与孩子的亲子关系。

教育现代化是一个从教育观念、教学理念到教育制度、管理、内容、方法、装备等在内的全方位的变革过程，其中课堂教学活动是一个重要承载体，信息技术与教育教学的深度融合体现了现阶段教育现代化的时代特点。疫情的发生客观上加快了全球教育现代化的步伐，我们必须认清这一趋势，从理念、制度、技术等层面主动求变，自觉地投身到这一变革过程中来。

二、循序渐进：在遵循教育教学规律的基础上深化改革

“变不变”的问题已由疫情期间“停课不停学”的实践得到了很好的诠释。但是，怎样变？即变革的路径、速率如何？仍然需要教育工作者深思熟虑，切不可头脑发热，一哄而上，搞跨越式的“大跃进”。笔者认为，网络教学虽然在疫情期间发挥了不可替代的作用（网络教学的实际效果还有待理性地反思），但疫情过后的常态情况下，不可能是网络教学一统天下。为此，我们应该全面总结疫中“停课不停学”的成功经验，深刻分析网上教学的短板和不足，扬长避短，循序渐进。

“停课不停学”不仅是信息技术发展到今天“瓜熟蒂落”的结果，是疫情发生后教育部门“急中生智”的反应，但也有“逼上梁山”的“无奈”。大、中、小学等不同学段的教师与学生对网络教学的适应性、效度存在着巨大的差异。即使是同一年龄段，其效果也并非相同，这里仅就高等教育阶段疫情期间“停课不停学”存在的问题作一点梳理，以便在未来的改革中扬长避短。第一，远程直播依然是网络教学的主要形式，教师在规定的时间讲授大纲规定的内容，这与电视上的百家讲坛没有本质的区别，效果甚至还比不上电视。据笔者调查，网络直播过程中时常出现卡顿、吞音、延时等影响教学效果的现象。造成这种现象的原因部分归结为网络，尤其是偏远地区的传输信号较弱，部分归结为教师信息化素养较低，有些教师，尤其是年龄较大的教师，信息化能力较差，只有在自己孩子的帮助下，才能勉强完成远程教学任务。第二，网上教学

的效果建立在学生高度自主与自觉的基础上，自主与自觉性在不同年龄段的学生中有着极大的差异。从整体上看，中国学生自主学习的意识与独立思考的能力还比较弱，因此，网上教学的效果不尽如人意。传统课堂的优势是师生亲临其境，教师可以直面学生，不仅可以采取各种手段调动学生学习的积极性，还可以督促学生融入课堂进程中来。相反，网络课堂上学生分散各地，教师只能面对摄像头，既无法及时掌握学生动态，也难以组织有效的课堂教学秩序。比如，一些学生虽然进入网上课堂，但却做着其他事情，甚至在网上玩游戏。有些教师只是将实体课堂上的内容搬到网络上，延续着传统的“满堂灌”式的教学。第三，实践性缺失。某些专业中实训性很强的课程不仅要求学生动脑，更要动手，不仅要求学生掌握某些动作的基本要领，而且要求学生通过大量训练使动作定型、熟练，训练场地及训练现场指导教师的及时指导十分重要。同时，现场教学中学生可以相互观摩，互相提高。虚拟仿真实验项目可以弥补部分实践性缺失的不足，但虚拟仿真只是提升现场或在场实践效率的辅助性方式。譬如，解剖学的虚拟仿真课可以帮助学生掌握动物结构，训练学生的解剖技法，减少动物消耗，但虚拟仿真终究只是辅助性实验，而要真正掌握解剖技能，还是离不开活体解剖的训练。因此，即便是信息技术能使仿真项目惟妙惟肖，但也不能完全代替现场实践环节。

因此，我们既要充分认识网络教学的优势，又不能无视它所表现出来的问题与不足。通过疫情期间的实践，大家对网络教学的抵触情绪不会再那么激烈，但我们也要避免头脑发热，一窝蜂、一面倒式地推进网络教学。我认为，后疫情时代教学方式改革的路径依然是“传统＋现代”，当然，这不是传统与现代的简单结合，也不是在传统的基础上点缀一些技术装饰品，而是将传统课堂与网络课堂的优势结合起来，即线上线下相结合、离线与在线相结合、远程与现场相结合、课内课外相结合。要做到这几个结合，最合适的教学形态就是混合式课堂，最关键的改革任务就是做好信息技术与教育教学的深度融合。几年的教学改革实践，使我深刻认识到，深度融合是一种全方位的无缝对接。从纵向看，信息技术可渗透从课程设计、教师备课、授课、课后辅导、学生评价等教学活动全过程；从横向看，育人工作的各环节如思政教育、学生管理、教务管理等都可借助信息技术实现智能化。混合式课堂要做到网络课堂与实体课堂有机衔接，线上授课与线下研讨合理搭配，避免“两张皮”“两脱节”。“混合式课堂有多种方式：微观上是指一节课内一方面充分利用网上资源，一方面充分展现讲台艺术；中观上是指一门课程中部分内容用实体课堂、部分内容用网络课堂；宏观上是指同一专业中部分课程用实体课堂，部分课程用网络课堂，至于两者间的比例以及哪些课程、哪些内容适合于哪种教学形态，则应由教师自主掌握。”① 在信息技术与教育教学深度融合的大背景下，只有充分发挥教师的主观能动性，实行“一课一策”，才能在确保教学质量的前提下有序推进教育教学改革。

进而言之，并不是所有的课程都适合于网络教学的，信息技术与教育教学的深度融合是一个系统工程，但融合的基础在课程。不同类型的课程融合的程度不一样。比如，实践性课程，动作要求高、训练内容丰富，形体课、台词课、球类课、游泳课等，这类课程对现场有很高的要求，又有大量的临场练习、观摩，需要任课教师的及时指导。如果完全放在网上，只说不练，或没有现场指导的训练，效果将大打折扣。思想性很强的课程，并不完全是知识的授受过程，而是师生之间思想互动的过程。在面对面的教学中，学生现场感受教师的风范，感知主讲教师思想的脉动，教师的形体语言也能营造授课的氛围，进而在师生之间形成强烈的碰撞、交流与共鸣，这是网络课堂难以达到的。政策性较强的课程，一般来说，知识的时效性短，变动频率高，需要不断更新教学内容。这些类型的课程，恰恰适合线下面授。“教师与学生面对面的授课不仅是学生获取知识的重要途径，而且是传承校园文化的重要载体。学生与教师，尤其是名师面对面的接触与思想碰撞，不仅可以使学生近距离地感受名师风采，而且可以使学生在潜移默化中感受他们的人格魅力，陶冶学生的高尚情怀，产生春风化雨般的效果。这是其他任何形态的教学方式取代不了的。”②

教育是培养人的神圣事业，不是产业，但如果一定要与产业相类比的话，它更类似于传统的农业，农业生产需要精耕细作，庄稼从播种到收割的全过程中，松土、除草、杀虫、施肥、浇灌等环节，一样都不能少。教师在培养人的过程中，从学前教育阶段的幼儿园到高等教育阶段的大学，需要持续不断地注入爱心、耐心、细心，知识的传授只是培养学生成才的重要环节，但要使学生成人，还需要教师不断地在世界观、人生观、价值观上加以引导，纠偏扶正。因此，教育的任何改革都不宜于采取暴风骤雨、大水漫灌的方式，而应该遵循教育规律，不改教育的初衷。

①② 彭南生：《魂、体、用：高校教学改革的三个层面》，载《中国大学教学》2015 年第 12 期，第 7—10 页。

三、扬长避短：全面推动后疫情时代教学改革的健康发展

对于已经推进多年信息化背景下教育教学改革的华中师范大学来说，疫情的发生是一次检验，推动了教育教学改革的深化。疫情中，全校所有教师和学生无一例外地投入到网络教学之中。由于我校信息化教育改革起步早，部分老师积极投身改革，对信息技术与课堂教学的深度融合驾轻就熟，疫情中开展网络教学尝到了甜头，有的甚至成为网红教师。当然，也有少数老师在疫情中被“逼上梁山”，虽将实体课堂搬到了网上，但教学形式、评价方式等并无多大变化。

我校始于 2013 年的人才培养方案的修订与信息化教学改革试点，取得了扎扎实实的成效，得到了兄弟高校和同行专家的广泛认可。但我们仍应保持头脑清醒，因为我校信息技术与教育教学深度融合的改革也仅仅迈出了第一步，真正参与试点改革的课程只约占总课程量的五分之一，这部分课程的质量也参差不齐。深化改革的任务还很重，要走的路还很长，“四个转变”并未真正转变到位。下一步，我校应持续在深化教学改革上下功夫。

第一，全面开展现代教育教学理念的学习，提升教师信息化素养。根据现代教育理念，教学活动应转向以学习者为中心，教学过程围绕着学生学习能力的提升进行设计并展开，使学生主动地融入教学过程，变“要我学”为“我要学”。教师要用科学的教学方法训练学生，使之获得三大能力，即批判性思维能力、沟通与理解能力、组织与领导能力。信息化时代知识累积与更新的速度是农业和工业化时代不可比拟的，传统教育模式下的以知识传授为中心的教学难以培养出创新性的人才。因此，终身学习能力的形成将是未来学校人才培养工作的重要目标。同时，信息技术日新月异地发展，也对教师提出了更高的要求，学校应该定期开展信息技术培训，提高教师的信息技术教学能力。

第二，大力开展学生自主学习能力的训练。相对来说，大学生学习的自主性强于基础教育阶段的中、小学生，但自主学习能力在不同的个体之间存在着一定的差异。自主学习能力需要长期的训练，客观地说，我国基础教育一定程度上仍然是应试教育模式，教学目的、教学内容、教学方法等主要围绕考试进行。因此，学生的主动学习观念不牢、独立思考能力不足、发现问题的意识不强。混合课堂更加强调教师的“导学”角色，强调学生从“学会”到“会学”

的转变，因此，强化大学新生的自主学习、研讨式学习、探究式学习、体验式学习、合作式学习等“会学”的本领，是未来深化教学改革的基础。

第三，认真开展课程研究，制订信息技术与课程融合的具体方案。要使混合式教学更加符合课程特点，更具针对性，需要针对不同的专业、不同的课程开展研究。从课程结构上看，通识课是为了实现“宽口径”的培养目标，重在拓宽学生的知识视野，一般来说，内容不深，挑战性不大，教师要注重导学，多引导学生进行自主性学习和合作式学习。人文通识课可以提倡提供一定比例的网络课程，着重推广一批教学水平高、人文内涵丰富的教学视频。专业课是为了“厚基础”而设置的，难度大，挑战性强，需要精讲、多练，突出重、难点。同时，专业课应强调问题导向，突出研讨式学习，探究式学习，重视辅导、答疑。整体上，我们需要对所有能够开设的课程逐一研究，科学分类，确定哪些课程适宜于以网络为主的课堂，哪些适宜于以线下为主的课堂，线上线下各占多少比例比较合理，真正做到“一课一策”。

第四，积极拓展教学资源。教学资源是充分发挥网课优势的基础，面对海量的专业与课程资源，教师需要精心选择、加工制作，使之以多种形态呈现在学生面前，为学生提供可选择的、适合个性需求的辅助材料。课程资源应该成为评价网络教学质量高低的一项重要指标，教学视频、例题、习题/作业、实验/实训/实习资源、文献资源、其他多媒体素材等都可以纳入课程资源建设范畴。

我校教学改革起步早，基础好，具备了深化改革的优势，完全可以在现有基础上进一步扩大范围，使更多的教师、更多的课程进入改革轨道。

四、行稳至远：后疫情时代学科建设与科研工作的新思路

疫情的发生对既有的科研活动如田野调查、科学实验、学术交流等造成了一定的冲击。但是，随着互联网的发展，特别是大数据的开发利用、基础数据库的建设等方面的突破，某些科研活动依然能够有序展开。各种线上会议系统的开发与运用，使得学术交流打破了地域、空间限制，学者们坐在家里就可以进入网上会议室自如地发表观点，开展研讨，不仅省去了舟车劳顿之苦，节省了旅途时间，而且能够容纳更多的学者与会观摩，其效果不亚于现场会议。我校举行的“后疫情时代高等教育教学方式变革”“社会治理体系中的心理建设”

“疫情与基层治理现代化”“旅游业发展面临的挑战与创新”“疫情与文化产业发展”等几场网络高端论坛，均产生了良好反响，有些论坛的听众高达数万人。各种基础数据库的建设，也为学者们提供了极大的便利，一些依靠文献资料开展研究的传统学科如文、史、哲等，借助大型数据库和一些特色专业数据库，使科研工作进入了“停课不停研”模式。大数据、数据库不仅仅是为学者查阅、检索资料提供了便利，也大大提高了科研效率，更重要的是，大数据还将促使科研工作者创新研究方法，通过数据之眼，即通过对海量数据的采集、挖掘、分析利用，从中揭示数据之间的内在逻辑关联，从而发现新的问题，得出新的论点，并从中抽象、发展出新的理论，这种基于数据、史实和事实提出的理论，比那些拿来即用的所谓理论，更加切合实际，更加可靠。台湾“中研院”院士、台湾清华大学黄一农教授对红学研究的推进，香港科技大学李中清教授对北京大学、苏州大学长时段内的学生来源的数据分析，就是运用大数据对历史问题进行创新性研究的成功范例。

大数据是 21 世纪最宝贵的资源，能够产生巨大的生产力。大数据与科研的结合必然改变科研范式、方法，从而催生新的知识。因此，未来，我们必须高度重视，并采取多种途径与方法加大数据库的建设力度。其一，购买数据库服务。未来学校应将数据库服务的购买作为学科建设、图书资料建设、科研平台建设的聚力点，让一线的科研人员足不出校就可以查阅、利用本学科的重要数据库。其二，自主开发，汇集力量重点建设长期管用的数据库和应用系统。在数据库的开发、利用方面，我校中国农村研究院集十余年之功开发的中国农村数据库、中国农村社会调查系统、中国农村社会动态跟踪系统、中国农村村情观测系统、农村政策仿真预测系统，已经取得了显著成效。作为一项基础性建设，这些数据库和系统在科研中发挥了应有的作用，也为政策咨询提供了翔实的第一手资料。当前，我校正在统筹力量，建设 COVID-2019 疫情大数据平台，相信随着该平台的建设成功，我校在突发公共事件、重大疫情防范、基层社会治理、公共舆情应对、瘟疫史等若干领域的研究中，会取得更加扎实的成果，进而推动相关学科的发展。

未来，我们应该加强一线科研人员在数据采集、挖掘、利用方面的能力提升。数据库不应该只是单一的资料库，而是集数据分类、标引、检索，乃至于人工智能分析系统于一体的、多功能的数字化场景，利用计算机辅助功能开展技术性的统计、分析，将大大提高科研质量和效率。

未来，我们应该秉持“大科研”理念，加强科研力量的整合与汇聚。“大科研”理念应该将面向学术前沿的基础研究、面向经济社会建设主战场的应用研究、面向人才培养的教育教学研究，视为同等重要的科研工作。学术战“疫”的经验给了我们有益的启示：(1) 疫情的发生、演变及疫后恢复与重建，使我们认识到，在高度复杂的现代化社会中，任何重大问题的解决都不再是某一学科、某个领域的学者能够独立完成的，需要不同学科、不同专业、不同领域的学者共同研究，相互配合，协同攻关，才能提出一揽子解决方案。(2) 师范大学的科研应该坚持将教育教学的研究纳入科研范畴，教学项目、教学成果均应等同于科研项目、科研成果。(3) 科研应坚持三个服务，即服务于人才培养，鼓励科研成果转化为教学成果；服务于经济社会发展，鼓励科技成果应用转化；服务于党和政府决策，鼓励结合实际提供高水平的政策咨询。

未来，我们要本着“大平台”思维，加强学科的交叉、融合与资源共享。随着大数据技术的发展和基于深度学习的人工智能技术的进步，传统的人文社会科学研究范式也在不断变革与创新，建立在抽样分析基础上的结论的偏差性和全样本数据分析基础上的结论的准确性，已经越来越多地得以证明。因此，新文科、新工科必将成为未来我国高校学科与专业建设的新方向，文理结合、文工结合将成为新的学科发展增长点。从这个意义上说，推进信息技术与教育教学的深度融合、培养高质量的复合型人才仍将是未来一段时期内我校深化教学改革的方向，推进以信息技术为代表的新工科与文科的交叉融合，也将是我校推进一流学科建设的努力方向。

总之，大学是一个建立在学科集合体基础上的学术共同体。以高质量的人才培养为目的的教学活动、以知识创新为目的的高水平科学研究活动，是一流学科建设的有机组成部分。正确认识疫情的冲击及其应对冲击的经验，理清疫后变革思路，无疑将有益于中国高等教育的持续健康发展。

（附记：2020 年以来，新冠肺炎疫情肆虐全球，人类正常的经济、社会活动受到极大冲击，教育也不例外。疫情的发展也为教育的变革提供了“契机”，但后疫情时代，教育究竟应该如何应变？华中师范大学组织了一场后疫情时代教育变革的讨论，本文是提交讨论的文稿，算是一孔之见。）

博雅与通识

——写在《博雅大讲堂精粹（第三辑）》出版之际

《博雅大讲堂精粹（第三辑）》就要出版了，借此机会谈一点听后感与读后感。

因工作关系，我主持过一些场次的博雅大讲堂，也听过一些讲演，但更多的是阅读。听与读，各有各的味道，听有亲临其境之感，听者能够亲身感受演讲者的尊师重道之风，博学儒雅之气，他们在讲堂上的诙谐幽默、喜怒哀乐、举手投足、抑扬顿挫，能使每一位听者从不同角度感受大家的风范，这种面对面的交流与碰撞，总能给人以启迪，不仅让听者增长了知识，开阔了视野，而且引导听者修身养性、陶冶人格。但是，受到时间与空间的限制，能够亲临现场的听者总是很少的。于是，组织者将演讲人的录音整理出来，在征得他们的同意后，再结集出版，以嘉惠于更多的读者。其实，读有读的魅力，读者可以细细品味，静下心来，放空自己，在字里行间去寻觅自然与人文世界的奥妙，领会人生的真谛。正如博雅大讲堂的开讲人章开沅先生在第一讲《读书与做人》中所说，“读书是你人生幸福的根源，读书使你拥有一个最可靠、最安全、受益无穷、非常美妙的精神世界”①。可以毫不夸张地说，博雅大讲堂期期精彩，组合起来就是一份饕餮大餐、一次精神盛宴。

这份沉甸甸的录音整理稿摆放在我面前，翻阅后我发现与前两辑一脉相承的是，第三辑仍以“人生导航”“社会视角”“文明镜像”“科学前沿”“思想争鸣”

---

① 章开沅：《读书与做人》，见李向农，王坤庆，曹慧东主编：《博雅大讲堂精粹（第一辑）》，华中师范大学出版社 2012 年版，第 8 页。

五个板块分类组稿，为广大读者尤其是青年学生读者提供一个涉及科学与人文、社会与思想等方面的全景式博雅教育概貌，以回归通识教育、博雅教育之理念。我认真回味了前两辑的演讲报告，仔细阅读了即将出版的第三辑，读之品之，思之悟之，感慨良多。

当代大学生求知欲强，好学上进，兴趣广泛，但不可否认，受到高考分科考试的影响，青年学生早早地被划分为文科、理科、艺术等类别，其学习与阅读无不与所选考试科目紧密相关，于是，考文科者普遍缺乏科学素养，考理科者人文修养普遍不足。进入大学后，高考的“紧箍咒”虽然没了，但互联网时代的快餐式、碎片化阅读大行其道，青年学生们的阅读量虽大，但大多来不及细细咀嚼和品味，往往浅尝辄止。因此，如何补上大学生人文、科学与艺术素养，是大学通识教育应有的责任。为此，我们在改革课程体系、增加通识课程的同时，大力发展第二课堂，“博雅大讲堂”就是我校第二课堂的一个重要载体。受邀在“博雅大讲堂”上开讲的讲演者都是各方面杰出的专家，他们对某一方面的深入研究、独立思考与敏锐观察，常能给人以深刻的启迪。郭世佑教授在题为《当代大学生人文素质的忧思》的讲演中，对于中西文化对比、农业文明与工商文明的对比以及考察一个人人文素养的“三心二意”（爱心、责任心、平常心和坚定的意志、高雅的意境）的标准，见解深刻，他明确提出大学生应完成的三项任务：合理的知识构成、科学的思维方式和一定高度的思想境界。当代大学生应该做知识的富有者、情感的热心者、价值的完全者、责任的充实者和举止的文明者，“诚”以待人，“信”走天下。彭林教授的《孝行、孝德与孝道》的论述为我们从大爱和大孝的角度提供了为人为学的人文追求，他对孝行、孝德和孝道的阐释，体现了其儒家学术风骨，其对“父母叫，回而不诺”“力爱至亲时教人睦”，以及“在朝言朝、在官言官、在商言商、在宫廷不言妇语”“五言不遂，灾及于亲”等的阐释，给我们青年学子和读者诸多教益。

文学说到底还是人学，作为当代颇具影响力的作家，韩少功教授在《文学寻根与文化苏醒》的讲演中，对“大破四旧”和“全盘西化”两种对本土文化全面否定的观点进行了批判，提出了要“认识和利用本土文化资源，并且在这一过程中有效学习包括西方在内的全人类一切文明成果，投入现代人的文化创造”[①] 这一重大文化苏醒的命题。按照他的理解，“文化的创造者一定要具有

① 韩少功：《文学寻根与文化苏醒——在华中师范大学的演讲》，载《新文学评论》2013 年第 1 期，第 4—8 页。

最包容和最谦虚的胸怀，不会出于某种情绪化的原因，对任何一种文化遗产给予忽视或蔑视”。

来自新加坡国立大学的石毓智教授对中国教育有着独到的观察和深入思考，两次讲座都是围绕教育主题作思想阐述。他直视中国教育与世界教育的距离，追问“为什么中国出不了大师”。他认为，中国教育必须对中国传统文化教育有所了解，对西方教育全面认知，重要的是解决创造力的问题，培养具有独立思考、独立创新精神的人才。培养人才的大学要有“大担待、大胸怀、大视野和大智慧”，要在“独立精神”“培养目标”“群众基础”“文化基因”“民族思维特性”等方面全面反思。世界一流大学的办学者需要胸怀，需要“把大学建在整个人类文明之上”，需要“尊重各种文化背景的人，互相交流，激发灵感，激发创造力”，要在建筑的设计中体现“教育对智慧的尊重”。他举例说斯坦福大学成功之术就在于四个坚守：“前沿”“专注”“激情”“生长环境”。该校引导师生“以学术爱好为目的”，“富有研究的激情”，训练学生形成逻辑思维和理性思维。隐藏在教育背后的是“哲学传统”“求真精神”“群众基础”等深层元素。中国的教育需要从多角度审视未来的教育变革。

自然科学与人文社会科学之间的巨大鸿沟既是工业革命以来知识累积的产物，也是近代以来学科分类的结果，这种科际分野实际上并不利于学科的发展。事实上，自然科学与人文社会科学是可以相互促进的。达尔文就是一个典型，他将“物竞天择、适者生存”的生物进化规律用于社会研究，创造了影响一个时代的社会进化论。因此，提升文科大学生的自然科学素养是“博雅大讲堂”的重要使命之一。南开大学的顾沛教授关于数学文化、数学素养普及的5个案例，为我们推介了有限与无限、变换、类比、变中有不变等数学思维和数学方法，并现场示范如何用数学语言简单、清晰、准确地表达。

北京师范大学天文系何香涛教授的《2012年，地球会毁灭吗?》是由西方电影《2012》所引发的世纪思考，他深入浅出地澄清了文科大学生可能存在的一些科学误解，并给出正确的科学结论：(1) 太阳中微子流量猛增的电影镜头是不存在的；(2) 太阳风暴可能会袭击地球，但危害不大；(3) 小行星可能会撞击地球，但概率不大；(4) 太阳系运行到恶劣环境是一种推测，但什么时候还不知道；(5) 太阳寿命还有50亿年，黑洞吞噬其的概率会非常小；(6) 外星人入侵目前还是天方夜谭。他指出地球最大的危险还在于自己，霍金说过：“地球人若按目前水平浪费自己的资源，再有1000年就完了”，所以，“我们地球人要珍爱我们的家园”，要“把我们的资源好好节约利用”。

华中科技大学原校长、中国工程院院士樊明武教授的演讲从能源的重要性谈起，比较了核能与其他各种能源的优劣，指出核能是比较高效、清洁的能源。同时，他从核电安全的角度，分析了目前世界上的几种核电站建造模式和世界上几个主要的核电安全事故的教训，详细介绍了我国核电发展的背景、政策和相关的安全技术。他结合国家和湖北省的经济社会发展实际，指出了在核电安全的基础上发展核电能源的紧迫性和必要性。最后，他还介绍了核技术在人们生产、生活等方面的几个典型应用，如同位素找矿和石油、放射性材料安全探测、核医学、核辐射技术面膜等。樊教授的演讲是一门生动现实的核技术普及课程。

首都师范大学教育技术专家王陆教授关于互动技术发展的介绍是我校近年来大力实施信息化教学改革的重要技术前提。其关于图拿技术、触控技术、娱教技术等互动技术的介绍将我们引向一个可预测、可感知的课堂教学技术空间。相应地，提升学习活动的有效性还需要解决教学设计的软技术问题，即如何将在线（online）技术和离线（offline）技术充分结合，推动从离线的个体互动向离线的群体互动发展，从离线的个体互动向在线的个体互动发展。她以交互式电子白板的研制和使用为例，论述了互动技术对课堂教学的积极影响，这是我校实施信息化教学改革的一个重要原因。她还展示了交互式电子白板运用中同侪互助、协同教学的几个实际教学案例。她介绍电子白板进入课堂后，专业教师发展会经历四阶段——挣扎阶段、掌握阶段、冲击阶段和创新阶段(曼迪纳契和可兰教授，1992)，这与我们正在推行实施的信息化教学改革的四个层面的分步分类推进阶段应该说是一致的。

从自然到人文，从历史到现实，“博雅大讲堂”的讲演报告体现了很强的穿透性和跨越性。著名历史学家马敏教授的《孙中山实业思想再认识》为我们提供了对辛亥革命时期孙中山建国思想再认识的机会。他将辛亥革命和孙中山研究的视野拓展到辛亥革命前、辛亥革命后和现在开始后三个 100 年的时间视野和中国与世界关系的广阔空间视野以及历史与社会史、经济史、文化史、心理史之间的广阔社会视野。作为历史学家，马敏教授不仅为我们提供了一个研究历史、审视历史、评价人物、分析思想的脉络框架，而且希望借此激发和培养青年学子参与社会建设的历史责任感。如果说马敏教授关于孙中山先生实业思想研究的演讲是学者与历史的对话的话，那么，黄宪教授题为《后危机时代中国经济与金融形势现状与发展》的演讲则是学者与现实的直接对话。其对经济学和金融学概念的解释，对后危机时代经济与金融格局的分析，以及对新一届领导人的治国理念和政策的解读等准确、浅显、生动。如他对于美国货币体系中的“特里芬难题”，“日本经济失去 20 年”的分析以及中国经济三大助推器（投资、消费和进出口贸易）失衡的比较论述，无不显示出一个学者的宽阔的学术视野和深厚的学术功底。他阐释新一届领导人的治国理念时特别强调三个方面：继续强调发展、抓住关键矛盾、重视改革红利。最后他谈到了对中国经济金融的 6 大展望：调整经济结构和增长方式，坚持开放经济，稳定消费市场，解决分配不公，维持经济增长和物价增长的适度，妥善处理外汇储备。他对混合经营、解决“一行三会”（央行、银监会、证监会、保监会）的矛盾以及完善金融监管模式等都提出了建设性的建议，其观点鲜明，分析精准，令人信服。

“博雅大讲堂”无愧于“大”，本辑还收录了语言、新闻、体育、音乐、艺术等不同领域的精彩报告，他们或以个人的成长之路诠释学术人生的真谛，或以特定的职业理性反观大学教育应有的追求，或从美国华人形象的演变看中国的崛起，或从体育的本质冷静思考我国体育转型的必要性，让人颇受启发。

总之，本书的汇编是一场思想的交汇、学术的盛宴，也是一顿文化的大餐。我们愿将更多的讲堂内容汇辑出版，以飨读者。“博通古今中外，雅致科学人文。”路在脚下，开创未来；春华秋实，学有所成。与各位读者共勉！

（写于 2016 年 6 月）

（附记：《博雅大讲堂精粹（第三辑）》，彭南生，刘建清主编，华中师范大学出版社 2016 年出版。）

转换教育理念，创新教学文化

——《新时代大学教育教学文化创新建设》序

摆在读者面前的这本书，是华中师范大学近年来教育教学改革实践的产物，尤其是参与编撰本书的诸位作者辛勤汗水的结晶。作为主编，我在确定研究和撰写纲要后，又近水楼台先得月，先期通读了初稿，感触良多。

近些年来，华中师范大学在党委和行政的带领下，在全校师生员工的支持与努力下，从2013年开始进行了新一轮的教学改革。我们聚焦信息化背景下人才培养质量提升的路径探索，以信息技术与教育教学的深度融合为抓手，修订教学方案、重构教学环境、提升教师教学能力、创新教学方法、建设教学资源、改革评价方式、营造教学文化、优化管理服务，从八大维度进行了深入的探索，在全国产生了一定的示范作用，并且得到了同行的认可与好评。“深度融合信息技术的高校人才培养体系重构与探索实践”先后获得湖北省第八届教学成果一等奖和2018年国家级教学成果特等奖。作为当时分管教学工作的副校长和课题组的主要成员，我亲身体验了改革初始期的艰辛，改革持续期的艰困，改革收获期的喜悦。我校的改革成果能够获得高等教育界专家们的认可并获得大奖，我自然十分荣幸。当然，这不仅是课题组成员的荣幸，更是全体华师人的荣耀。但是，我们仍当保持清醒，与其说我们的改革做得多么好，不如说我们举全校之力，对国家教育改革发展战略率先做出了一个全面的、系统的响应。认真回顾、全面总结改革的经验与存在的不足，既可以使我校改革经验在为兄弟高校所借鉴时少走弯路，又有助于推进我校教学改革深入健康地开展。

很显然，本书以“新时代大学教育教学文化创新建设”为题，其内容展示的只是我校教学改革中的一个侧面，但是，这又是一个十分重要的侧面。何谓教育教学文化？首先我们需要把握文化的内涵，广义上讲，文化可以定义为人类在社会发展与历史演进过程中所创造的一切物质产品和精神产品的总和。简单地讲，历史上与现实中人类活动留下的各种遗迹，皆可视之为文化。因此，文化现象可谓无处不在，无时不有。教学作为知识传授与学生能力提升的重要手段，也有其独特的文化。教学文化是为了教学活动的有效展开而形成的空间构成、制度规范、思想观念等。具体地说，教学文化可以分为三个层面：一是物质层面，即为教学活动的开展所提供的空间场景，如教室、实验室、图书馆（室）等教学设施的布局。梅贻琦先生说，“所谓大学者，非谓有大楼之谓也，有大师之谓也”。此乃至理名言，大师是大学的核心要义，但是，一流的教学设施对大师的教学科研活动也十分重要，大师与大楼缺一不可。二是制度层面，即确保教学活动顺利开展而形成的各种制度规范，如培养方案、课程体系、学分规定、教学评价等。三是精神层面，即教学主体（教师与学生）对教与学活动的认识，如教学思想、教学观念、学习理念等。这三个层面构成一个整体，是教学改革的魂、体、用的有机结合，缺一不可。可以说，教学本身也是文化的一种高度呈现，它既要尊重教学活动的本质和规律，又是文化传承的重要载体，教育教学及与之相关的活动体现了文化的基本属性。

教学文化随着时代的发展而发展。从农业时代到工业时代再到信息化时代，教学文化在不断地适应着时代的变化。从物质层面上讲，教学空间场景的形态已经发生了很大的变化，如传统农业时代，仅以私学为例，私塾是启蒙教育的主要场所，书院则是民间聚徒讲学、研究学问的重要阵地。到工业化时代，普通学校起而代之，标准化教室宽敞明亮，讲台、黑板、粉笔、课桌椅等摆放有序，适应了班级授课制的需要。到信息化时代，教学空间发生了本质性的变化，传统元素的功能弱化甚至消失，如多媒体取代了黑板、PPT 代替了板书。随着 5G 技术、人工智能等信息技术的进一步发展，出现了高仿真的虚拟现实场景，进一步扩展了教室的边界。未来教室不仅是汇聚学生的物理场所，随着互联网技术所带来的互联互通，它也必将实现物理空间、社交空间、资源空间的高度融合。

相应地，教学制度也必须随之变化。在农业时代，私塾教学是小规模的私相授受，极端情况下可能是“一对几”或“一对一”（一位塾师教几个学生或教一个学生）的教学，学制灵活，以讲习为主，辅之以自主学习（古人倡导

“书读百遍，其义自见”，并非完全是死记硬背），具有一定的个性化色彩。孔子周游列国设坛讲学，非常强调因材施教，他与弟子的言行收录在《论语》中，从某种意义上说，《论语》是一部以问题为导向，以探究、研讨为主要方法的教学案例集。他与弟子的讨论和探究涉及政治理想、伦理观念、教学思想、道德观念等多个方面，集中体现在《论语》中。其中关于季氏伐陈的讨论十分深入。

季氏将伐颛臾，冉有、季路见于孔子。曰：“季氏将有事于颛臾。”

孔子曰：“求，无乃尔是过与？夫颛臾，昔者先王以为东蒙主，且在邦域之中矣，是社稷之臣也。何以伐为？”

冉有曰：“夫子欲之，吾二臣者皆不欲也。”

孔子曰：“求，周任有言曰：‘陈力就列，不能者止。’危而不持，颠而不扶，则将焉用彼相矣？且尔言过矣，虎兕出于柙，龟玉毁于椟中，是谁之过与？”

冉有曰：“今夫颛臾，固而近于费，今不取，后世必为子孙忧。”

孔子曰：“求，君子疾夫舍曰欲之而必为之辞。丘也闻；有国有家者，不患贫而患不均，不患寡而患不安。盖均无贫，和无寡，安无倾。夫如是，故远人不服，则修文德以来之，既来之，则安之。今由与求也，相夫子，远人不服，而不能来也，邦分崩离析，而不能守也，而谋动干戈于邦内。吾恐季孙之忧，不在颛臾，而在萧墙之内也。”

这是一段多么深刻的对话！虽然不是一次正规的课堂讨论，但却不失为一场以问题为导向的深入研讨。孔子述而不作，其弟子在整理记录其言行时，大多要言不烦，因此，看似简单的对话，其实蕴含着孔子与其弟子间十分深入的探究。既是探究，难免有不同的观点，孔子虽贵为圣人，但并不强迫学生接受自己的观点，他与弟子宰我之间关于三年服丧期的讨论就颇为典型。

宰我问：“三年之丧，期已久矣。君子三年不为礼，礼必坏；三年不为乐，乐必崩。旧谷既没，新谷既升，钻燧改火，期可已矣！”子曰：“食夫稻，衣夫锦，于女安乎？”曰：“安。”“女安，则为之。夫君子之居丧，食旨不甘，闻乐不乐，居处不安，故不为也。今女安，则为之！”宰我出。子曰：“予之不仁也！子生三年，然后免于父母之怀。夫三年之丧，天下之通丧也。予也有三年之爱于其父母乎?”

可见，孔子与宰我之间在三年服丧期的认识上明显对立，孔子并斥宰我“不仁”，但孔子并未因此贬损宰我在言语科方面的才华。

与私塾相比，书院的规模大，是研讨高深学问的场所。著名书院更是学界名流汇集之地，他们不分流派，各种观点的学者均可在书院里自由开讲，坐堂论道，切磋辩论，学生亦可自由选听，不受地域、年龄限制。工业化时代，为适应经济社会发展对人才的需求，贵族教育、宗教教育开始向世俗教育转变，学校教育出现了。由于规模大、人数多，学校开始按照年龄段进行编班教学，现代工业的精髓——生产与产品的标准化深入学校内部，形成了标准化教室、标准化教材、标准化教学方式、标准化管理等。教师也是按照同样的标准培养出来的，于是，形成了千校一面的教学模式和高度雷同的高校人才培养目标。

从农业时代到工业化时代，包括教学空间、教学制度在内的教育教学文化虽然发生了很大的变化，但唯一不变或变化很少的是教学理念，即以教师为中心的教学观。私塾和书院教学最基本的教学方式虽是讲习制，但开讲之前学生必须反复诵读，用我们今天的话来说，就是上课前的预习，读与悟是自主学习的两种重要方式。对此，朱熹讲得更细，“悟”包括多种形式，他所制订的《白鹿洞书院揭示》，明确规定了学生的“为学之序”，即“博学之，审问之，慎思之，明辨之，笃行之”，这也是教学的五个关键步骤，其中“问、思、辨、行”都是在悟，先生讲授之前，“必当先读百遍”，然后才能提出问题、慎重思考、研讨辩论、笃而行之。古代官、私学中的大儒讲经授课，并非照本宣科，而是集“问、思、辨”于一体，讲习与研讨相结合，如徐文远在唐朝国子监讲学时，“所讲释，务立新义，先儒异论，皆定其是非，然后诘驳诸家，又出己意，博而且辨，听者忘倦”①。可见，徐文远的讲习有多精彩，以至于听者不知疲倦。徐文远学高艺湛，收放自如，是古代大儒中的佼佼者，听他的课一定是一种享受，但是从教学方式上看，依然没有超出教师讲、学生听的模式。

工业化时代，随着夸美纽斯首创的班级授课制的推行，学校教学更加规范，从教学大纲、教学内容到教学时数、教学效果，将以教师为中心的理念发展到了极致。苏联教育家凯洛夫提出的五步教学法准备上课、复习旧知、讲授新知、巩固新知、布置作业，可视为工业化时代的经典教学法。对课堂教学效

① 《徐文远传》，《旧唐书》(卷189上)，清乾隆武英殿刻本，第2481页。

果的评价，也形成了固定的模式。教学大纲的完成与否，主要考察教师讲授的内容是否与大纲相吻合。教学时数主要用来检验讲授进度，因为每一课时具体规定了讲授内容。虽也有一定的讨论课时，但仍改变不了以教师为中心的“满堂灌”的教学方式。

在这种情况下，教师成为知识的讲授者，有的老师讲课绘声绘色、妙趣横生，形同表演，但也有老师上课只能照本宣科、呆板乏味，只是教材的搬运工。在课堂上，教师单向灌输多，师生间的双向互动少，久而久之，传统教学方式下的学生养成了被动接受知识的习惯，唯教材是奉，唯权威是尊。优秀的学生，基础知识固然扎实，但思维创造性明显不足。教学效果好不好主要取决于教师讲得好不好，学生学得好不好主要看考试成绩好不好，成绩的高低主要取决于围绕教学大纲的知识掌握程度。于是，上课做笔记（现在发展为拷贝PPT，或用手机拍摄PPT），复习背笔记成为一种普遍现象，为了使所在班级获得高分，任课教师还会安排复习课，有些任课教师甚至还会透露命题信息。作为评价教学效果的手段，考试已经日益偏离其本旨，授课教师与命题教师、命题教师与评卷教师“三位一体”现象时有发生，教、考分离依然停留在口头上，分数失真、分数贬值问题越来越严重，考试分数全线飘红现象（授课班全体学生分数均在85分以上，且无不及格）并不鲜见。在本科教学审核评估中，专家们在看课、听课后常常会发出这样的感慨，信息化时代，传统的授课形式越来越受到挑战，感叹如今的课堂“不容易讲好，讲好不容易”。新时代对大学课堂提出了更高要求，信息化时代的“原住民”对大学教师提出了更高要求，教师教学的一场自我革命迫在眉睫。

随着信息技术、人工智能的发展，人类社会进入了一个崭新的时代，全球化趋势越来越明显，人类知识更新的频率越来越快，教育教学面临着越来越多的挑战。

首先，传统课堂上的“低头族”越来越多，授课教师往往讲得唇焦口燥，但“言者谆谆，听者藐藐”，学生似乎越来越不愿意跟着老师的节奏，置老师于“独角戏”的场景中而不顾。课堂气氛沉闷，师生之间、学生之间缺乏应有的互动。

其次，互联网和大数据使得人类获取知识的途径越来越多元化，教室的边界也超出了物理空间的限制，课堂不再是学生学习的独一场所，教材不再是唯一的知识来源，如何充分运用互联网所带来的空间拓展功能，汇聚全球优质教学资源，将网上与网下有机地融合起来，将围绕教材的知识讲授与学生自主探究有机结合起来，是信息化时代大学教学的一项重要使命。

再次，人工智能技术的出现与实验科学的发展，使得知识累积的速度越来越快，除了一些传统的文、史、哲等学科外，应用性、实验性强的学科，如理科与部分应用文科，知识体系加速更新，新的方法层出不穷，学术观点日新月异。在计算机科学中，知识更新速度之快，让人惊叹。有些专业大一新生所学到的技术方法，到大学毕业时已经落后，甚至被淘汰。因此，在教学活动中，培养学生获取知识和终身学习的能力与单纯传授知识相比，更加重要。

最后，科学技术发展前沿问题的综合性、现代经济社会问题的复杂性，对高校毕业生的综合能力提出了更高的要求。批判性思维与解决问题的能力、有效的沟通能力、合作与协调能力、创新能力等成为解决科技前沿问题和经济社会复杂问题的必备素养。要使学生具备这些能力，必须改变以知识传授为主的讲授制教学，采取以问题为导向、以项目来驱动的研讨式教学，将学生从被动听课的状态中解放出来，引导学生在自主学习中发现问题，以启发、探究、论辩、体验等方式鼓励学生分析和解决问题，形成以学生为中心、学生主动参与的、生动活泼的教学局面。

为此，我们必须彻底改变以教师为中心的传统理念，在新的教育模式中，“教师的角色要转化，教师是学生学习的促进者和帮助者，教师是教育教学的研究者，教师是课程的开发者和建设者，教学过程不只是忠实地执行课程计划的过程，而且是师生共同开发课程、丰富课程的过程，教师必须集中更多的时间和精力从事创造性的活动。教学不在传授，而在激励鼓舞，让学生带着个性愉快成长，享受学习、享受学校、享受教育”①。与此同时，学生的理念也要转换，要从课堂上的被动听课人转变为自主学习者，从知识的接受者转变为知识的自主建构者，从问题答卷人转变为问题的发现者。最终，我们要将传统课堂上师生之间的“授”“受”关系转变为平等的合作伙伴关系。

要把这样的教学理念渗透到教学过程的每一个环节，必须通过空间布局、制度规范将其固定下来。于是，我们改造传统教室与实验室，形成智慧教室、多媒体教室、微格教室、虚拟仿真实验室等组成的多样化的教学实验空间场景。我们全面修订人才培养方案，在教学方式上，从课堂教学为主转向课内、课外相结合，线上、线下相融合，讲授与研讨相结合；在学生学习评价上，从

① 周洪宇等：《第三次工业革命与中国教育变革》，湖北教育出版社 2014 年版，第 124 页。

以考试评价为主转向学习过程与考试评价相结合，更加注重过程的评价方式；在教师教学评价上，从单纯考察讲授内容、课堂组织、授课艺术转向学术、技术、艺术相融合的信息化时代的大学教师教学评价新标准。同时，学校创办教学节，设立本科教学创新奖，在全校营造重视教学、崇尚创新的文化氛围。

本书从探讨教育教学文化的内涵出发，基于近年来我校教学改革的所作所为，深入梳理大学教育教学文化建设的现状，把握教育教学文化创新的时代要求，厘清教学文化创新进程中的内在理念，全面分析我校教育教学文化创新的实践，总结构建以重视教学、崇尚创新、融合发展为核心的大学教学文化的举措，提炼我校大学教育教学文化创新成果，最后，展望大学教育教学文化的发展方向。全书凡3编10章，20余万字，由长期从事教育教学管理与研究的同仁分头执笔，他们在繁重的工作之余，加班加点，付出了辛勤的劳动。我衷心希望这本小书能够为中国高校教育教学改革提供借鉴，能够使兄弟高校在推进改革的进程中少走弯路。

当然，万物之初，其形必丑。高校教育教学文化是一个内涵丰富的复合体，一本20余万字的小书难以系统地呈现我校教育教学文化建设的全部内容。从某种意义上说，教学改革本身就是教育教学文化的重构与再造，因此，列入丛书的系列著作，皆可视之为教育教学文化建设的重要内容。我们期待着国内同行的批评指正，是为序。

（写于2021年）

（附记：《新时代大学教育教学文化创新建设》，彭南生，胡中波主编，华中师范大学出版社2022年出版。）

教海扬波

——《教海扬波——华中师范大学青年教师教学行思录》序

信息技术对教育的冲击前所未有，谓之为“数千年来未有之变局”亦不为过。作为教育工作者，我们都是“局中人”，无法置身事外。但是，如何看待与对待信息化时代教育所面临的挑战，则见仁见智，莫衷一是。有人认为，信息技术将给教育带来一场革命，使大学真正成为没有围墙的大学，传统意义上的大学将面临消亡，传统意义上的教师也将随之消失；也有人将信息技术视之为洪水猛兽，谈“信技”色变，唯恐避之而不及；还有人对信息技术不屑一顾，拒之于千里之外。我认为，对待信息技术，既不必那么悲观，也不能过度乐观，重视而不轻视，正视而不忽视，才是我们应有的态度。

我们不必悲观，因为教育是一个全方位育人的过程，学校则是这种全方位育人的有效载体，一所延续百年，甚至几百年的学校一定积聚了深厚的历史文化底蕴，学校的一砖一瓦、一山一水、一草一木都汇聚着前人的智慧与灵气，学生置身于这样的校园，受到优秀文化的熏陶与感染，这是任何其他地方难以比拟的。在学校里，学生与老师，尤其是名师面对面的接触与思想碰撞，不仅可以使学生近距离地感受名师风采，感知老师思想的脉动，而且可以让学生在潜移默化中感受名师的人格魅力，陶冶高尚情操，产生春风化雨般的效果。学校有着丰富的校园文化，由学生自组织的学术、艺术、体育等各类社团，不仅培养了学生的兴趣爱好，而且锻炼了学生的组织、沟通与交往能力，这也是其他任何组织难以替代的。正如联合国教科文组织在《反思教育：向“全球共同利益”的理念转变?》的研究报告中所言，“学校教育是制度化学习和在家庭之外实现社会化的第一步，是社会学习（学会做人和学会生存）的重要组成部分。学习不应只是个人的事情，作为一种社会经验，需要与他人共同学习，以及通过与同伴和老师进行讨论及辩论的方式来学习。”顾明远先生解读这段话时指出：“这一段话，既说明学校教育的不可替代性，又说明当代学习方式的变化。学习不是个人埋头读书，需要与同伴和老师共同学习。”①

但是，我们必须正视信息技术给学校教育带来的冲击。2012 年，美国几所顶尖大学相继开办了 Udacity、Coursera、edX 平台，短短几年间，大规模在线开放课程席卷全球，国内名校如北大、清华、复旦等纷纷行动起来，或加盟上述平台，或推出中文慕课。慕课的特点如下：一是开放性，无论什么人，通过注册，就可以实现在线学习，获取课程认证证书。二是廉价性，修读在线课程，虽要缴纳一定的费用，但与传统课程相比，便宜许多。三是规模性，截至 2013 年 10 月，Coursera 平台已有注册学员 500 万人，这样的规模是一个传统学校无法企及的。四是共享性，通过网络平台发布著名大学里最优质的课程资源，实现优质教育资源的共享。我们虽然无惧慕课对学校教育的取代，但“狼”真的来了，“我们需要进一步深入思考，中国高等教育如何加强顶层设计系统谋划在线教育发展战略？如何建立具有中国特色网上开放教育共享运行机制？如何通过大规模开放课程资源建设，推动中国高等教育新一轮教学方式方法改革”②。因此，通过大规模开放课程资源建设，推动新一轮教学方式方法改革，值得所有高校去探索、去实践。

鉴于此，华中师范大学从 2013 年开始启动新一轮教学改革，该改革以“四个转变”为核心，即从以教师为中心转向以学习者为中心，从以专业课程为主转向通识课、专业课相结合为主，从以课堂教学为中心转向课内、课外、线上、线下相结合为主，从以结果评价为主转向过程与结果相结合的评价为主，大力改革传统教学方式、课程结构、教学形态和评价方式。为了使教师尽快适应这场改革，我们于 2013 年暑假集中全校各学院分管教学的院长、教学骨干开展了大规模的“头脑风暴式”的培训，转变大家的教育理念，然后启动

---

① 顾明远：《对教育本质的新认识》，《光明日报》2016 年 1 月 5 日，第 14 版。

② 袁贵仁：《〈解码 MOOC：大规模在线开放课程的教育学考察〉序》，见李曼丽，张羽，叶赋桂等著：《解码 MOOC：大规模在线开放课程的教育学考察》，清华大学出版社 2013 年版，第 1 页。

改革。此后，不间断地开展不定期的常规培训。从 2014 年开始，我校又决定每年从各学院推荐的青年教学骨干中选拔一批热爱教学、崇尚创新的教师赴美国纽约州立大学奥斯威戈分校集中进行 2～3 周的观摩和培训。两年下来，参加该项目的教师有效地更新了教学理念，提升了他们在教学中运用信息技术的能力，促进了信息技术与教育教学深度融合的自觉性，培训取得了良好的效果。本书所展现的就是 2014 年和 2015 年 30 余位教师赴美国纽约州立大学奥斯威戈分校学习的体会、感悟，还有他们对国外信息化教学经验与方法的介绍，以及他们在各自教学工作中运用信息技术的经验总结。分享他（她）们的成果，不仅使我们了解了美国高校的教学理念与信息技术运用状况，也更加坚定了我们推进信息技术与教育教学深度融合改革的决心与信心。

首先，参加研修的老师们的感悟是立体的、丰富的。通过培训，老师们增强了对教学改革必要性、紧迫性的认识，有的老师认为，“随着互联网及计算机技术的突飞猛进，将各种教育信息技术和理念应用到教育领域势在必行”。信息技术是一种工具，运用信息技术的目的旨在增强教育教学的效果，提升人才培养的质量。“我们必须时刻警醒，在教育技术的使用中，目标永远是先于技术和工具的。……这样我们才能在享用现代教育技术优越性的同时，避免教育技术可能带给我们的消极影响。”有的老师对教师的角色扮演有了新的认识：“老师的角色不再是知识权威的象征，不再是知识的灌输者，而应是学习旅程的引路人，学习规划的制订者，学习能力的检测者，思维方式的挑战者。”老师们对高阶思维、真实学习、元认知、做中学等理念有了更深的感悟，老师们还结合学习经历，给学校的教学改革提出了很多很好的建议。

其次，参加研修的学员不仅从整体上对 TPACK（整合技术的学科教学知识）有了更为系统的了解，而且对不同学科的教学如何与信息技术相融合也有了更深入的认识。有研修学员认为技术发展日新月异，如 3D 打印技术、数字叙述（Digital Narrative）技术日渐成熟，Pinterest、blogging、porfolio 等软件运用广泛，等等，因此，“这些技术可以与不同的学科内容相结合，在不同教学法的指导之下更好地为学生服务”。有些老师对纽约州立大学奥斯威戈分校授课教授的课程和不同特色的授课风格印象深刻，如 Ritu 老师关于元认知技术的教学，Kristen Munger 老师在课堂上对 Moodle、Google 等开放性平台的熟练运用，David 老师关于 Blending Classroom 和 Flipped Classroom 的示范性教学，等等。他山之石，可以攻玉。相信这些种子一定能花开桂子山，并结出丰硕的果实。

再次，信息技术与教学深度结合的最高境界是课堂教学方式的改革。在教学改革中，运用一点信息技术并不难，难的是信息技术与教学的深度融合。通过学习，老师们对信息技术的认识也更加深刻，认为："现代信息技术不仅是教学的工具，还应该是教师与学生沟通的平台，学生与学生沟通的平台，学生与社会沟通的平台。在课堂教学中，教师应该通过现代信息技术，提高学生的高阶思维能力，促进教育技术与教学的深度融合。"同时，他们对先进教学理念与信息技术的运用更加自觉，"更重要的，是要带着对这些学习内容的深入思索，真正将全新的教学理念应用于自己的教学实践活动，首先要让自己的课堂成为'以生为本'的鲜活范本，让对教学改革尚有懈怠甚至抵触的同行们发自内心地认可这些实实在在的转变，让本科生特别是师范生能够从中体验到他们今后作为基础教育生力军时可以借鉴的教学方式"。研修学员回到学校后大胆借鉴、活学活用，勇于实践，取得了良好的效果，如向宗平老师对 Pinterest 的运用，陈实老师基于 StarC 地理教学资源的课堂教学设计，刘颖老师在 TPACK 模式下的心理健康教育课程教学等，都令人眼前一亮。我们相信，在研修学员们的示范引领下，假以时日，我校的教学工作一定能在信息技术与教育教学的深度融合中迈出更加坚实的步伐，我们的课堂教学一定能够呈现出"人人皆师，人人皆生"的生动活泼的局面。

总之，当下全球教育面临的"数千年未有之大变局"，既是挑战，也是机遇，高校必须抱持"应变"之决心，主动地、积极地适应这场变局。积极改革，就能赢得发展的主动权，消极应付，学校就将面临发展，甚至生存危机。正如近人梁启超在戊戌变法时期号召国人响应改革时所言："变亦变，不变亦变，变而变者，变之权操诸己，……不变而变者，变之权操诸人，束缚之，驰骤之。"① 这本凝聚着赴美研修教师们心血的小册子既是我校信息化教学改革足迹的见证，又分享了他们的感悟、思考与实践，也必将进一步推进我校信息技术与教育教学的深度融合。吾之所愿！吾之所信！是为序。

（写于 2016 年）

（附记：本文系《教海扬波——华中师范大学青年教师教学行思录》序言，收入本书时以主书名为文名。《教海扬波——华中师范大学青年教师教学行思录》，彭南生，洪早清，吴军其主编，华中师范大学出版社 2016 年出版。）

---

① 梁启超：《变法通议附开明专制论》，江苏广陵古籍刻印社 1990 年影印本，第 8 页。

教道存真

——《教道存真——华中师范大学青年教师教学叙事录》序

翻阅眼前这部电子版的“青年教师教学叙事录”，一个个鲜活的故事印入我的眼帘，我的思绪一下子回到了30多年前。1985年，我大学本科毕业，本已做好了赴中学教书的思想准备，不料，系领导找我谈话，要我留校从事中国近现代史的教学工作，得知这一消息，我既兴奋，又惶恐。兴奋的是，能够留在具有80余年历史（从1903年算起，到1985年已有82年历史了）的母校工作，这不仅十分光荣，说起来也是“光宗耀祖”的事。惶恐的是，毕竟我只是一个本科毕业生，能够留校并非因为自己多么优秀，而是那时候的大学青黄不接，人才断档十分严重。自己能够胜任大学的教学工作吗？四年的大学生活告诉我，大学讲台十分神圣，大学教授知识渊博，满腹经纶，我能在大学当一个好老师吗？

带着这份忧虑，我小心翼翼地走进教研室，与昔日的老师做起了“同事”。说是同事，其实每一位都是我的老师，他们告诉我，首要任务是站稳三尺讲台，还要学会从事科研，并多方对我进行辅导。为了第一次上讲台讲好第一堂课，教研室安排我先随同董方奎教授当助教，边听他的课、边做学生的课程辅导老师，这样我又随同历史系1984级学生系统地听了一遍中国近代史课程。同时，我找到那时能够找到的教材、参考书，一遍遍地反复修改教案。终于，教研室主任苏中立教授通知我准备开课，并安排了一次教研室的全体教师参加的试讲课，算是对我上讲台前的一次集体辅导。其实，讲得怎么样，我已经全无记忆，能够想起的只有激动与紧张，试讲结束后，老师们不仅为我提了很多很好的意见、建议，还通过了我的试讲，这也意味着，我具备了上讲台的条件。我的第一次课是给函授生上课。记得那是1986年的寒假，在黄冈教育学院函授点的老师有华中师范大学中文系的宋寅展老师，数学系的汪志文老师，物理系的陈五高老师、刘启贤老师和陈义成老师等，一个个大名鼎鼎，只有我是初出茅庐的新人。函授生大多在职学习，以中学教师居多，他们都有较为丰富的教学经验，年龄也比我大，并不比在校大学生好教。也许是初生牛犊不怕虎，也可能是准备比较充分，我第一次上课没有太多紧张。那段时间，每天晚饭后，我都与老师们在一起散步，听着他们带有地方口音的、风趣幽默的说笑，上课的些许疲劳与紧张便荡然无存，就这样，我中规中矩，却也很愉快地完成了我的第一次教学任务。

时间过得真快，一晃三十多年过去了，我从一个一线教师变成了学校教学工作管理者，但我的第一次课却仿佛昨日，让我至今记忆清晰。作为我教师生涯的第一次授课，我不仅十分重视，更对它充满了敬畏。在我看来，教书就是老师的天职，是教师职业的本分，如此天经地义的道理，今天却悄然发生了变化。在相当一部分老师心中，教学成了科研之余的副业，老师们将大部分时间放到科研工作上。于是，重科研、轻教学的现象在当今的大学里普遍存在。我们能责怪老师们不敬业吗？能责怪教师职业道德感、责任感下滑吗？不能。“985工程”“211工程”，这些象征学校身份与地位的工程，哪一个不是靠论文堆上去的？大到名目繁多的各类大学排名，小到教师职务晋升，哪一项又不是以科研作后盾。作为大学教育工作者，从校长到普通教师，人人都知道，大学教育不能这么办，当局者虽不迷，但却没人敢于对此现象说“不”。校长有大学排位的压力、院长有学科排名的竞争，而这些都需要通过职务晋升条件的制订转化为教师的“动力”。因此，我们不能推责于一线的教师，坦率地讲，时下新入职的青年教师，基本条件与能力比20世纪80年代的青年教师好得多，但压力也大得多，他们大多数没有助教期，一毕业就要上讲台、发论文、报项目、争经费，否则，职称上不去。有的甚至可能三年预聘期考核不合格，面临重新找工作的风险。因此，重科研、轻教学的根源在教育体制机制，作为大学教学工作管理者，我们能在大的环境中做点什么变通？能够为那些潜心于教学、潜心于教研的老师们开辟一条绿色通道吗？

2013年秋季，华中师范大学掀起了一场新的教学改革。这是一场为适应全球化、知识经济、可持续发展、信息化、大数据的挑战而主动进行的具有革命性的教学改革。改革的核心理念是从以“教”为中心向以“学”为中心转变，围绕着这一转变，进行课程结构、课堂形态、学生评价等全方位的调整。当改革进行一个学期的时候，我受命分管学校的人才培养工作，可谓被推到了改革的风口浪尖。这次改革不同于以往，不是枝节性地调整人才培养方案，而是从理念到模式、从教学方式到评价方式的深刻变化，是教学改革的深水区，因此要求老师们投入更大精力、付出更多时间，其难度可想而知。老师中不理解者有之，消极应对者有之，教学工作中的“路径依赖”现象十分严重。路径依赖本是物理学中的一种现象，后被借用到经济学中，通俗地讲，就是沿着原来的道路继续往前走。在传统的教学模式下，教师依据备好的教案，“一言堂”式地讲授 45 分钟，教师运用自如，学生已成习惯。但是，这种教学模式的弊端也是显而易见的，学生们被动接受，难以养成自主建构知识体系的能力，缺乏批判性分析与解决问题的思维。在知识累积速率空前加快、知识爆炸性增长的 21 世纪，培养学生自主学习能力和终身学习能力比单纯传授知识重要得多。在这场改革中，我们借助信息化技术，强调课内课外、线上线下相结合，教师要为学生提供足够多的学习资源，把自主学习方法教给学生，并将学习中的疑难问题带到课堂上或网络社区上进行研讨，把网络课堂与传统课堂的优势结合起来，形成混合式课堂。无论是教师，还是学生，在这场改革中，教与学的负担都加重了，教师不仅要转换理念，而且需要学习新的技术，需要制作新的课程资源，学生需要适应新的教学方式和考核方式，善于自主学习，不仅要学会，更要会学。

为了推动教学改革进程，学校多措并举。首先，努力营造“重视教学、崇尚创新”的教学文化氛围。通过举办本科教学节，开展教学思想大讨论、转换教学理念；通过举办信息化背景下的教育教学改革成果展，总结成绩，形成示范。其次，开展年度本科教学创新奖竞赛，表彰创新，激励先进，报名参赛者须通过一门课的教学活动，展示自己的教学理念、教学方式、技术手段、评价方式等，重奖创新，努力打造一批融学术、艺术、技术于一体的教改课堂，调动了一线教师参与教改的积极性。再次，开辟教学型职称晋升通道，对那些潜心教学、专心教改、教学效果好、教学研究成果突出的教师，学校每年单设教授指标单独评审，使他们不必为报项目、拿经费、发论文而分散教学工作精力。总之，我们希望随着教学改革的深入，引导教师回归本分，并能够从中涌现出一批教学明星。

摆在眼前的青年教师教学叙事录，共收录38篇文章，记录了30余位教师在教学工作或研修培训中的所思所感、所探所创，有些充满着睿智的思考，有些散发着创新的激情，有些闪耀着智慧的火花，有些记录了培训后的感悟。这些点点滴滴的叙述，从一个侧面反映了近年来我校教师教改探索的足迹，其中，既有改革成功的喜悦，也有遭遇挫折后的苦闷，既有教改经验的提升，也有对改革中存在问题的善意批评，这些无一不是教师们探索与创新的结晶，凝聚着他们的心血和汗水，同时，也将成为下一轮教学改革的新起点。

改革总是伴随着成绩与问题，进一步改革必须坚持好的，摒弃不好的。在我校这场教学改革中，教师在调适，在努力适应着教学改革；学校在调整，在调整过大的改革步幅。一个改革周期过去了，眼下正在进行的这场改革获得了越来越多的认同，尽管离改革目标的实现还任重道远，但我坚信这一场改革一定会继续进行下去，改革的大环境也一定会越来越好，因为我们已经积累起了足够的自信。值此叙事录出版之际，拉拉杂杂写上这些文字，既算是对当前教学改革的一点思考，也可算作读后的一点感想，或对个人工作的一个阶段性总结，权且充序，与作者和读者共勉。

（写于2017年）

（附记：本文系为《教道存真——华中师范大学青年教师教学叙事录》一书所写序言，收入本书时，直接以主书名为文名。《教道存真——华中师范大学青年教师教学叙事录》，彭南生，洪早清，吴军其主编，华中师范大学出版社2017年出版。）

第四篇

书山路上回眸看

人类对于知识的渴求是没有止境的。杜甫说“男儿须读五车书”，能够学富五车，已非常人所能及，苏轼更“立志读尽人间书”！志可立，读尽不易，再怎么聪慧，也有做不完的学问，读不尽的书，正如庄子所言，“吾生也有涯，而知也无涯”！如何以有限的时间去探求尽可能多的学问，见仁见智。于我而言，学问的路上，成绩渺渺，无经验可言，一路走来，充满了曲折、荆棘和坎坷，伴随着艰辛与寂寞，“为伊消得人憔悴”！但能够一辈子与书为伴，读书，教书，写书，却也苦中有乐，自得其乐。本书收录我的部分访谈、自序与后记，围绕问学的经历与体验，说说书前书后的人与事，谈谈书山路上的悟与思。

甲子回眸：青年学人成长的摇篮

——《史学月刊》与我的历史学习和研究

《史学月刊》走过了一甲子岁月，甲子回眸，感怀良多。

我与《史学月刊》结缘30年，既是一名忠实的读者，也是一位颇受她关注的作者。20世纪80年代初，我正在大学历史系学习。那时可供阅读的历史学专业刊物并不多，《史学月刊》是深受学生喜爱的一份专业杂志，借用当下的时尚话语，我称得上是她的粉丝。那时，《新史学通讯》解答了我们历史学习中的许多疑难问题，《史学月刊》则使我初步了解到什么是历史研究、如何去研究历史。同时我也通过两刊熟悉了我国许多著名的老一辈史学家，如来新夏、孙祚民、朱绍侯、毛健予等。大学毕业后，我有幸留校从事中国近现代史的教学与研究工作，更加关注中国近代史领域的研究动向。20世纪80年代后期至90年代初，郑剑顺在《学术月刊》1989年第4期发表《中国近代史上几个问题的"情"与"理"》一文，郭世佑随后发表《也谈中国近代史上的"情"与"理"》予以商榷，掀起了关于中国近代史的"情""理"问题的讨论。后来，《史学月刊》也为这一争论提供了平台。其时，两人相互辩诘，均能自圆其说，充分展现了中国近代史的学术魅力。那时我常常想，什么时候我能在《史学月刊》上发表个人的见解呢？

这一盼又是10年。1999年，我在《史学月刊》（该年第6期）上发表了《近代农民离村与城市社会问题》一文，10多年过去了，文章发表时的情景依然历历在目。虽然当年我的另一篇论文被《历史研究》采用，但在接到《史学月刊》的用稿通知后，我的心情仍难以平静。因为该文曾被南京某一综合性社会科学杂志退稿。抱着试试看的态度，我将该稿投给了《史学月刊》，并随文寄出了一篇介绍该文学术价值与现实意义的自荐信。没想到，两个多月后的一天，我接到了《史学月刊》的用稿通知。大约过了一年时间，《史学月刊》发表了拙文。随后，该文相继被《新华文摘》和中国人民大学报刊复印资料《中国近代史》全文转载，这对一位刚刚踏入史学门槛的年轻学人而言，不仅是一个极大的鞭策和鼓舞，也进一步增强了我在历史研究这条道路上走下去的信心。

21 世纪以来，我与《史学月刊》的关系更加密切了，几乎每年我都要向《史学月刊》投稿，也总能得到她的热情回应。其中 2000 年我接到《史学月刊》约稿函，当时担任该刊编辑部主任的郭常英编审约请我为纪念《史学月刊》创办 50 周年撰写一篇学术论文，这是我第一次接到专业性学术刊物的约稿，那时我正在南京大学从事博士后研究，专心致志于学术事业，手头也积累了一些小论文，我便挑出自认为尚有些新意的《中国早期工业化进程中的二元模式——以近代民族棉纺织业为例》一文，该文在 2001 年第 1 期上发表。记得当期发表论文或纪念文章的，既有彭明、魏宏运、朱绍侯、安作璋、孟祥才、瞿林东等前辈史学家，也有阎步克、陈春声、向荣、孙家洲、何晓明等中青年学者，与他们比较起来，我还只是一个不知名的后学，能得到《史学月刊》的约稿邀请，这何尝不是她对青年学者的提携呢？该文发表后，也在学术界产生了良好反响。2003 年，郭常英编审又委托我组织一期学术笔谈，我以“新世纪中国近代史研究的走向”为主题，约请章开沅、林家有、马敏、朱英、虞和平、李良玉等知名专家分别从境界、观念、方法、趋势等方面展开讨论，这组文章在 2004 年第 6 期上发表，在近代史学界产生了很大影响。

从《史学月刊》刊出我的第一篇论文算起，至今我已在《史学月刊》上发表了 10 余篇论文，我在近代社会经济史研究领域中的主要见解大多是在《史学月刊》首次发表的，如受到学界关注的关于早期工业化进程中的二元模式、近代乡村手工业中的“半工业化”现象等。令我感到欣慰的是，上述论文均被中国人民大学报刊复印资料《中国近代史》《中国现代史》《经济史》《历史学》以及《新华文摘》《高等学校文科学术文摘》等转载转登，在学术界产生了一定的影响。

在《史学月刊》一甲子的岁月中，像我一样受惠于她的学者还有很多很多。曾担任过《新史学通讯》兼职编辑的朱绍侯先生在《史学月刊》创刊 50 周年的回忆文章中说，“现在 70 岁左右或稍大一些的著名历史学家中，有些人的第一篇史学论文就是在《新史学通讯》和以后的《史学月刊》上发表的”①。60年来，《史学月刊》不仅成为历史学习与研究者的学术家园，更是一代代年轻学人成长的摇篮。这一做法值得传承，这些经验应该总结。我认为，其原因有二：首先，《史学月刊》一贯坚持服务于史学研究，扶植年轻学人成长的核心理念。20世纪60年代《史学月刊》曾在其复刊词中将培养和注意发现青年史学工作者作为办刊的一条主要方针，曾一度设立青年园地、博士学位论文摘要，为青年学人提供一个良好的展示与交流平台，成为很多年轻学人真正走向历史研究的起点、走向史学界的开端。其次，《史学月刊》有一支敬业、专业的专兼职编辑队伍。编辑人员拥有研究专长，并从高校或研究机构中聘请学有所长、研有所专的专门人员担任兼职编辑，这是从《新史学通讯》时期传承下来的优良传统。现在，这个传统不仅延续下来，而且特色更加鲜明。据我所知，从主编李振宏到编辑部郭常英、翁有为、周祥森等编审人员，他们不仅是术有专攻的编辑，也是各研究领域的行家。此外，编辑部还借助河南大学历史学科雄厚的师资力量，聘请了多名高水平的兼职编辑，他们往往从编辑学和历史学双重角度指出问题，提出建议，不仅成为青年学者成长道路上的良师益友，也保证了刊出论文的学术水准。六十一甲子，弹指一挥间。辉煌成往事，前景更无限！在《史学月刊》创刊六十年的喜庆时刻，作为一名读者和作者，我期盼她有更加灿烂的未来，衷心祝愿她发展成为更有学术活力、更富学术魅力的专业杂志，为历史研究和历史学科的建设做出更大的贡献！

（原载《史学月刊》2011年第9期）

① 朱绍侯：《回忆〈新史学通讯〉》，载《史学月刊》2001年第1期，第11—12页。

执着治学，探寻真知

——华中师范大学博士生导师彭南生教授访谈

上官定一（以下简称“上官”）：彭教授，您能否结合个人求学经历谈谈您是如何走向现在的学术道路以及学术道路上的体会？

彭南生（以下简称“彭”）：1985年我于华中师范大学本科毕业后留校任教，教学过程中曾有过经济史方面的学习，两年后我师从刘望龄、董方奎老师攻读硕士学位。1988年，又去中南财经大学进修学习，在赵德馨先生的影响下开始认识到历史学的经济史研究与经济学的经济史研究的不同，并且认识到了两种研究的优缺点。在中南财经大学的学习使我开始吸取经济学的养分，对我日后的研究方法有着重要的影响。1995年我师从章开沅先生，在职攻读博士学位，并且在章先生指导下开始了中国近代手工业研究。在1998年至2000年我进入南京大学历史系博士后流动站，在蔡少卿先生指导下开始了博士后阶段的研究。正是由于上述求学经历和诸位导师的指导，我慢慢地走上了历史研究尤其是中国近代经济史研究的学术道路。可以说从1985年执教之始，我就开始了自己的学术研究，到2007年我的《半工业化——近代中国乡村手工业的发展与社会变迁》一书出版，我的学术研究经历也有20多年，在这期间，我认为学术研究选题的可持续发展是非常重要的。对我而言，当初博士论文的选题为我以后的学术研究提供了很大的可持续发展空间，比如说现在我可将博士阶段的研究领域进一步拓宽，内容上可更趋细密，可以将研究的视角放到手工业管理制度—学徒制度—行会制度—工商同业公会制度这个链条上；另外也可以先研究乡村手工业，再去对城市手工业进行研究，这样可以弥补近代手工业宏观研究的不足。可以说 2007 年《半工业化：近代中国乡村手工业的发展与社会变迁》一书的出版，不仅是我以往研究的见证，也是给自己今后的研究确立了一个新的起点，今后我将沿着这一思路继续研究。

上官：您曾师从历史学家章开沅、蔡少卿，经济史学家赵德馨等先生，他们分处不同的学术领域，有着不同的学术风格，这对您的学术成长有什么影响？

彭：是的，我先后有幸师从过几位学术大家，经常得到他们的鼓励与鞭策，几位先生对我的影响都很大。我的办公室就在章先生办公室的斜对面。我有很多机会聆听先生的教诲，先生的周围也聚集了一批如马敏、朱英等中年学术精英，我在同他们的交流和请教中也获益良多。除了史学研究方法的系统训练外，使我终身受益的还有章先生对历史学科的品格与历史学者人格的追求，他常以楚图南先生为戴震纪念馆题写的“治学不为媚时语，独寻真知启后人”勉励后学，他常说：“史学应该保持自己独立的科学品格，史学家应该保持独立的学者人格。史学不是政治的婢女，更不是金钱的奴仆。”[①] 我能在史学研究的道路上坚持下来，不趋时政，不追热点，在时下一些被认为是较为冷僻的问题上进行探讨，与先生潜移默化的影响分不开。章先生对学生创新精神的培养与激励，也使我从中受益。他要求学生进行创新性地选题，将学位论文看作是个人学术事业中的高峰，我的博士学位论文选题就是在章先生的直接指导下确定的，当我与先生谈起学术界对中国近代手工业经济的地位与作用的研究状况，并提出用“中间经济”观点重新解释时，章先生给予了热情鼓励，他从菲律宾的藤盘谈到日本的“一村一品”和瑞士的高级钟表，希望我大胆创新，细心求证。蔡少卿先生是研究近代社会史的著名专家，我博士毕业后，有幸进入南京大学博士后流动站，在蔡先生指导下从事中国近代同业公会与学徒制度的研究，尝试借鉴社会学中的社团理论、群体理论，对近代行业组织的演变和工商业学徒进行探讨，得出了一些新的认识。赵德馨先生研究经济史强调“通”，领域宽，跨度广，他多次同我谈到，学习历史的人研究经济史应该“换脑筋、换思维”，促使我用经济学的思维思考近代社会经济的演变。我是学历史出身的，我的研究遵循史学的基本规范，强调原生态史料的搜集与解读。但是，研究经济史又不能不借助一些经济学的理论与方法，以求从更深层次上探究经济

---

① 章开沅：《治学不为媚时语》，《章开沅文集》（第八卷），华中师范大学出版社 2015 年版，第 321 页。

运行的内在因素，尤其是对历史上的经济现象、经济运行过程的抽象，并总结其规律，经济史发展到一定阶段后必定对社会产生多方面的影响，反过来，社会的状态也会影响到经济的演变。因此，经济史研究者的视野必须放宽到社会史领域，从整体上把握经济史的走向。我的研究从总体上看兼顾了上述几个方面，可以看出几位先生对我的影响。

上官：您在《中间经济：传统与现代之间的中国近代手工业（1840—1936）》一书中提出了“中间经济”的概念，您能具体谈一下此书的成书背景，并且阐释一下“中间经济”这一概念吗？

彭：我之所以选择中国近代手工业来进行研究，主要是观察到了当时学术界在对手工业经济史的研究中有着较大的分歧和争议，当时彭泽益和汪敬虞先生对近代手工业有着不同的评价和定位，这使我感觉到应该对近代手工业重新进行研究，所以我决定选择近代手工业作为我的探索起点。随后我开始了对近代史有关资料的比对整理，对马克思主义经典作家的工业生产形态演进理论和西方的原始工业化理论进行了认真研究，并且从中国近代国民经济结构的实际出发，觉得用“中间经济”能够较好地解释中国近代手工业的长期存在及其作用。“中间经济”是指中国近代手工业介于传统与现代之间的中间经济层次，它有两重含义：其一是对近代手工业经济形态变更所处阶段的定位，其二是对手工业在传统农业和现代工业中间所起作用的规范。

上官：在《半工业化：近代中国乡村手工业的发展与社会变迁》一书中，您为什么提出“半工业化”这一概念，您又是如何理解“半工业化”的？

彭：我是将近代乡村中的半工业化看作是传统手工业与大机器工业之间的一种动态现象，是大机器工业产生并获得一定程度的发展之后，传统手工业寻求自身存在和发展的一种积极应对方式，但在工业化史学者的视野下，这部分进步的乡村工业往往被忽略了，为了弥补工业化史学者的忽视，我特意将这部分进步的乡村手工业从近代乡村手工业经济中剥离出来，概念化为“半工业化”。半工业化是对近代中国若干农村地区、若干乡村手工业行业发展进程所处阶段的一种判断，具体地讲，“半工业化”包括以下内涵：在工业化的背景下，以市场为导向的、技术进步的、分工明确的乡村手工业的发展。从微观上看，单个农民家庭手工业或手工业作坊延续了明清以来乡村手工业的发展势头；从中观上看，区域性的乡村手工业有明显的发展，这是我们分析的着眼点；在宏观上，我们并不认为整个近代中国农村手工业都出现了半工业化现象。

上官：彭教授，您提出“中间经济”“半工业化”之类的新颖观点说明您在中国近代手工业研究中是讲求推陈出新的，与学界类似研究相比，您的创新点是什么？赵德馨先生说您很注意思维方式的转变，这是不是与您平时的阅读有关，能谈谈您是如何转换思维方式的吗？

彭：过去的研究总给人一种印象，似乎鸦片战争后随着外国资本主义经济的侵入，中国原有的手工业遭受打击后便一蹶不振。事实上，当时的手工业经济作为一种经济成分，十分复杂，其中有衰落，也有发展，不能一概而论。学术界对于发展的一面研究不够，于是我将这部分手工业抽象出来加以研究，并提出用“中间经济”来解释中国近代手工业的进步及其在国民经济中的地位与作用。

上官：彭教授，就手工业研究而言，以往多是实证研究，一般认为实证性的研究较难有思想，但是在您的书中，既有微观实证，又有宏观理论，您是如何看待这两者之间在研究中的关系的？并且如何做到两者的结合？

彭：关键是要把“从大处着眼”与“从小处着手”两者结合起来，从大处着眼，要求研究者具有宏观问题意识。历史现象包罗万象，历史问题纷繁复杂，研究者往往陷于其中，被具体问题所纠缠。因此，研究者要有大问题意识，大历史观念，但是，对宏观问题的解决，终究要依靠扎实的实证研究，要善于小中见大，因此需要“从小处着手”。比如，对近代乡村手工业的研究，我是在思考中国近代工业化道路这样一个大问题。过去对于这个问题，学术界多从引进国外先进技术直接创办机器工业企业的角度探讨，即所谓移植型的工业化道路，但是通过对若干农村地区、若干行业中的手工业的考察，我们发现还存在着一条本土工业化道路，即嫁接型的工业化之路，这条道路尚未走完，于是我将其称为“半工业化”。

上官：您是如何看待新世纪中国近代史研究的，请介绍一下您在这方面的观点。

彭：近代史的研究还存在着很多薄弱环节，甚至存在着一些盲区。在我看来，下层社会的历史并未引起学界足够的重视。下层史是一般民众的历史、普通人的历史。对下层史的真实重构才能揭示一部真实的中国近代史。现有的研究还不能完全改变下层史沉入史海底层的状况。这既有历史传统、研究范式上存在的问题，也有资料搜集、运用与解读上存在的客观困难。要做好下层史的研究，首先需要研究者将关注的焦点由精英历史人物研究下移到普通民众身上。其次在空间上，需要研究者将目光由都市转向乡村。当然，城市史中同样具有下层史的领地，比如城市下层社会的苦力、帮工、手工业者、乞丐、娼妓等，对这些群体及其与他们生活息息相关的市井文化加以研究，也是下层史需要深化的领域。再次，对于经济史研究者而言，也需要将目光下移，即考虑如何兼顾宏观经济走向与微观经济实态、现代经济与传统经济的结合等问题。再次，研究时段上的下移，下层史的研究需要突破一些人为的分界线。以我对“半工业化”的研究为例、“半工业化”由于受到20世纪30年代以来的国内外战争的影响而被迫中断，但是中断也许并非必然意味着失败。20世纪70年代末80年代初以来，中国乡镇工业尤其是江浙乡村工业的发展，在很大程度上就是这种“半工业化”的延续与深化，这种从家庭工业—“半工业化”—工业化的道路，很可能就是中国乡村工业化模式之一。在1949年之前，这只是一条可能的，但却没有走完的道路，新中国的改革开放使这种模式变成了现实，这种模式只有在研究时段上下移时才能诠释出来。最后，下层史的研究还有赖于资料的发掘与整理。如对非主流报纸、杂志的挖掘和整理，对私人笔记、家传家谱、野史资料的搜集，对民间传承资料的运用等。

上官：章开沅先生将“原生态”概念引入史学研究，强调原生态史料的发掘与运用，您提出要坚持历史研究的原创性，请谈一下史学原生态与历史研究原创性的问题。

彭：这里先要说明几个概念。原生态本是指事物的原初生存形态或生活状态，是事物最原始、最本真的一面。原生态历史当然应该是历史人物、历史事件与历史现象的原初状态，是一种真实的客观存在，其最初的载体是历史上传承下来的各种文本。从历史哲学意义上看，原生态历史就是本体的历史，要使这些本体的历史再现在世人面前，有赖于历史学家创造性的劳动。史学研究的原创性是指认识历史、包括理解和解释两个层面上的原始创新。史家所处的时代与知识背景的差异常常造成他们对历史人物、历史事件的不同理解，但真正符合历史本体的理解只有一个，这种理解就是原生性理解。就解释而言，原生性理解是指研究主体对尚未被认识和发现的、沉淀在历史过程中并影响历史发展的共性因素的完整归纳和高度概括。我认为，史学研究的原创性建立在对历史的充分理解与科学解释的基础上，对历史的理解与解释又是以历史的真实性为前提的，真实历史的构建是从尽可能详尽地占有历史资料入手的。所以我认为我们应该做到史料学意义上的原生态，也就是尽可能地占有研究对象的各种文本，尽可能地掌握“文本的世界里”所包含的完整信息，这是历史学的生命所在。通过考证原生态的史料，构建出清晰的准确的史实，它保证了研究主体对历史的理解、解释不会建立在虚假的、模糊的史实基础上。在历史哲学意义上，理解与解释是两个不同的层次。对历史的理解，在很大程度上是一个与古人对话的过程，在我看来，如何构建一个虚拟原生态场景，是能否准确理解历史的关键。而解释历史则是以具有普遍规律性的概念作为解释原则，探寻历史事件背后起作用的共性概念。无论是对历史的理解还是解释，两者都必须建立在依据原生态史料构建起来的真实历史的基础上。所以原创性的理解与解释就是在原生态场景下、在原生态史料的基础上构建出原生性的历史发展过程并抽象出过程背后起作用的那些共性因素。原创性之所以存在，是因为历史需要不断地被重新认识，不同的解释形成不同的观点，这不仅有赖于新史料的发掘，而且要取决于善用新的意识形态去解读已有的史料和新发掘的史料。时代的不同和人类文明的进步不仅使历史上传承下来的各种“文本”进入史家的视野，而且使史料中蕴含的、尚未被人们认识的价值重新浮现出来。因此，新史料、新方法、新观点构成历史研究原创性的主要体现。历史研究的原创性可以在不同的层面上形成。第一是个别历史人物、历史事件、历史现象研究中的创新；第二是断代史、专门史研究层面上的创新；第三是通史、整体史研究中的创新。这三个层面上的原创性逐步升华，第一层面是原创性的基础，只有将单个历史人物、事件和历史现象在历史上存在的深刻原因、意义真正弄清楚，才能尽可能还原出它们在历史上的本来面貌，也才能使其他两个层面上的原创性观点建立在充分的、可信的历史依据之上。总而言之，历史研究的原创性是原生态史料基础上、在原生态场景下、通过原生性历史过程的重建而形成的对历史的理解与解释。

（原载《社会科学家》2008年第4期，文：彭南生、上官定一）

南箭东金　生花之笔

——访近代经济史专家彭南生教授

人物名片：彭南生先生，1963 年生，湖北武汉人，历史学博士，华中师范大学中国近代史研究所教授、博士生导师，当代知名近代经济史专家。曾任华中师范大学历史文化学院院长、华中师范大学科研部部长兼社科处处长，现任华中师范大学副校长。彭教授是湖北省“楚天学者”特聘教授，华中师范大学“桂子学者”特聘教授，湖北省有突出贡献中青年专家，入选教育部新世纪优秀人才支持计划，享受国务院政府专家津贴。彭教授长期致力于中国近代经济和社会转型问题研究，他提出的“中间经济”“半工业化”等关于中国近代手工业史研究的具有原创性的观点，在近代史学界产生了广泛的影响。其博士学位论文《中间经济：传统与现代之间的中国近代手工业（1840—1936）》荣获全国百篇优秀博士学位论文奖，专著《半工业化——近代中国乡村手工业的发展与社会变迁》2009 年获教育部高等学校科学研究优秀成果（人文社会科学）二等奖，《历史学研教双优型人才培养质量体系的创新与实践》2013 年获湖北省高等学校教学成果奖一等奖，并多次获湖北省人民政府社会科学优秀成果奖。主持国家社会科学基金重大攻关项目、年度项目、教育部人文社会科学研究基地重大项目等多项。其主要学术著作有：《中间经济：传统与现代之间的中国近代手工业（1840—1936）》《行会制度的近代命运》《半工业化——近代中国乡村手工业的发展与社会变迁》等。在《历史研究》《近代史研究》《学术月刊》《江汉论坛》等刊物发表学术论文百余篇。

关于中国近代的经济与社会转型问题，本刊历来关注并致力于刊发此类研究中的最新成果。彭南生教授于中国近代经济史研究造诣甚深，同时也是本刊的老作者，一直很关心本刊的发展。由于长期的学术合作关系，承蒙彭教授厚爱，百忙之中拨冗接受了本刊“名家访谈”栏目记者的学术专访。在这里，我们向他表示由衷的感谢！

张卫东（以下简称“张”）：学者的学术经历，可谓千人千面，其间充满了趣味，请问您是如何走上历史研究的道路的？

彭南生教授（以下简称“彭”）：如果从 1981 年进入华中师范学院历史系学习算起，到今天为止，我在这所学校已经学习工作了整整 35 年的时间。应该说，在一个单位工作 30 余年，这算是一段漫长的人生过程了。回顾这 35 年的学术及人生经历，其中许多的点点滴滴确实值得追忆和珍视。套用时下流行的说法，说个玩笑的话，我是一个土得不能再土的“土鳖”，是一个土生土长的华师人，没有喝过什么洋墨水。我是 1981 年考入当时的华中师范学院，在这里接受从本科、硕士到博士这样一个完整的学术训练，基本上奠定了我以后的学术研究兴趣与方向。博士毕业以后，我又有幸进入南京大学历史系，做了两年的博士后研究，师从我国著名社会史学家蔡少卿先生。由于工作的需要，博士后出站后，我回到母校从事历史教学与研究工作。不久，同样是因为工作的需要，我又到香港浸会大学历史系做了一年的亚联董（亚洲基督高等教育联合董事会）访问学者。虽然没有正式留过“洋”，但是我自己还是感到非常庆幸，因为在我学术的道路上先后遇到了几位誉满学林的史学大家，这种学术机缘对于一位学者来说可以说是可遇而不可求的。

我想说的第一点，就是我们华中师范大学历史学科一直都有着非常好的学术传承，在这种学术传承中形成了厚积薄发的优良学风。应该说，华中师大历史学科有着非常深厚的学术底蕴，也有一批享誉全国的学术大家。我清楚地记得，1981 年我刚刚进入华师的时候，那一年恰逢辛亥革命 70 周年，当时在武昌举行了纪念辛亥革命 70 周年的国际学术研讨会。就在这次会议期间，章开沅先生回来给我们做了一个学术报告，当时学校有五个年级的学生同时在校，大家都来听报告。历史系一些老师也来听章先生的报告，其中就有张舜徽先生。我记得，当时张舜徽先生进来的时候，章开沅先生起身与他握手，在他们二人握手的那一刻，全场报以热烈的掌声，应该说彼时那一幕一景给我留下了非常深刻的印象。那个时候，我才意识到华师历史系有两张非常响亮的学术名片，即张舜徽先生和章开沅先生。当然，华师其他院系也都有一些全国著名的学者。当时学校的条件不比现在，还是比较简陋的，我记得我是带个小板凳，坐在教室的走廊上听完了这场报告。听报告的时候，我就在想，看来我到华师历史系来读书的选择是正确的。当时的这个选择到现在仍然让我感到自豪。

张：当时为什么要选择读历史系？您报考的就是历史系？

彭：这一点说起来实际上具有一点偶然性。当时我们上大学，实际上是按照专业成绩填报院系的。换句话说，考生要上什么学校，取决于考生高考的总分。读什么专业，取决于考生高考相应科目的成绩。我的印象中，当时我高考成绩最好的科目就是历史，所以也就进入了历史系。但是，当时我填报志愿的时候，我的语文任课老师徐修业先生（华师中文系校友）指导我第一志愿填报华师中文系，第二志愿填华师历史系。可能是语文的考试成绩稍微低了一点，加之那时中文又是一个热门专业，因此我就没有被中文系录取，结果被历史系录取了。所以你看，有时候人生的轨迹确实会被一些偶然性的因素左右，就像我当时读历史系，大概就是这样一个例子，我也因此与历史研究结下了不解之缘。进入历史系以后，慢慢地我就发现，这个专业同样非常好，有这么多的学术大家，能够接受他们的学术熏陶，难道不是人生之幸吗？现在回想起来，当时华师历史系的学术团队实力强大，学术风气优良，确实非常有利于人才的成长，对包括我在内的当时华师历史系毕业的一批史学工作者来说，这种影响都是十分深远的。

我想说的第二点是，在我的学术成长道路上，我得到了一批非常优秀，且深具人格魅力的著名学者的“耳提面命”，这是我感到极为庆幸的地方。首先我要提到的就是章开沅先生。当时章先生所率领的中国近代史研究团队，包括一批知名的专家学者，年长一点的如刘望龄教授、陈辉教授，年轻一点的有严昌洪教授、罗福惠教授、唐文权教授，更年轻一些的有马敏教授、朱英教授等以及历史系的董方奎教授、苏中立教授等，他们在各自的研究领域都深有造诣，都对我有一定的影响。当然，影响最大的还是章开沅先生。在我博士阶段的学习过程中，章先生在学术与人生等方面给了我许多很好的指导，对我而言可谓终身受益。在学术上对我影响较大的另一位学者是我国著名经济史学家、中南财经政法大学教授赵德馨先生。我记得毕业留校后不久，历史系派我到中南财经政法大学进行研修学习，用通俗的说法就是国内进修。非常巧合的是，在进修期间我的导师就是赵德馨先生。史学圈的人都知道，赵先生伉俪都是国内研究经济史的大家，这对我来说真是十分难得的学习机会。赵先生史学研究的特点是极为强调“通”，就是司马迁所说的“通古今之变”，只有“通”，才能真正了解历史变化的内在逻辑。他的经济史研究，从古代经济史，最初大概是楚国经济史，一直延续到当代中华人民共和国经济史。他的这个研究特点，在国内经济史学界是不多见的，或者说是罕见的。他治学的思路和视野非常宽广，而这对我的史学研究工作就产生了非常重要的影响。我记得他当时对我说，以历史学的方法做经济史研究，和以经济学的方法做经济史研究，各有不同的路数，虽然其间存在着诸多的联系，但其区别还是非常大。他特别对我强调，在做经济史研究的过程中，要换思维、换脑筋，要有意识地运用经济学的方法来研究经济史，而不能完全依靠历史学的方法研究经济史，只有这样，才能对历史上的经济问题有更深刻的理解与解释。跟随赵先生学习的时间虽然只有短短的一年，但他的教诲使我从事经济史研究的思想、思维和观念层面发生了很大的改变，换句话说，正是在此期间我学到的那些历史学方法之外的经济学理论，让我后来的经济史研究“柳暗花明”，应该说收获很大。我想我学术道路上对我影响较大的第三位学者是我国著名社会史学家、南京大学的蔡少卿先生。蔡先生是我国近代社会史研究领域的著名学者，尤其是他对我国历史上的秘密社会或者说黑社会的研究，有很多具有创建性的研究成果，在学术界具有广泛的影响。在跟随蔡先生做博士后研究的过程中，他对学问的孜孜追求给我留下了不可磨灭的印象。在蔡先生看来，一个知识分子有两种生命：一是生物的生命，二是学术的生命。生物的生命总是有尽头的，但是学术的生命却可以靠一代代的学人不断延续下去。对于一个学者来说，就要精心栽培学术新苗，细心呵护使其不断茁壮成长，从而延续自身的学术生命。所以，蔡先生对于蔡门弟子都寄予了很高的期望。我在蔡先生身边学习的过程中，也深刻体悟到了他的良苦用心，因此时刻鞭策自己在学问上要不断前行，不负蔡先生之厚望。

从我们上面的谈话可以看出，从章先生、赵先生再到蔡先生，这些学问大家在我求学治学的不同阶段都对我产生了极其重要的影响。中国人常说，饮水思源，如果说我在学问上取得了什么成绩的话，抛开自身努力的成分外，那么华中师范大学历史文化学院的一批老师，尤其上述几位著名学者的史学思想、史学观念、史学理论都在我的史学研究中烙下了深刻印记，使我受益匪浅。上述诸位先生的人格魅力、广博的学问、诲人不倦的敬业精神，都在我心底深处产生了“化学反应”，使我逐渐培养起了历史研究的浓厚兴趣，并确信应当在历史研究的道路上坚定不移地一直走下去。因此，在 20 世纪 90 年代弃学从商、弃学从政的热潮中，我留了下来。总的来说，我之所以从事历史研究，既有偶然的因素，但更多的是必然的成分。我进入历史学的研究领域可以说是一个偶然，而我在这个领域待得越久，就发现自己对历史研究的兴趣越浓，想要坚定地走下去的决心也就越大。所以，回顾自己从上大学以来直到今天，可以说自己在万紫千红的史学百花园已经摸爬滚打了 35 个年头了，我于史学研究而言，亦可谓“衣带渐宽终不悔，为伊消得人憔悴”了。当然，现在由于工作的关系，自己不可能再像从前那样全天候地从事史学研究，但是，我还是尽可能地利用节假日、周末的空闲时间，做一些自己喜欢的经济史课题。作为史学研究的一名老兵，我依然会继续站好自己应站的岗。

张：我们都知道，林增平先生也是辛亥革命史研究的大家，您跟林先生是否有过接触？

彭： 说起林增平先生，我跟林先生接触不多，大概有两次接触的机会。因为林先生也是研究辛亥革命、研究近代资产阶级的大家，“林章”或“章林”并称，一时被传为中国近代史学界的佳话。我记得最早接触林先生，是当时我们华中师范大学历史系戴绪恭老师申报教授职称，他评教授的材料要请一位外校的专家来评审，这位专家正好就是湖南师范大学的林增平先生，系里派我把这份材料专门送到林增平先生那里，请他评审。我们都知道，林先生的文章写得非常漂亮，特别是关于中国近代资产阶级的文章，尤为出色。当时，关于中国近代资产阶级的研究是一大热点，研究的人非常多。当我第一次见到林先生的时候，他给我的最深刻的印象是和他挥洒自如的文章比起来，他是一位寡言少语的忠厚长者，衣着随意，对待后生很和善。我说明来意并把评审材料交给他以后，他做了极为认真的评阅，给出了十分客观公正的评价。尽管林先生从性格上说是寡言少语的，但他处理事情却十分周到细致，我在长沙期间，他安排年轻教师陪我参观，介绍湖南师范大学历史系的情况，让我感觉到格外温暖。林先生这种忠厚长者的作风，使我领悟到做学问与做人应该是统一的。我第二次接触到林先生，就到了 1991 年，当时我是去参加在长沙举行的纪念辛亥革命 80 周年的青年学者学术研讨会。当时，我们也都听说了林先生不幸罹患重疾，已经卧病在床了，但是林先生还是撑着病体来到了会议现场，并对在场的青年学者讲了一些鼓励的话。在我们华中师范大学近代史所，朱英教授因为早年的研究领域与林先生比较接近，所以接触相对比较多一些。我因为比较侧重于经济史研究，因而与林先生没有太多的接触。

张：您刚才说到当时学校有1977、1978、1979、1980、1981级五个年级的学生同时在校，当时是一种什么情况？各级学生相互之间接触多不多？

彭：情况是这样的，因为我们国家是1977年12月恢复高考的，所以1977级入学的时间实际上是1978年春季了，春季不是一个正常的入学时间。到1981年秋季，我们刚入学的时候，1977级四年级的上半学期刚结束，所以1977级跟我们1981级就有半年时间同时在校。这种情况当然也不是华中师范大学独有，当时全国各个高校基本上都是如此，1977、1978、1979级的学生，普遍阅历丰富，年龄稍大，稳重成熟。特别需要指出的是，这批学生时间抓得特别紧，学习尤其刻苦，这对我们这批从高中直接上来的学生无疑会产生一些影响。1977级年龄普遍较大，主要是从社会上考进来的，他们能够从10年积压的570万考生中脱颖而出，应该说素质都是相当高的。现在想来，那时候从他们身上还是学到了很多东西。我们1981级基本上是从学校到学校，没有什么人生阅历，进入了大学，对于大学的学习最初还是颇感迷茫的。因为高中的学习和大学的学习是完全不同的，那时候的高中虽然应试教育的程度不像现在这么严重，但也主要是围绕着高考来学习的。当时的大学生和现在的大学生相比，其地位还真是不一样，普遍被社会视为“天之骄子”。但是，进入大学以后，学习的跨度很大，进度很快，真觉得不知道该怎么学了。那个时候，学习的资源远不如现在那么丰富，也没有那么容易获取，学习参考资料还是比较匮乏的，当时主要还是依靠教科书。所以，我们进校之后面临的主要问题是，如何更快地适应大学的学习与生活。我记得，当时我们的辅导员就请了1977级的老大哥、老大姐来给我们介绍大学的学习方法，怎么样适应大学的学习，以及如何利用图书馆，等等。在我的印象中，现在我们华中师范大学教育学院的周洪宇教授当时就参加了这样一个活动，来给我们传授学习的经验与方法，包括如何利用图书馆查阅资料。

张：您读大学的时候，也是我国改革开放的起步时期，也是思想开始解放的时候，这种思想解放在大学是如何表现的？

彭：讲到思想解放这个问题，我觉得应当从以下几个方面来看。首先一个方面是，大家都非常珍惜这种来之不易的学习机会。“文革”时期，知识分子被视为“臭老九”，“读书越多越反动”，这极大地伤害了知识分子的自尊心和自信心。一个国家如果不珍重（珍惜并尊重）知识分子，这个国家也就看不到前途。党的十一届三中全会以后，随着高考制度的恢复，青年人从无书可读转变到有书可读并且有人教你读书的状态，尽管我们那时候的学习条件远远不如现在，但是我们基本上每天都是泡在大学的图书馆，年轻人的读书热情可以说是空前高涨。因为大家的学习热情很高，所以图书馆的座位非常紧张，为了抢到一个座位可谓煞费苦心，挤掉书包带、挤脱鞋子是常有的事。第二个方面，从历史的角度来看，当时无论是老师的教学，还是我们的学习，如果说思想解放就像融化坚冰，其实很大程度上只是在慢慢融化。我们今天讲思想解放，好像是一步到位，其实根本不是这样的，也不符合历史发展规律。比如说，老师们在讲鸦片战争以来中国近代史的基本线索时，基本上还是按照“三大高潮”这样的线索来讲的，并没有突破这个大的框框。总体情况基本上就是这样，但是在讲到某些具体历史问题时，他们会提到关于这些研究现在有哪些突破，有哪些新的观点与理论，等等。这些具体的历史问题包括太平天国运动、戊戌变法、义和团运动等近代史研究中的重大问题。比如对义和团运动，过去提得都很高，后来慢慢有一些不同的看法。至于辛亥革命那就更不用说了，我们华中师范大学的老师们当时就已经开始跳出传统的看法，开始以新的理论与视角对其进行研究，在授课时老师们都会提出一些与流行的看法不太一样的观点与理论。而且由于当时改革开放已经是一个明显的历史趋势，国内的大学与海外的大学和研究机构的学术交流也在逐渐增多，一些新的理论与方法也随之而来，这都会对我们传统的史学观念产生影响。我们自己也在不断地思索，觉得对很多历史问题而言，过去的解释并不是唯一的解释，还可以从其他的方面或视角予以解读，从而使历史研究逐渐走向深入。第三个方面，我想说我们读大学的时候管理还是非常严格的，严格到现在的孩子会觉得不可理解。比如说，当时大学普遍规定，大学生在读期间是不允许谈恋爱的。还有更为极端的规定，当时大学生是不允许跳舞的，到大学四年级时，规定才开始慢慢改变。这在现在是完全不能想象的，现在的大学生如果不在大学谈一场恋爱，似乎就枉费了自己的青春。在这样严格的管理之下，大家的主要精力也都是放在学习上，尤其是对专业的学习。我本科时期是 1981 年到 1985 年，今天看起来，那时我国的思想解放也只是刚刚启动和初步发展阶段，我们在大学所接受的教育，主要还是以传统教育为主，思想观念也正处于传统向现代的过渡阶段。

张：谈到历史研究，没有人否认历史的警世和醒世价值。众所周知，近代中国的历史充满了耻辱和磨难，您长期从事中国近代历史研究和教学工作，您如何看待历史研究的社会价值？

彭：我们都知道，中国是一个特别重视历史传统的国家。在我们国家浩如烟海的古代典籍中，历史文献占了很大的比重。为什么会这样？因为历史是文化的载体，而文化是一个人、一个国家得以安身立命、国泰民安的根本基础所在。清代著名思想家龚自珍曾说过一句名言：欲灭人之国，必先灭其史。所谓“灭其史”就是灭掉它的文化。所以，中国人或者说我们这个国家相信，历史能够给予现世的人们以警示，或者说是历史具有醒世作用，甚至是资政作用，我想这一点作为历史研究的基本价值或者说功能应该是没有疑问的。不仅是在中国，在西方，人们同样具有历史对未来具有借鉴作用的观念，像“学史使人明智”“忘记历史意味着背叛”等都是大家耳熟能详的名言。恩格斯也说过，我们根本没想到要怀疑或轻视“历史的启示”，历史就是我们的一切。当然，以上是就普遍意义上来说的，对于个人来说，历史同样具有这样的功能。我记得美国著名历史学家卡尔·贝克尔曾说过：人人都是他自己的历史学家。这也是 1931 年贝克尔当选为美国历史学会主席时就职演讲的题目。他指出，我们每个人，在自己的日常生活中，虽然是无意识的，但时时刻刻都暗合了某种历史观念，从真正的意义上讲，历史不可能与生活分离。因此，在这里我想从三个方面来谈历史研究的价值或功能问题。

首先，我觉得从历史研究的角度来看，历史价值最基本的一点是：我们必须寻求最真实的历史，也就是我们通常所讲的历史研究必须要以“求真”“求实”作为构建历史大厦的基础。我不能说是历史研究唯一的价值，但至少也是最重要的价值之一。因为无论我们说历史的“警示”“醒世”价值也好，或者说如司马光所言“鉴前世之兴衰，考当今之得失”的“资政”功能也罢，历史研究作用的发挥，首先而且必须建立在真实的历史基础之上。我们搞历史研究，撰写历史著作，编写历史教科书，哪些历史资料要进入我们的著作或教材，如何来看待这些问题，我想每个历史工作者的个人因素都在其中发挥着作用，换句话说，历史研究的主观性事实上是不可避免的。尽管史学界的很多人都在提倡，我们搞历史研究要超越或超然于历史材料之外，秉持纯粹客观的历史观念，站在一个中立的立场，但那只是一种理想状态，在事实上是行不通的。虽然历史研究的主观性不可避免，但作为一个合格的历史工作者，我们仍然要尽自己的最大能力、最大可能地还原历史的本来面目或真相，而且只有这样，我们才能够相对正确地理解历史和解释历史，我们的研究才能建立在一个科学基础之上。我有一个基本的看法，历史作为一门科学，其首要条件是历史真实，没有真实所谓历史科学就只能是海市蜃楼。

其次，历史科学的价值或功能一定是建立在真实的历史基础之上的。如果我们的历史研究是建立在虚假的基础之上，或者说因为某种原因，历史事实被扭曲或乔装打扮了，任凭研究者再怎么巧舌如簧，雄辩如战国时期之名家，这些历史解读或建构都是建立在错误的基础之上，那么在我看来，这种研究是没有办法产生“警世”或“醒世”作用的，也是没有意义的历史研究，历史是不能容纳谎言的。也正是在这个角度上，我常常在想，我们的历史研究一定要去发现问题，解释问题，从对这些问题的研究中引申出历史问题对当代社会的价值或功能。我们如何去发现问题，其实和现在我们所谈到的历史研究的“借鉴”功能有着十分密切的关系。广义上讲，历史研究其实是什么问题都可以研究的，就像英国著名哲学家大卫·休谟所说的那样，历史不仅是知识中很有价值的一部分，还打开了通向其他许多部分的门径，并为许多科学领域提供了材料。我们过去的历史研究主要集中在社会的上层，集中在精英阶层的历史，对于广大中层社会的研究远远不够，至于下层社会就更不用说了。但是，现在历史研究的情况就完全不同了，广大中下层社会的历史显然已经成为史学研究中最有发展前途的领域之一。只要我们肯付出足够的努力，就总能够发现那些从前为人们所忽略的历史资料。从这些历史资料出发，结合相应的历史背景，就能够对历史问题提出不同于以往的新观点、新解释甚至是新理论。就像我们在前面提到的蔡少卿先生对于近代中国秘密社会的研究，其中就有很多具有原创性的观点，对于我们重新理解和解释历史问题有着十分重要的启示作用。按照马克思的观点，历史从来不是根据某个人或某些集团的设想展开的，而是在多种力量交叉、冲突、平衡又失衡的过程中形成的，这些力量是我们无法预测甚至是无法理解的，甚至某些偶然性的事件就会改变历史发展的方向。历史虽然充满了偶然性，但也并不是毫无规律可循。固然，历史不会重复，但历史背后的逻辑则很有可能重复。这也是历史研究的魅力和魔力之所在。

最后，我们从事历史研究工作，从我个人的研究体会来看，最重要的就是要学会发现问题，要去发现历史上存在的问题，通过对这些历史问题的精细研究来体现历史研究的社会价值。如何去发现问题？我认为主要有三种方法：其一，我们要尽可能从史料中去发现问题。过去我们主要是从文字的史料，即文献的记载中去发现问题。一直以来，我国向来以传世的典籍文献浩如烟海而著称于世，所以我们涉猎的文献越多、越广、越深，那么我们发现问题的机会也就越多，我个人认为这是发现历史问题相对较好的途径，傅斯年先生的名言“上穷碧落下黄泉，动手动脚找东西”说的也就是这个道理。在我们广泛的阅读过程中，我们会对相关史料进行梳理、分类、比对，很容易就会发现问题，再将这些问题与以往研究中的结论相印证，很容易就会产生新的疑问，从而推动对有关问题的研究。而且，发现问题以后，我们在进行研究的过程中，就不用再到处去找资料了，因为我们已经看了很多的资料，研究也就有了很好的基础。这就像做饭一样，“巧妇难为无米之炊”，我现在有了历史资料的“米”了，那么做出一桌好饭不就是顺理成章的事吗？因此，从史料中间发现问题，我认为这是发现历史问题的一个最基本的途径。当然，从今天史学的发展来看，从史料中间发现问题，其实我们还可以有更多的途径，也就是说，要大力拓宽史料来源的渠道。我们过去主要是从文字、典籍等传统传世文献中获取史料，现在我们还可以通过很多的方法，比如人类学的方法、田野考察的方法，从更宽广的视角发现更多过去我们较少用到的史料，比如碑刻、家谱、契约、图像、口述，等等，这些都应该纳入我们史料应用的范围之内。我们还应该积极运用现代科技手段，创建属于自己研究课题的数据库，从而推动我们的研究向着我们所期待的方向发展。总而言之，在当前的史学研究中，史料来源的路径可以说是越来越宽广，越来越多元，越来越方便。

其二，在史学研究中发现问题的第二个方法，我认为应该是从史学研究的现状中去发现新的问题，也就是说，要从学术史的角度去发现一些问题。这里很明显的一个问题是，或许我们在阅读史料的过程中会发现一些问题甚至是一些很好的问题，假如我们不站在学术研究的前沿，就不知道这些问题学术界究竟研究到什么程度，可能我们发现的一些问题，学术界已经进行了很好的研究。我们在一种不知道的情况下，继续对这些问题展开研究，那岂不是做无用功吗？学术研究的根本要求是创新，而创新并不是无中生有，总是要在前人研究的基础上再向前推进。从对学术史的梳理与分析之中，我们也会发现许多很好的研究课题。可以这么说，一个学者对相关问题的学术史了解得越深刻，就越容易从学术史的角度发现新的有价值的研究课题。一个好的史学研究者必须牢牢站在学术史的角度去进行自己的研究，因为历史学科是一个相对传统和研究深入的学科，对于很多历史问题的研究都具有相当的深度，在相关问题上如果不站在学术史的角度去观察和揣摩，恐怕是很难发现新的研究课题的。对于历史研究而言，哪怕是很细微的小问题，如果确实是有新的见解，那么这在学术史上就是有意义的研究。

其三，发现问题的第三个路径，我个人认为，应该是立足于现实关怀，通过逆向式的思维去发现问题。我们都知道，历史是延续的，今天是昨天的延续，明天是今天的延续，它总是不断延续的。由于这种不断的延续性，历史之间的联系就一直在持续着，这是任何人为的力量都不能割断的。比如说，今天发生的某件事情，它一定不是历史上类似的事件的简单重复，但是其中一定存在着某种逻辑上的联系。学史使人明智，我想它的道理大概就在这个地方。我们在学习历史的过程中，无论前人成功的地方，还是前人失败的方面，后人总是能够从中汲取相应的经验或教训，从而帮助我们今后在前进的道路上尽可能地少犯错误甚至是不犯错误。前人在处理这些重大问题的过程中，效果怎样？是成功了还是失败了？成功的原因是什么？失败的原因又是什么？我们通过认真细致的研究，大体上就能够搞清楚其中的因果关系，弄清了这些复杂的因果关系，就会给予我们很多的历史启示。我们今天所谈到的"警示""醒世"或者说"资政""鉴戒"等问题，都属于历史研究的价值和意义所在，我们都可以在通过立足现实、逆向思维解决历史课题的同时，为我们的社会建设提供新的思想资源。我认为，这是一种很好的历史研究路径。我们研究中国近代的政治、经济、文化、社会等等问题，都与当代中国存在着千丝万缕的联系，比如说，现在我们国家正处在工业化的后半程，它所带来的很多问题显得异常突出，就像环境污染问题，已经成为当前我国社会各界都非常关注的问题。

张：基于现实问题，从历史中汲取教训，这当然是非常重要的，然而历史的悖论恰恰在于：人们似乎很难从历史中汲取教训！就像您刚才提到的我国目前严重的环境污染问题，西方发达国家在快速工业化的过程中都曾发生过十分严重的环境污染问题，然而，我们国家却何以把西方国家"先污染、后治理"式的发展之路老老实实重走了一遍？

彭：如你所言，我们国家在快速工业化的过程中，的确把西方发达国家"先污染、后治理"的老路重走了一遍，我们的环境污染问题甚至可能比当时西方发达国家的情况更严重。老实说，这的确是一个沉痛的历史教训。不过，我想说的是，这个层面的问题的复杂性恐怕并不是历史学者的影响力所能改变的。我们学习历史和研究历史，可能多多少少对自己的学科和研究领域有所偏爱，甚至会无形中夸大它在现实社会中的作用，这大概也是人之常情，无可厚非。但实事求是地说，我们历史学者的声音在社会上的影响力还是比较弱小的，特别是在市场经济占主导地位的当下，在一个急功近利、物欲横流的时代，尤其如此。对于我国严重的环境问题，需要多方面的人士共同参与和努力，提高认识，才有可能对症下药，逐步解决。历史学者的任务是求真求实，比如说当年伦敦号称"雾都"，照今天看来，其实就是雾霾笼罩的城市，这是英国工业化过程中所犯过的错误。但是，我们为什么没有汲取这个历史教训呢？我们说历史研究尽管具有一定的“警世”功能，但这个功能是否能够发挥作用，在很多时候不是历史学者所能左右的。作为学者而言，前面我们说了，他们的声音还是非常弱小的，他们的研究成果很多时候并不能引起决策者的关注。历史研究是一回事，是史学研究者的本职工作，而关注历史研究的成果，则应该成为决策者们的一种历史情怀。这就牵扯非常复杂的现实问题，比如我们过去的发展模式，我认为从严格意义上讲，它并不是一种发展，而是一种增长，它追求经济规模的扩大和数量上的增加，也就是单纯追求 GDP 的增加。这种观念已经渗透到了我们社会的方方面面，其影响在短期内是很难消除的。那么发展又是什么呢？发展追求的是经济效益和经济质量上的进步，这种进步是通过提高技术水平来实现的，它能降低资源能源的消耗，尽可能地减少对环境与生态的破坏。当前我们国家的经济转型，其实质就是要从过去那种追求数量规模的增长模式，转变为追求质量与效益的发展模式。总体而言，我认为，由于现实条件的制约，在当代中国某些特别重大的社会现实问题上，历史学者能发挥影响的余地相对还是比较小的。我们做历史研究，也不要把自己看得太重，我们最基本的工作还是还原历史的本来面貌。从历史研究中可以得出一些经验与教训，但如何把这些历史启示转化为政府或社会进行决策时的参考依据，我认为这项工作还应该有专门的机构比如政府的智囊机构或专门的政府咨询机构来承担。

张：从“中间经济”到“半工业化”，这是您对近代中国手工业史研究的一个特别贡献，请问提出这些学术观点您经历了怎样的学术思考与探索？

彭：关于“中间经济”和“半工业化”这些概念的提出，与我上面讲到的问题有很大的关系。我们研究历史，特别要重视从历史中发现问题，也就说要有强烈的问题意识。如何发现问题，我刚才也说了，主要有三种路径，即从史料中发现问题、从学术研究的前沿发现问题、从现实关怀中回溯历史发现问题。我记得，当时我在做博士论文选题的时候，虽然中国近代手工业史当时也是我的选题之一，但一开始我还在犹豫，因为当时我还有另外一个选题，就是关于慈禧太后的研究。当时学术界把慈禧太后说得那么坏，我就在想，一个女人在中国这样一个男权社会，而且还是在近代中国所面临的“三千年未有之变局”的历史背景下能够呼风唤雨、叱咤风云地维持了几十年的统治，总还是有一些值得研究的地方，她肯定有她自身的一些独特的方面。到了选题论证的时候，我们近代史所导师组的几位老师，包括章先生、罗福惠教授、严昌洪教授，还有马敏老师、朱英老师等都在场，我就谈了自己对于选题的想法，上述两个题目我都报告了。当时马敏老师说，这两个题目当然都是不错的，应该说都可以做。但是，他又接着说，据他了解，国外已经有人对西太后做了很好的研究，甚至专著都已经出来了，所以他认为做中国近代手工业史的研究会更好一些。既然国外已经有人对慈禧做了充分的研究，那当然就只能放弃了。这样，我博士论文的选题就定为从工业化的角度来研究中国近代手工业的发展变化的情况。

事实上，之所以选这个题目，很大程度上也是因为资料的原因。我们知道，彭泽益先生编写了四卷本的《中国近代手工业史资料（1840—1949）》，约200余万字，堪称是一部皇皇大著。虽然这本书是彭先生选编而成的，但是无论是它所包含的内容，还是它的史料来源之广泛都是相当令人敬佩的。当时，我就想以这部书为线索，再去旁及一些其他的资料，会在史料的准备方面减少很多无谓的劳动。历史研究的基础是史料，既然有了这样的史料基础，就促使我下决心在中国近代手工业史研究方面做出一些属于自己的东西。除了这个原因之外，还需要指出的一点是，我毕业之后从事近代史的研究与教学工作，在研究的过程中我就发现，从当时学术界的情况来看，彼时中国近代经济史学界非常重视对机器工业的研究，比如包括汪敬虞先生在内的一大批学者，他们当时都在研究中国近代的机器工业，可以说机器工业是当时的一大热点。相对来说，那个时候对于中国近代手工业史的研究是不够重视的，也正是因为如此，吴承明先生、彭泽益先生就呼吁，一定要重视对“不冒烟”的工业的研究，也就是说要重视对手工业史的研究。吴先生、彭先生这样讲是有道理的，因为相对于手工业在近代中国经济构成中的地位和影响而言，当时学术界对于近代手工业的研究和重视程度的确是远远不够的。基于以上两种考虑，所以我相信研究近代中国的手工业问题在一些前人所忽略的地方是能够有所作为的。另外还有一点也是促使我研究上述选题的诱因，这与吴承明先生有关。我们都知道，吴承明先生是我国经济史研究领域的大家，吴先生对于近代中国的手工业特别是工厂手工业有许多非常独到和精辟的见解，他的许多观点让我深受启发。大概就是在上述几个因素的共同作用下，我决定对近代中国的手工业问题展开研究。

在研究的过程中，我提出了一些不同于以往的观点：我认为中国近代的手工业是介于传统与现代之间的一种“中间经济”。章先生在我论文的开题报告会上，肯定了这个博士论文选题，说一个好的选题等于论文成功了一半。这个观点其实也是基于一个最基本的认识，就是我一直都在思考这样一个问题：尽管有很多学者都在研究近代中国的工业史，其中主要是机器工业史，但是在近代中国，当我们把机器工业与手工业进行仔细比较后就会发现，手工业在中国近代经济中绝对居于主体地位或者说主流地位，如果按照现在流行的 GDP 标准来折算，近代中国手工业的 GDP 产出是远远高于机器工业的。这样问题就来了：中国近代的手工业为什么能够长期存在？而且能够在国民经济中居于主流地位？按照我们从前所接受的理论与观念，无论是在学习的过程中，还是从学术界的主流观点来看，大家都认为手工业是非常落后的，有些学者甚至声称，正是落后的手工业阻碍了机器工业在近代中国的发展，客观上延缓了中国现代化的进程。然而，事实却并不是这样。那么中国近代手工业长期存在的原因何在？它的存在又产生了什么样的作用？正是基于上述问题的思考，也注意到当时学术界对中国近代手工业的主流观点：即把近代工业发展缓慢的原因、把机器工业发展困难的原因较多地归因于近代手工业的存在，这样的看法无疑是比较偏颇的。同样，这种看法也是十分笼统的，因为它对手工业本身长期存在的原因和生命力旺盛的原因是缺乏科学系统的研究的。有关近代手工业的上述问题既然已经非常明显地展示出来了，那我们就应该对它做一个综合和科学的研究。因此，我就从手工业在近代国民经济的发展过程中所起到的作用这样一个角度去开展研究。首先是要弄明白近代手工业与近代农业、机器工业等之间的关系，也就说要了解近代手工业与外部经济部门之间的关系。另外一点，还要搞清楚近代手工业自身发展过程中的各种问题。对于手工业本身的研究，一是要研究它在制度层面的问题，二是要研究它在技术层面的问题，同时，对于它在管理层面的问题也要进行研究。用马克思主义政治经济学原理来说，那就是既要研究它的生产关系，也要研究它的生产力。经过这样抽丝剥茧式的研究，我们就会发现，近代手工业的存在和强大有其合理性和逻辑性。它的合理性是什么呢？我认为就是它的“中间经济”的性质。

对于“中间经济”，我是从两个层面来定义的：其一，中间经济是处于传统农业和现代工业之间的一种经济形态。在近代中国，传统农业的力量依旧是最强大的，尽管传统农业依然是一种小农经济，既没有机械化也没有现代化，但是它的生命力十分旺盛，在近代中国社会经济构成中基本占据主导地位。近代中国虽然有一些机器工业，在某些大城市它甚至是居于主流地位，但是就中国近代经济的整体构成来看，机器工业依然是相当弱小的。介于传统农业和现代机器工业之间的经济成分就是我所定义的“中间经济”。“中间经济”虽然没有传统农业那么大的力量，但是较之于机器工业却又占据着明显的优势，这一点是基于“中间经济”的块头（规模）和地位而言的，这是第一个层面。其二，近代的手工业其实是存在着很多的变化的，它和传统的手工业虽然有很多的联系，但在更多方面却出现了变化。无论是从近代手工业的制度层面，还是从它的技术层面，有一部分手工业是发生了很大的变化的。比如棉纺织手工业，也包括丝织业，它们作为近代手工业的主要构成部分，其变化是非常巨大的。这种变化，我就把它定位于一种中间层次的变化，即它是一种“中间经济”。从技术层面来讲，“中间经济”已经脱离了传统的技术，但是它又没有达到现代技术的水平。以棉纺织业为例，近代纺织业已经从传统的木式手摇纺纱机发展到手拉机的层次，其效率已经有了较大的提高；到后来，铁轮机开始在纺织业中广泛应用，因为铁轮机已经能够运用蒸汽或电力等非生物能源来驱动轮轴，所以其工作效率较手摇机就有了非常大的提高，这对于提升手工业性质的纺织业的整体竞争力具有非常大的促进作用。类似铁轮机的技术我们或可称之为“中间技术”。从以上两个层面的分析，可以看出，无论是把手工业作为国民经济中的一个组成部分，就它与其他经济形态之间的关系及其在整个国民经济的地位与影响而言，还是从近代手工业自身所发生的一些制度与技术层面的变化来看，我觉得把它定义为“中间经济”，就基本能够解释为什么近代手工业能够长期存在。应该说，从近代中国工业化的进程来看，“中间经济”确实有其独特的历史地位，这一点是不能被忽视的。至于后来我提出的“半工业化”的概念，应该属于“中间经济”概念的延伸。我的近代手工业史研究，其主要着力点是乡村手工业，当然也有一些城市手工业。之所以提出“半工业化”的概念，是因为我在研究中发现，有一部分手工业其实已经发展到了“半工业化”的阶段。我们把中国近代手工业放在整个人类工业文明发展的历史长河中来观察，就会发现它既非工业化之前那种传统的工业形态，也不是后来实现了高度机械化的那种现代工业形态，近代手工业正处于这两者之间，所以我把它称之为“半工业化”。我在研究过程中提出这个概念，可能是受到了西方那种原始工业化理论的影响。原始工业化的理论大约出现在 20 世纪 60 年代，但是它的流行却是在 70 年代，这一理论的提出者是美国学者门德尔斯，而德国学者克里特、梅迪克和施卢伯姆等人编撰的《工业化前的工业化》一书则完整系统地对原始工业化理论进行了阐发。什么是“原始工业化”？原始工业化就是指，以传统组织形式的、以市场为导向的、主要分布在农村的工业的迅速发展。它与早期工业化的第一阶段即纺织工业的发展有着密切的关系。可见，原始工业化是指工业革命之前的工业化，该理论的提出者主要是想证明工业革命之前欧洲手工业的发展已经在内部为现代意义上的工业革命准备了条件，包括制度条件和技术条件。

我国近代手工业的发展变化，在鸦片战争之后很长一段时间，虽然也受到了西方工业文明的巨大冲击，但是当时我国的手工业自身并没有发生十分明显的变化。根据吴承明先生的研究，当时我国传统手工业中有一些部门确实走向了衰落，但是绝大多数手工业部门是没有发生多大变化的，它还是以原有的状态继续存续下去。但是到了甲午战争之后，我国近代手工业就开始明显发生了变化。

张：中国地域辽阔，这种变化在沿海和内地应当有不同表现吧？

彭：正如你所言，对于地域辽阔的中国而言，任何问题都不能一概而论。在东南沿海地区，近代手工业的变化显然更大一些。之所以会这样，其实是因为这些地区的手工业受到西方工业文明的冲击更猛烈一些，西方现代工业对它的威胁也就更大些，为了应对这种威胁，沿海地区的手工业必须做出一些改变，否则就会直面消亡。但是，这种变化在内地，尤其是偏远的农村，其表现就不明显，甚至是没有任何变化，农村手工业依然保持着传统的状态。

张：内地的这种几乎看不出来的变化，是否与交通不便有着直接的关系？

彭：交通不便肯定是一个主要的原因，因为欧美国家的廉价工业品限于交通之不便，对偏远地区手工业的冲击自然会小一些。根据我们上面的讨论，中国近代手工业的发展变化，应当以甲午战争为界，甲午战败之后，包括手工业经济在内的中国社会确实发生了一个很大的变化。这种变化的原因，一是鸦片战争以来在中国社会内部逐渐积累了相当多的足以引起各种变化的因素，二是甲午战败对于中国社会产生了强烈的刺激作用。这就像梁启超所说的，“唤起吾国四千年之大梦，实自甲午一役始也”。回到我们谈到的手工业问题，就是说在甲午战争之前，在中国近代手工业中也一直在积累着变化的因素，只是这种变化在甲午战败后恰恰实现了“量变到质变”的转化。

张：您说的手工业的这种“半工业化”似乎与地域空间存在着紧密的联系，是不是可以理解为“半工业化”的程度在我国的东部、中部和西部的表现是不同的？也就是说，“半工业化”在东部地区的表现最为明显和典型，中部地区变化不大，而西部地区则几乎没有变化？

彭：你的这种理解也是可以的。不过，我想指出的是，当时我在研究中国近代手工业的“半工业化”问题时，无论在行业和地域上都是有所选择的，确实存在着“典型地区”和“典型行业”现象。从典型地区上来说，第一个是在华北的京津冀地区主要是在天津附近，例如在高阳和宝坻的表现比较典型，此外在华北的河北、山东等地的表现也都比较明显。上述地区就是我们今天所说的所谓环渤海地区。第二个就是今天所说的长三角地区，包括上海周边以及浙江的湖州、嘉兴等江南地区，江北地区的南通、海门也都比较典型。第三个典型的地区，就是现在所谓的珠三角地区，比如顺德、南海、中山等地。就典型行业而言，上述三个典型地区，前两个地区以棉纺织业为主，珠三角地区则是以丝织业为主。大体上而言，这种“半工业化”的情况，主要是在 20 世纪初比较集中、比较成规模地体现出来，可以称之为一种颇具特点的经济现象，或者就叫“半工业化现象”。而且这种“半工业化现象”延续的时间也很长，至少可以延伸到 1931 年“九一八”事变前后。到了 1937 年全面抗战爆发之后，上述地区相继沦陷，近代手工业的“半工业化”的进程也随之被人为地阻断了。至于西部地区的手工业，其“半工业化”的表现虽然很不明显，但也不是绝对没有。尤其是全面抗战之后，由于东南沿海的相继陷落，东部地区的工业和手工业开始大规模地向四川、云南等地内迁，在四川成都、重庆等地的周边，就开始出现了类似我们前面所说的“半工业化现象”。由于我的研究时间截至 1936 年，所以对 1937 年之后的内地的“半工业化”现象缺乏细致的研究，对于其具体情况还不是很清楚。但是，1937 年以后，内地的“半工业化”现象肯定是有，只不过这种“半工业化现象”更多的是人为因素的作用，而不是经济发展到一定程度后自然出现的现象。而且随着时间的递进，“半工业化”本身也处在不断的变化之中，哪个地区受到西方冲击的时间越早，受到冲击的程度越大，那么它出现这种变化的时间也会更早一些，规模也会更大一些。

张：按照您的理论从逻辑上来推理，如果没有日本对中国的侵略战争，那么近代中国手工业的“半工业化”进程，实际上就会呈现出一个从沿海到内地的逐步推进的态势？

彭：是的，逻辑上讲应该是这样的过程。就像我们前面所指出的，西部地区手工业“半工业化”的兴起并不是经济发展的一个逻辑上的延伸，不是自然的结果，而是战争作用下的结果。反过来说，东部地区“半工业化”的衰退以至于它的消逝，也不是自然地消退，同样也是由于战争的影响而导致的结果。我们甚至可以大胆地假设一下，假如没有那场战争的话，我认为，东部地区的“半工业化”是非常有可能通过其自然的发展就会顺利地过渡到现代工业化的阶段。虽然抗战之后手工业的有关问题我没有做过详细的研究，但是我对我国改革开放之后的乡镇工业的发展历史曾经做过一定的探讨，特别重点关注了江浙地区的乡镇企业的有关情况。我发现，江浙地区很多的乡镇企业比如集体企业、队办企业等等，追本溯源，我们会发现它的技术来源和基础，在很大程度上其实都是来源于新中国成立之前就已经存在的技术，也就是我们前面讨论的“半工业化技术”。由此可见，改革开放之初，我国乡镇企业的大发展，村办企业的遍地开花，应该说很大程度上就是新中国成立前业已存在的“半工业化现象”的逻辑延伸。这是我最基本的一个观点，也是我分析“半工业化现象”的一个观察视角。

张：谈到传统社会向现代国家的转型，近代日本一直是被作为一个最为成功的典范来看待的。比较中日两国在近代的命运也一直是近代史学界的一个热门话题，您能否从中日两国的经济结构方面的差异分析一下两国近代社会转型反差如此之大的经济因素？

彭： 这是一个非常值得探讨的问题，但是我对日本经济史缺乏深入的研究，只能肤浅地谈一点认识。的确，在后发工业化国家中，日本是一个向西方学习的成功典型。19 世纪六七十年代的中国和日本面临着相同的命运，也几乎同时开始自救，日本发动了明治维新运动，中国掀起了洋务运动，但是，30 多年后，结局截然不同，从某种意义上说，甲午战争是对两国向西方学习成效的一个检验，清朝被日本打败了。对于清朝失败的原因，国内学术界从政治、经济、社会、军事上做了很多的分析。我们不否认，当时腐败的清政府已经无法领导国家的现代转型，但是，清政府并非不想有所作为，否则，也不会有延续 30 余年的洋务运动。因此，需要进行更为深层的分析。在这个问题上，国内学者严立贤做了很好的探索，在社会经济结构上，中日至少存在两方面差异：一是在起步阶段，明治维新前，日本农村工业存在的基础是农民的剩余产品价值，能够带来市场的扩大，进而为明治政府自上而下的工业化准备一定的市场条件。洋务运动前，甚至更早，中国的农村工业也有发展，但这种发展主要是为家庭消费而生产，是必要产品价值的生产手段，缺乏农民剩余产品价值这个基础，市场极其狭窄。因此，同样是自上而下的工业化道路，洋务运动困难得多。二是在发展阶段，经济主体之间的关系，洋务运动中，清政府通过移植西方工业技术，建立起了一批大型企业，但是，这些企业缺乏与本土工业互动的基础。日本不一样，明治政府通过殖产兴业，也建立起了一批大企业，这些大企业与成千上万的小企业，即本土工业有着良好的互动，许多手工业工场或作坊成为大企业的厂外加工点，虽然也有竞争，但总体上是适度竞争，在良性互动中推动了日本工业化向前发展。总的来说，我认为认真研究近代以来的中日两国社会转型之迥异具有极为重要的历史借鉴价值。

张：众所周知，华中师范大学中国近代史研究所是国内近代史研究的重镇之一。您能谈谈贵所最新的研究动向吗？

彭：客观地说，我们华中师范大学近代史所是一个非常好的学术团队，能够在这个所里学习和工作，就我个人而言可以说是一种人生幸运。提到近代史所，首先要谈到这个所的创始人章开沅先生。大家都知道，章先生是我国著名的历史学家，其学问之渊博、学术视野之宽广、学术创造力之旺盛是史学界所公认的，这里我们就不展开讲了。学问而外，章先生还有着令人折服的人格魅力。用时髦一点的词汇来讲，可以说章先生不但智商极高，情商也远高于常人。在华中师范大学发展的关键时期，章先生曾出任华中师范大学的校长，为华中师范大学的发展作出了很重要的贡献。在担任华中师范大学重要领导职务期间，他是以学者型的大学管理者而著称的，而且从本质上来说，章先生仍然是一位纯粹的学者。他对研究领域的把握、对研究课题的发现、对研究方向的导引，应该说对我们所里好几代的史学工作者都产生了非常重要的影响。同时，章先生的人格魅力也在深刻地影响着他的学生。从这一点上说，无论是我们现在的马敏校长、朱英所长，还是包括我本人，在我们从事学校和近代史所的管理过程中，都受章先生的影响。我们更多的是从学术或学者的角度来考虑问题，而尽可能地摆脱所谓官场的各种条条框框的约束，因为我们都清楚，官场上的规矩在一定程度上会妨碍学术的发展。官场上的东西越多，就越容易阻碍学校和近代史所的学术发展。实事求是地说，章先生对我们的影响应该说是全方位的。他为近代史所的发展奠定了坚实的基础，在他的倡导下，近代史所形成了十分优良的学风，近代史所今天所取得的一切成就都离不开章先生的奠基之功。

从目前的情况来看，近代史所一共有专职研究人员 17 人，我们的研究梯队完整、研究领域分布合理、研究氛围浓厚，应该说这是一只老中青相结合的研究团队。当然，现在章先生已经从研究岗位上荣退了，包括严昌洪教授、罗福惠教授也都退休了，但是他们虽然人退了，研究还在继续。章先生还会定期到他的工作室来走一走，看一看，指导青年学者进行研究。严昌洪教授和罗福惠教授则几乎是天天来，暑假的时候，我到所里从事研究，我就注意到罗老师每天都会到所里来进行研究。这些老一辈学者的亲身垂范，使所里形成了浓厚的研究风气，大家都心无旁骛，潜心向学，而这一点对于近代史所的发展尤其重要。目前近代史所的研究人员的年龄结构也非常合理，从 50 后、60 后、

70 后到 80 后，每个年龄段都有几位具有相当研究水平的学者，梯队的完整，对于近代史所今后的发展无疑是非常有益的。

目前近代史所在研究领域的布局上，大致可以分为四个方向：一是对近代经济史的研究。相对而言，目前经济史研究领域的人员要多一点，力量也强一点。二是对近代思想文化史的研究。比如何卓恩教授对大陆赴台知识分子的研究、许小青教授对大学文化的研究等也都各有新见，在学术界产生了一定的影响。三是对近代政治史的研究。在近代政治史的研究方面，相对来讲，目前研究人员要少一些，规模也小一些。但是，一些青年学者在晚清政治史的研究方面也已开始崭露头角。四是对近代教会大学史的研究。教会大学史的研究，是章先生晚年所倡导的一个重要的研究领域，目前已经聚集了一些研究力量，包括在资料建设方面，我们在国内各高校的相关研究机构中也是走在前面的。近代史所目前的重点研究方向主要是经济史。最早的近代经济史研究起步当然是章先生早年亲自倡导的，而且他在致力于近代资产阶级问题研究的时候，非常敏锐地注意到近代商会的作用，他把商会作为近代资产阶级的一个载体加以细致研究，从而使得近代史所在商会问题的研究方面走在了国内各高校的前列。从商会的角度研究资产阶级，某种程度上可以说开资产阶级研究领域之先河，这也使我们近代史所取得了十分丰富的研究成果。过去我们讲中国近代资产阶级，讲得都十分抽象，似乎只是书本的概念，以商会作为资产阶级的载体，资产阶级一下子就变得有血有肉了。而且，商会领域可研究的问题实在是太多了，说它是一座金矿银山都不为过。所以，这么多年来，近代史所在近代商会问题的研究上投入了大量的精力，也取得了极为丰硕的成果。马敏教授、朱英教授他们从攻读硕士学位的时候，就已经开始了这方面的研究，他们的这些研究奠定了我们所经济史研究的基础，他们所取得的成就，在国内近代史学界也是公认的。总之，近代史所从以商会为代表的社团史研究起步，后来又逐步发展到对同业公会的研究以及各种社会群体的研究，范围在逐渐扩大，这是我们的优势，而且以后依然会是我们主攻的方向。目前我们对近代商会、商人、商业的研究，已经将其置于全球化视野下予以考量；同时我们研究的范围也进一步扩大了，我们还注意研究全球化视野下的华人商业组织和商业活动。在这个方面，朱英教授是代表，他正致力于对海外侨商和商会的研究，相信在不久的将来，就会有一批成果问世。马敏教授还在继续关注博览会史研究，马老师早年在做商会史比如绅商研究的过程中，就已经开始关注博览会史研究。应该说，马敏教授在国内即使不是最早关注博览会史的学者，也是最早关注博览会史的学者之一，我认为，博览会史可能也是他下一步会继续深入研究的方向之一。过去我们的经济史研究，不论是商会史、同业公会史，还是博览会史，大多是从社会经济史的角度来展开的，我们觉得仅从上述角度出发可能还存在着不足。除了原来的那种研究模式之外，我们还应继续从新的角度、运用新的理论对上述问题进行新的思考。经济史研究方面，对近代工业史、手工业史、行业史等的探讨也是一个重要的研究方向。在这个研究方向上，除了我本人之外，还有魏文享教授、严鹏副教授也都在这方面进行着新的探索。比如，严鹏的研究重点是近代一些著名企业的发展与变化情况；魏文享教授则主要在从事近代工商税收研究，这应当是我们研究所研究方向的一个重要变化。商会史的研究确实是我们的优势和传统，但我们不能仅仅满足于此，拓展新的研究领域，也是我们今后持续发展的新的增长点。

至于我本人，因为工作的关系，做研究的时间实际上已经很少了。概括来说，近年来主要在从事两个方面的研究工作：一个是对上海马路商界联合会的研究，目前这个已经完成，不久有关研究成果就会出版。上海马路商界联合会是这些年我非常用力的一个研究方向，这个实际上也是商会史研究的一个拓展。过去我们对这个商会组织关注很少，因为这是社会底层的一个商会组织，从名称上就可以看出来，“马路商界联合会”，就是大马路上的商会嘛。除此之外，我对近代的手工业也还一直在进行探索，我组织了一个包括国内一些知名学者在内的学术团队，可能今后好多年都要围绕这样一个项目来展开研究，即“中国近代手工业史资料整理与研究”。这是 2014 年立项的一个国家社科基金重大项目，今年（2016）中期检查之后，作为重大项目又获得了持续资助。我们已经搜集了大量有关中国近代手工业史的资料，并已经开始着手进行系统整理。因为目前国内还没有一部关于近代手工业史的通史，所以我们的愿景是编写一部大型的《中国近现代手工业通史》，我们计划从 1800 年一直写到 2000 年。通过编写这样一部通史，我们不但要了解中国近代手工业发展与变迁的历程、探讨它的特点，还希望甚至能发现其中的一些规律，我们认为这是非常有意义的事情。因为编写通史的需要，我们会搜集大量的史料，这些史料在必要的时候，我们也会把它出版。我们希望，通过上述工作能够推动国内近代手工业史的研究工作迈上一个新的台阶。

张：最后一个问题，近些年来，大学的学术评价体系屡屡成为媒体讨论的热点问题之一。作为一位大学管理者，您怎么看待这个问题？您认为大学学术评价体系今后应该朝着什么方向发展？

彭：这个问题很有现实意义。的确，现在的学术评价体系，不仅仅是媒体讨论关注的热点问题，我们大学本身对这个问题同样也很关注，而且这也是一个很复杂的问题。我曾在学校科研部工作过，也正好从事过这方面的服务。学术评价体系的存在，应该说还是有其必要性的。我们的学术评价体系，与整个社会大环境是密不可分的。大学号称象牙塔，但毕竟不是世外桃源，它也是我们这个社会的有机组成部分。应该说，社会上存在的问题，大学也都不同程度地存在。我们都知道，现在社会上包括国内、国外对大学的各种排名可谓五花八门，花样百出。虽然我们口头上可以不去理会大学排名，不关注它，但是实际上它就在我们的身边，只能说我们不必过多地关注它，完全不关注它，不可能，它对大学的影响是实实在在的。因为这些东西多了之后，不管我们愿意还是不愿意，它都会或多或少地影响大学的办学声誉，会影响我们招生的生源质量，所以大学排名与大学办学质量无形中被关联起来了。在这样的社会大环境下，我们完全不去理会，没有自己的一套学术评价标准，可能也不太现实。但是，我们也要看到，可能我们的学术评价体系本身还是存在着一些问题，这是急切需要改进的。

其一，在我们的大学，无论是从管理者，还是学者本身，那种急功近利的风气还相当盛行。大家都是希望大干快上，早出成果，多出成果。因此，从大学来说，要多出成果，一定就有一个数量的要求，在什么样的岗位上，那就会有什么样的要求。你站的岗位高，要求你发表成果就多。不仅数量要多，按照我们现在通行的标准，而且所谓的层次也要高。在大学的内部，各个学院之间又存在着竞争，所以每个学院可能又会在学校基础之上，层层加码，提出更高的要求。层层加码的结果，可能就会使得老师们处于一种疲于应付的状态。疲于应付的结果，又会导致老师们的成果质量下降。学院要求老师一年中要有多少成果出来，哪有那么容易呢？我们都是做历史研究的，要写出一篇像样的文章，光搜集资料就要花相当大的精力，然后再整理、梳理、辨别史料也都要费很多的时间，到最后文章写出来，恐怕没有几个月是不行的，而一年又有几个月呢？所以，这种急功近利的做法在很大程度上是不利于学术的健康发展的。

其二，在我们的学术评价体系中，就是重数量不重质量，这种倾向在很多高校还是相当严重的。比如，我们老师的职称晋升体系，从某种程度上讲，它已经不需要学术界对其水平尤其是代表作的水平进行考核，就是一个普通的工作人员就可以判断一个人能不能当教授、当副教授。为什么这么说呢？因为那些条件都在那里摆着，只要按照数量对比一下就可以得出结论。比如，当教授要在什么级别的刊物上发表多少论文，在什么样的出版社出版专著多少部，这些条件都一目了然。这就当然不需要同行专家来评价嘛，只要达到了相应的条件，就可以晋升职称了。所以这种工程式的、完全量化的搞法，并不符合科学研究，尤其是人文社会科学的逻辑。

其三，我们现在把文章、著作水平的高低，与刊物和出版社的所谓的级别或者档次联系甚至等同起来，也是非常不科学的。我们现在在社科成果评奖的时候，比如省一级的社科成果评奖，我参加过几次，给候选人的成果量化打分的时候，无论是专著还是论文，出版社或杂志的等级，都被赋予了不同的分值，我们在打分的时候，也就只好按照那个等级标准来办了。但事实情况果真如此吗？不能说这种划分完全没有道理，但成果的水平与出版社或杂志的等级也不会是完全吻合的，恐怕也不能说所有“高级别”的出版社或杂志上的成果就一定是高水平的。所以，用这种标准来评价考核我们的教师，其科学性也是值得怀疑的。

其四，我们也要探索新的学术评价体系，那就是在以后的学术评价体系中，我们可能要推进代表作制度，由同行专家来评判一个学者的学术水平，而不仅仅是从论文或著作的数量来判断学者的学术水平。当然，这个工作不会一蹴而就，可能需要一段时间逐步过渡到那样一种状态。需要指出的是，这种同行评价首先需要建立起科学可行的制度：一是要真正让学界具有深厚造诣的专家来组织运作同行评议制度；二是在同行评议的过程中，参与评审的专家要真正出于学术的公心来做这个事，要把学术质量和标准放在第一位。因为中国是个人情社会，在同行评议过程中，有时候碍于情面也会产生其他的一些问题。

其五，大学的职能是什么？当然是培养人才，这是第一位的。但是，现在我们的大学，教学不受重视，科研却是无限风光。我在学校主管教学，也管过科研，我所提倡的管理模式是“大教学”和“大科研”。什么是“大科研”？我主张我们的老师把教学问题也当作科研项目来研究，学校也要将老师们所承担的教学研究项目认定为科研成果，将其发表的教研论文也视同为科研论文。而且对师范大学的老师来说，做教学的研究就是最大的科研，他们最重要的任务就是培养未来的师资力量。他们把人才培养的规律弄清楚了，其研究成果使人才培养过程中课堂的效率提高了，这不就是科学研究吗？所以研究好教学问题，研究好人才培养的规律，这就是“大科研”。什么是“大教学”？就是把科研当作教学的一部分，科研成果应该转化为教学成果，转化为教学资源，在从事科研的过程中，要吸收优秀学生加入研究团队，科研项目完成后，应该开设相应的课程，这就是“大教学”。对于大学老师而言，也不能不做科研，没有科研的支撑，其教学水平也是很难提高的，所以科研与教学其实是相辅相成的。此外，任何高校如果完全没有一定的学术评价标准，那也是不可取的，那就回到过去那种论资排辈、吃大锅饭的老路上去，同样是有弊无利的。总而言之，关于我们的学术评价问题，我主张一定要摒弃过去那种只重数量、不重质量的学术 GDP 思维，因为这种学术 GDP 思维违背了学术研究的规律，不仅不能促进学术事业的发展，反而是发展学术的敌人。

其六，上述问题的产生，究其根源是社会问题在大学的反映。我们的整个社会，都在追求速度、数量和规模，忽视质量和效益，现在高校之间的竞争十分激烈，任何高校如果完全漠视上述学术评价标准和体系，所造成的后果，也是任何大学校长难以承受之重。当然，如果某所大学完全抛弃上述学术评价体系，长期来看，一定是大大有利于该大学的发展的，但在难以准确预料的短期内，可能就会有一个饱受煎熬的沉寂期或波折期。如果整个社会大环境没有对速度、数量、规模发展模式的反思，那么大学也是很难独善其身的。根据历史的经验，我估计，这种社会的转型期需要一个相当长的时期，任重而道远。

张：感谢您在百忙之中接受本刊的采访！希望您今后的研究工作取得更加丰硕的成果！同时也希望您继续关心和支持本刊的发展！

彭： 谢谢！今后我会继续关注贵刊并提供力所能及的帮助。祝贵刊越办越好！

（注：本文系本刊记者张卫东根据彭南生教授的录音整理而成，并经彭教授亲自审订。）

（原载《汉江论坛》2017 年第 1 期）

近代中国工业化：移植型与嫁接型相结合

——《中国社会科学报》"工业文化传承与创新"独家报道

鸦片战争后尤其是甲午战争以来，中国传统工业生产力发生了变革，主要体现为手工工具的改良和"石磨＋蒸汽机"的技术模式。这是手工业从传统向现代技术过渡的中间技术，它为手工业向大机器工业过渡准备了条件，同时在某些方面为民族机器工业的发展提供了市场条件，从而丰富了中国近代工业化道路的选择。围绕中国近代工业化道路相关问题，《中国社会科学报》记者采访了华中师范大学副校长彭南生。

记者：中国近代工业化除了"移植型"模式外，是否还有其他的路径选择？

彭南生：中国近代工业化始于19世纪70年代洋务派官僚对西方先进机器技术的大规模移植，此后便艰难地行进在一条"移植型"的工业化道路上。

无论是当时的经济界，还是当下的经济史学界，人们往往将移植或引进西方先进机器技术的得失与中国近代工业化的成败联系在一起，虽然这种联系在很大程度上能够说明中国近代工业化失败的原因，但它是中国早期工业化不成功的全部原因吗？换句话说，"移植型"模式是中国近代工业化道路的唯一选择吗？通过对中国近代传统工业生产力的变革及其取向的研究，我认为，在中国近代"移植型"道路之外，还存在一条通过对传统工业生产力的改造而形成的“嫁接型”渐进化道路。

记者：何谓“嫁接型”渐进化道路，它对中国近代工业化产生了哪些积极影响？

彭南生： 鸦片战争后尤其是甲午战争以来，随着通商口岸的逐步增加，外国在华资本急剧增长，民族机器工业初步发展，中国传统工业的生存环境十分不利。以工业化为特征的“西力”既对传统工业的生存构成压力——工业化以排斥和取代传统手工业为历史使命，如中国传统手工业中的手纺纱、制靛、踹布、土针、土烛、土烟等行业遭到严重摧毁。但是，要实现对传统工业经济整体的取代，并非一蹴而就，其过程是漫长的，同时工业化对传统工业的发展形成动力——为传统手工业进行制度变革和技术创新创造了前提，如机纱的出现解除了手织业发展的瓶颈，为手织业的改良创造了条件，西方的先进机器及工具的引进客观上有利于手工业生产力的发展。

正是在这种背景下，传统工业出现了以手工工具改良和“石磨＋蒸汽机”的技术模式，这一发展对中国近代工业化产生了积极影响。

其一，为民族机器工业的发展提供了广阔的市场。一方面，民族机器修造业对改良工具的仿造有利于旧式工具的改良。另一方面，改良手工工具的广泛使用又扩大了民族机器修造业的产品市场，带动了民族机器修造业的发展。

其二，促进了乡村手工业经济区的发展。手工工具的改良提高了生产效率和产品质量，增强了手工业产品的市场竞争力，促进了一批乡村手工业经济区的发展。

其三，有利于传统工业向大机器工业转化，丰富了中国近代工业化道路的选择。生产工具的改良、“石磨＋蒸汽机”技术模式是一种介于传统与现代之间的中间技术，改良的生产工具虽然仍使用人力为动力，却大大提高了生产效率，加深了业主对先进技术的认同，在条件许可的情况下可以直接利用原动力。“石磨＋蒸汽机”技术模式是在传统技术基础上嫁接现代技术的尝试，经过一定时期的积累，“石磨”也可能转化为“钢磨”，这一时期的资金积累和技术积累对传统工业向大机器工业的转化十分必要。

记者：关注“嫁接型”工业化之路及其研究的价值何在？

彭南生： 过去学术界对直接引进外国机器建立现代工业的“移植型”道路研究较多，对手工业向大机器工业的过渡转化注意不够，这是有失公允的。

一方面，“移植型”工业化之路是近代中国无法选择的选择，它在早期工业化过程中也确实起主导作用。但是，移植进来的工业文明对传统工业主要采取一种摧毁式的取代，而其自身的能量又无法完全吸纳失业的传统工业工人，从而遭到手工业者的抵抗，同时由于民族机器工业遭受外资在华企业的特权竞争，在一定程度上还需要利用传统工业的劳动成本优势，这使得“移植型”工业文明的扩展具有很大的局限性。另一方面，由于中国的传统工业有着深厚的社会经济基础，在工业化的进程中还会在一定时期、一定区域内存在，移植的工业文明难以全面代替工业生产中的手工方式。而只要手工业作为国民经济的一个重要组成部分的地位没变，中国就不可能到达现代化的彼岸。因此，近代中国在“移植型”的工业化道路之外，还必须对传统工业进行嫁接改造，走“嫁接型”工业化之路，即近代中国工业化应是一条二元工业化道路的结合。

总之，如何利用传统手工业这笔宝贵的经济资源，促使手工业向工业化转型，既是近代中国面临的一个挑战，也是中国早期工业化成败的关键所在。如果说“移植型”的工业化道路是近代中国在世界工业化潮流下的一种被动反应，那么，怎样借鉴西方工业文明，在经营、劳动、管理、技术上对近代手工业加以改造？从理论上讲，这是一种自上而下的可控制的政府行为。它不仅在一定程度上可以减少传统手工业对工业化扩张的消极抗拒，有利于工业文明移植成果的巩固，而且也便于实现对传统手工业继承式的替代，这是一条“嫁接型”工业化之路。坚持二元并举的方式，才能在后发工业化国家中顺利推进工业化进程。

记者：在若干地区、若干行业，工业化早期的乡村手工业与传统意义上的乡村手工业确实不同，其固有面貌正日益改变，用“半工业化”这个概念来描述这种现象，在学术上有何意义？

彭南生：半工业化实际上是传统手工业与大机器工业之间的一种动态现象。在半殖民地半封建的近代中国，若干农村地区的若干手工业行业不仅没有在外国资本主义和民族资本主义机器工业的双重竞争下消失殆尽，反而出现了一定程度的、颇具内涵性的扩展，产生了若干乡村手工业经济区。我将这种发展定性为“半工业化”。

半工业化现象是近代乡村工业发展进程中的一种进步趋势。与工业化相比，半工业化是一种落后的乡村手工业，但与封建时代的传统手工业相比，它无疑表现为一种先进形态，虽然这种半工业化在近代中国乡村还不具有质的意义，但它显示了乡村手工业发展的一种进程。用“半工业化”这个既有别于传统手工业又不同于原始工业化的概念，来描述近代中国技术进步的、与市场依存度高的乡村手工业，也就恰当地肯定了它所具有的积极意义，同时，也不悖离近代中国半殖民地半封建社会的整体运行状况。

把处在半工业化阶段的近代乡村手工业与传统乡村手工业明确区分开来，有助于探讨近代乡村工业化的途径。就地区而言，半工业化现象主要发生在东部若干地区、若干行业，广大的中西部地区大量存在的仍然是与“半工业化”还有一段距离的传统手工业，两者形成鲜明的对照。从比较研究的角度看，下述问题就格外具有学术魅力与现实启迪性：半工业化现象为什么主要发生在东部若干地区、若干行业？中西部地区相同行业的发展状况如何？半工业化阶段乡村手工业的主要特征有哪些？半工业化阶段的城乡经济关系与传统的城乡经济关系有何差异？在近代中国特殊的国情背景下，乡村半工业化的前途是什么？半工业化对农业经济及农村社会变迁的影响何在？东部沿海地区乡镇工业的相对发达与历史上的“半工业化”有无历史联系？弄清这些问题，不仅对当代中国农村现代化道路具有一定的启迪性，而且对当今世界上落后国家和地区的现代化建设具有一定的借鉴性。

如果说原始工业化论者的主要目的是探讨工业化前的乡村工业对工业化第一阶段的孕育，那么，讨论工业化初期乡村的“半工业化”，则主要是研究两者之间既竞争又互补的依存关系，以及在这种复杂关系中所形成的二元工业化道路。

（附记：原载《中国社会科学报》2019年5月10日第5版，“工业文化传承与创新独家报道”，采访者明海英。）

中国经验构成“嫁接型”工业化之路

——《长江日报》“新时代学人”栏目专访

长江日报讯：希望中国传统手工业能焕发新生，更希望通过对近代史的研究挖掘出非物质文化遗产传承，同时培养中青年学者。华中师范大学教授、博士生导师彭南生领衔的团队，正在开展“中国近现代手工业史资料整理与研究”工作，这是一项国家社科基金重大攻关项目。在新中国手工业及乡镇企业的发展问题上，课题组认为，当代中国乡镇企业的逻辑起点就是近代以来手工业的发展，这种发展或可称之为“半工业化”；从长时段看，中国的经验构成了一条不同于他国的嫁接型的渐进性工业化道路。该课题有望今年结项，并推出三卷本，约150万字的《中国近现代手工业经济史研究（1800—2000年）》。

近代史研究体现了学科交叉融合

2021年7月23日上午，长江日报记者在华中师范大学彭南生的研究室看到，大量资料和书籍堆满书架，办公桌上除了留出一块能伏案书写的地方外，其他位置也全部被书籍占据。彭南生说，他正在准备“中国近现代手工业史资料整理与研究（1800—2000年）”课题的结项工作，很多资料为了查找方便，就只能这样放在显眼的地方了。

研究近代中国传统手工业避不开近代中国工业化。2019年，彭南生在接受关于“近代中国工业化”的专访时指出，过去学术界对直接引进外国机器建立现代工业的“移植型”道路研究较多，对手工业向大机器工业的过渡转化注意不够，这是有失公允的。

在查阅了大量文献资料，多次深入近代手工业发达地区调研后，彭南生认为，只要手工业作为国民经济的一个重要组成部分的地位没变，中国就不可能到达现代化的彼岸。因此，近代中国在“移植型”的工业化道路之外，还必须对传统工业进行嫁接改造，走“嫁接型”工业化之路，即近代中国工业化应是一条二元工业化道路的结合。

随着研究的深入，彭南生发现，中国传统手工业在国民经济中的地位十分突出。但要想真正有所突破，不仅需要充分掌握史料，同时需要方法创新，“还需要了解经济学、管理学、社会学等相关学科的理论与方法”。

彭南生介绍，他在中南财经政法大学访学时，曾在赵德馨先生门下系统地研习经济史、经济学。“当时赵老师告诉我，想要研究经济史，就必须要换脑筋，换思维。我的经济史研究，多多少少运用一些经济学的理论与方法，得益于赵先生的教诲。”

借助经济学理论与方法研究手工业史，彭南生的分析视角更加丰富，探究更为深刻，他的研究不满足于弄清近代以来手工业的发展过程，而是更注重于探讨这个过程背后的复杂因素。

彭南生说，历史学和其他社会学科有些不一样，其他学科如经济学、社会学、政治学等学科的应用性、时代性很强，而历史学更主要体现在对历史文化的一种传承，对人类文明的一种积累，对现实的影响是间接性的。

研究近代史挖掘出文化遗产传承

彭南生认为，中国传统手工业历史悠久，很多技术都是“独门绝技”，这些技艺不仅是中华文化的重要遗产，也是人类文明的瑰宝。但其现状堪忧，有的已经失传，有的正在消失，如果能通过各界努力，使一些特殊的手工业技艺保护、传承下去，不仅能体现工业文明的多样性，而且如果能将这些技艺与现代工业技术适度结合，还能产生良好的经济效益。如南京织锦、鄂西土家族的“西兰卡普”、湖北红安土布等，均已成为各地著名的地方特产。

他举了一个例子，茶是中国近代对外贸易的大宗产品，很受西方人的欢迎。中国古代的制茶工艺复杂，但其核心技术何在？关键工艺是什么？如果通过我们的研究，弄清了这些问题，是能够复兴制茶工艺的古色古香的。清代乾嘉道时期赤壁羊楼洞青砖茶就闻名世界，一度远销俄罗斯及西伯利亚等国家和地区，随着近代工业的引进，青砖茶制作的传统工艺和材料、器具逐渐被取代。

2001 年，彭南生指导了一名来自赤壁的研究生，提出可以考察近代羊楼洞制茶业。这位研究生不仅如期完成了学位论文，毕业后还在羊楼洞古镇开始了复兴青砖茶传统工艺的实验，并开发出明代帽盒茶、茯化青砖茶等一系列文创产品，促进了羊楼洞文旅事业的融合发展。

彭南生认为，中国大力推进非物质文化遗产传承是很有必要和具有现实意义的，这也从另一个角度表明，我们研究传统手工业不仅具有学术价值，也有着现实意义。

思政课助学生理解中国共产党才能救中国

走上学校领导岗位的彭南生依旧坚持给本科生和研究生上课。“我首先是一名教师，教书育人是天职，我也非常热爱三尺讲台。”他每学期会给本科生上《中国近代史纲要》，每周会和研究生一道研究解决学习中遇到的问题。

“每次讲《中国近代史纲要》前，我都会和任课老师认真准备，因为有很多非专业的学生来上课，如何讲好是极大的挑战。”彭南生说，《纲要》的每一章信息量都很大，照本宣科很难讲好，所以要注重内容的提炼，调动学生的积极性，激发他们的兴趣。

他举了一个例子，在讲辛亥革命时，如果仅仅局限于当时的情况，就很难让学生理解透彻，必须要放到更大的历史背景中，培养学生的历史空间感和立体思维。先给学生讲解革命前的政治、经济、军事、教育等背景，这样一来学生就容易理解为何辛亥革命第一枪会在武汉打响。而辛亥革命后的中国，并没有带给人民安全和幸福。为什么 1921 年只有几十名党员的中国共产党，最终领导人民取得了中国革命的胜利，成立了新中国？从世界性的背景，从共产党成立前后的中国状况，从共产党的纲领，到如何将马克思主义和中国实际相结合等方面讲解，学生理解起来就容易多了，也会理解得更深刻。

（附记：该文原载 2021 年 7 月 25 日《长江日报》，系该报“新时代学人”栏目专访文章，记者赵家新，通讯员党波涛，编辑邓腊秀。）

《中间经济：传统与现代之间的中国近代手工业（1840—1936）》初版后记与再版后记

初版后记

犹如初次分娩的母亲听到新生儿第一声啼哭时的喜悦心情一样，当这本小册子付梓时，我的心情也是如此的喜悦与快慰。因为它毕竟是自己多年来学问的心得，可能丑陋，但至少可以反映作者问学以来的足迹。

然而，我想得最多的还是为这篇文章付出过辛勤汗水与心血的众多师长。

1994 年春，在武昌起义纪念馆举行的湖北省纪念兴中会 100 周年暨辛亥革命 83 周年学术座谈会上，章开沅先生热情鼓励我报考他的博士研究生。1995 年，我如愿以偿，在章师的指导下攻读博士学位。章师所率领的华中师范大学历史研究所是一个学人荟萃，并具有浓烈学术氛围的集体，是一个理想的求学与科研之地。在章师及其诸位师长的关心指导下，我在中国近代史学海中纵横遨游，并决定以中国近代手工业经济为学位论文方向。当我将初步想法告诉章师时，得到了他的充分肯定。一个偶然的机会，我同章师一起去汉口，同他谈起中国近代手工业经济的长期存在及其地位和作用，并提出构建“中间经济”的理论框架来解释这个问题。章师鼓励我大胆探索、细心论证，他还从瑞士的钟表业谈到菲律宾的编织业，提出中国近代手工业的存在自有其历史的继承性与合理性。章师见识广博、极富启迪意义的话语更加坚定了我研究近代手工业的信心。可以说，没有章师指点和引导，这篇文章是不可能做成的。

朱英教授是我论文的主要联系老师，平常接触最多，但他为我选题的确定、完善和史料的运用提出独到的见解，并为我提供了他搜集的《工商会议报告录》里有关北京政府时期全国临时工商会议上的手工业提案史料。草成初稿后，朱英教授指导尤多，大到论文结构，小至遣词造句，他都一丝不苟。马敏教授院务缠身，在本文开题报告和初稿完成后恰值他两度出国访学，但他在繁忙之中仍抽出大量时间为论文的开题和进一步修改提出了有价值的见解，其治学的严谨风格与宏阔视野于我影响尤深。在开题报告会上，罗福惠教授和严昌洪教授提出研究手工业经济所应注意的问题，也使我获益良多。

1990 年，我有一年的机会聆听中南财经大学经济学系赵德馨先生对中国经济史的精彩阐述，先生研究经济从古至今，领域宽、跨度大，且识断精审。他多次同我谈到，学习历史的人研究经济应该“换脑筋、换思维”，促使我以经济学的思维思考近代社会经济的演变。可惜天生愚笨的我并未得其真道，不过袭用皮毛而已。但随着学习的深入，我愈加体会到其重要性。论文完成后，赵先生欣然担任拙文的评阅人，并给予了高度评价。四川大学的谢放教授早期曾研究四川近代农村经济，对近代手工业见地深刻，尤其熟悉四川手工业史料，他向我毫无保留地提供了从《四川官报》《广益丛报》及其他四川方志上所搜集到的有关四川手工业经济的全部史料。同时，他还拨冗担任了论文评阅人，并对我的论文提出了宝贵的意见。

此外，南京大学蔡少卿教授，中山大学林家有教授、邱捷教授，中国社会科学院近代史研究所虞和平研究员，中南财经大学姚会元教授，湖南师范大学郭汉民教授、饶怀民教授，武汉大学陈锋教授，湖北大学陈钧教授等，在繁忙的教学与研究工作中或拨冗认真评阅了拙文，或参加了拙文的答辩，他们在对论文给予充分肯定的同时，也提出了许多有益的修改意见。尤其令我感激和难以忘怀的是，在论文答辩通过后，蔡少卿先生接受了我做博士后研究的申请，使我有两年的时间对博士论文进行更加系统的思考和修改，有些已整理成小文章在《历史研究》《中国经济史研究》《史学月刊》等杂志上发表。

在平常的学习中，我有幸与建明、奇生、子侠、东辉、菲蓉、正兵诸位学友切磋辩诘，相互交流，这使我从他们不同的学问背景和研究心得中获得了从整体上探究近代手工业经济史的养分。

还要特别感谢的是，在当前学术著作出版艰难的境况下，高等教育出版社能惠纳书稿，使拙作得以面世。感谢政史法编辑室钟玉发先生对书稿提出宝贵的修改意见，他一丝不苟，使本书避免了许多硬伤。所有这些都直接间接地促成了本书的写作和完善。学史者未敢忘记过去，对那些曾为自己成长撒过汗水的师长与学友更当铭记，谨识于此，永志不忘！不过，由于本人功夫浮浅，文中缺漏一定很多，未能达到先生所要求的高度，唯有在以后的学习与研究中，发奋努力，不断拓宽并深化已有的研究，以报先生于万一。

2001 年 10 月

于香港浸会大学善衡校园

再版后记

2018 年 5 月 18 日，我开始了本书的修订工作，距离博士论文答辩已经过去了 20 年，距离其初版，也已经过了 16 年。20 年，即便从传统的代际观念看，也大体上相当于一代人的时间。20 年光阴，如白驹过隙，20 年来我的人生岁月，又可以被裁为两段，从 1998 年到 2008 年的 10 年时光，我潜心问学，看书、教书、写书，日复一日，简单却有规律，平淡而又充实，没有虚度光阴，现在回想起来，真是太难得了。从 2008 年开始，我走上管理工作岗位，先是在历史文化学院院长任上干了一届，2012 年服从安排，到学校管理岗位上，又工作了 10 年，过着“双肩挑”的日子。说是“双肩挑”，其实只是利用周末、寒暑假等时间做点学问，聊以自慰而已。

此前多年，已有多家学术出版社征询我的意见，问我是否愿意修订再版本书，但我没有轻易允诺。我担心几年内难以完成高质量的修订工作，而简单再版，意义不大。促使我下决心修订出版本书的是北京师范大学出版社谭徐锋工作室的电话约请与催促。徐锋君早年沿江东下，驻足桂子山，求学华中师范大学，与我有师生缘，四年本科毕业后，他又负笈北上，先后在中国社会科学院近代史所、中国人民大学等国内学术重地攻读历史学硕士、博士学位。他视野开阔，思维活跃，近几年来做史学编辑工作风生水起，编辑了一批学术质量上佳的史学专著，在学术界产生了很大影响。电话交谈中，我介绍说，正好有一项国家社科基金课题已经结项，承蒙评审专家们厚爱，鉴定结果为“优秀”。这项课题从立意到立项、结项，经过了十四五年的打磨，我下了一些苦功夫，自认为也还说得过去，但结项后的成果依然“待字闺中”，我愿意自荐给北京师范大学出版社。徐锋不仅接受了我的自荐，而且还询问我的《中间经济：传统与现代之间的中国近代手工业（1840—1936）》是否有意再版，我表示如果时间上没有硬性要求，可以进行修订。

其时，我在学校分管教学工作，从基础教育一直到继续教育，杂务繁多，几无空闲，几年下来，自认为已“驾轻就熟”。不料，2017 年 6 月，新的领导班子又安排我分管人事、学科建设、科研、出版、学报、资产等工作。因此，我的担子很重，工作压力很大，生怕因为工作的分心而影响学校的发展。党和政府对高校领导的要求很高，不仅要做教育家，而且要做政治家，我虽以政治家和教育家作为自己努力的崇高目标，但我明白，这辈子我离教育家、政治家的标准还相差太远太远，身在其位，只有加倍努力，方不负国家的信任与师生的托付。同时，党和政府要求高校领导必须全身心投入到学校管理工作中去，不鼓励在岗从事教学、科研工作，于是，我也只能利用周末、节假日等时间，悄悄地满足一下做学者的欲望。

其实我早就有修订再版该书的想法，一是本书第一版出版多年，文中的观点还站得住，并未因时过境迁而过时，因此，还有一些学术价值。二是这些年来，仍有学术界朋友不时询问有无留存，由于当年印数有限，我手头亦无存本，无法赠予，每每留下遗憾。三是这些年来，学术界的研究条件发生了巨大变化，信息技术的发展、大数据的出现为我们提供了海量的资料，且足不出户即可遍览群籍，过去想看而难以看到或根本看不到的史料，现在“得来全不费功夫”。四是这些年在指导学生的过程中，我总是鼓励学生自主选题，并与他们讨论选题的确定、史料的搜集与运用、论文结构的安排、学术观点的形成，等等，受益的不仅是学生，我本人也从他们充满稚气与无畏的发言中获得启迪，这便是教学相长的魅力所在。指导学生撰写的一些涉及手工业的论文，如张静的《山东潍县农村手工业的近代嬗变（1912—1937）》（2003 届硕士论文），定光平的《羊楼洞茶区近代乡村工业化与地方社会经济变迁》（2004 届硕士论文），张瑾的《近代四川乡村手工业的变迁及其历史作用（1891—1937）》（2006 届硕士论文），孟玲洲的《传统与变迁：工业化背景下的近代济南城市手工业（1901—1937）》（2011 届硕士论文），余涛的《浙江农村副业研究（1911—1937）》（2012 届博士论文），严鹏的《战略性工业化的曲折展开：中国机械工业的演化（1900—1957）》（2013 届博士论文），李中庆的《中国苎麻产业发展研究（1860—1958）》（2013 届硕士论文），熊元彬的《云贵高原手工业研究（1851—1938）》（2015 届博士论文），韩海蛟的《产品层次与技术演变：近代中国造纸业之发展（1894—1937）》（2015届硕士论文），张杰的《传承与嬗变：近代成都城市手工业研究（1891—1949）》（2016届博士论文），李中庆的《近代中国工业化进程中的边缘产业》（2017届博士论文），栗晨阳的《制度与技术的双重变革：武汉城市手工业研究（1949—1965）》（2017届硕士论文），郑思亮的《工业化进程中的北京手工业（1900—1990）》（2018届博士论文）等等让我颇受启发，在与学生的切磋交流中我也获益良多。在图书修订的过程中，又辛苦他们提供或校对若干史料。师徒互助，大抵就是如此，学生不仅从老师那里受益，老师也常常从与学生的交流中受到启发。

然而，真正拿起笔来，远远没有想象的那样顺利。学校领导班子缺员少将，本应配置11位党委常委，但最少时领导班子仅有5位成员。校长空缺，书记双肩荷重，班子成员一个顶俩，这恐怕是华中师范大学发展史上一段艰难的时期。直到2018年7月，在校长空缺10个月后，赵凌云同志才履新到岗。次年7月，时任党委书记黄晓玫调任中国地质大学，11月，教育部党组任命郝芳华同志为华中师范大学校长，同时提任三位、调任一位同志补充进班子，至此，我才卸下了曾经代管的其他工作。我想，是时候利用一些业余时间着手修订完书稿了，不料，2020年1月，发生了新冠肺炎疫情，学校的抗疫工作也较为繁重。因此，从开始修订工作到现在，时作时辍，每每拿起时，又须从头阅，而刚刚进入角色，又不得不放下，效率低下。就这样，直到今年暑期结束，历时两年有余的修订方告结束。

学问没有止境，学术没有最好，伴随学术长存的，或许就是遗憾！本次修订除了增加“同业组织：近代手工业行业治理的趋新”一章外，其余多为史料补充，学术观点、框架结构、行文风格等均保持原貌。借此再版之机，对修订工作的缘起与过程，略作记述，并感谢提供再版机会的北京师范大学出版社和为此付出辛劳的谭徐锋工作室的朋友们，特别是谭徐锋本人！

2020年8月22日

于华中师范大学中国近代史所

（附记：《中间经济：传统与现代之间的中国近代手工业（1840—1936）》，彭南生著，高等教育出版社2002年出版，北京师范大学出版社2023年再版。）

《行会制度的近代命运》后记

本书是在我的博士后报告——《经济转型背景下的制度变迁——中国近代工商业同业组织与学徒制度研究》的基础上形成的。

该报告是对拙作《中间经济：传统与现代之间的中国近代手工业（1840—1936)》（高等教育出版社，2002 年）的深化与拓展。在攻读博士学位期间，我在章开沅先生的指导下，从宏观上探讨了中国近代手工业经济的地位与作用，提出了“中间经济”这一解释框架，虽获得了学术界的好评（该文入选 2000 年教育部全国百篇优秀博士学位论文奖)，但个人总觉得尚不成熟，尤其是对近代手工业的管理形式缺乏深入的探讨，而学徒制度又是研究手工业管理形式的切入点。我很想有两年的时间，摆脱一切杂务的纠缠，静下心来就这个问题做一些专门研究，对博士学位论文做一点补充和完善。于是，我鼓起勇气给南京大学茅家琦先生写了一封信，说明了自己的意愿，询问了有关情况，茅先生很快给予了热情洋溢的回答，并向我推荐了历史系的蔡少卿等先生。当我将想法与研究课题拜呈蔡先生时，得到了他的充分肯定。时任历史系主任的崔之清教授也慷慨接纳，使我有两年极为宝贵的从事博士后研究的机会，专心致志地从事自己所钟爱的学术事业。进站后，蔡先生不仅在生活上给予多方关心，使我获益更大且将终身受益的是先生严谨求实的治学态度和自由宽容的学术精神。本报告就是在蔡先生的精心指导下完成的，当然，由于本人水平浅陋，加之时间仓促，报告未能达到先生所能要求的高度，尽管在工作之余我抽出时间进行了补充和修改，但仍存在不足。学术无止境，这项工作只有留待以后加以完善，也只有在今后的研究工作中，不断发奋努力，孜孜不懈地追求学术，才能不负先生对学生的期许，这或许就是学生对先生最好的回报。

在博士后研究期间，南京大学人事处和历史系在科研经费上提供了资助，使得我们这些贫寒学人能够远赴北京、武汉、上海等图书馆和档案馆搜集研究所需的资料。南京大学图书馆过期报刊阅览室和历史系资料室为我查阅历史文献提供了大量的方便，使我免去了许多舟车颠簸之苦。南京大学历史系副教授马俊亚博士后，民间社会研究中心博士生邱格屏女士为报告的完成提供了多方协助。前辈学者、贵州师范大学原校长吴雁南教授为报告提供了贵阳市的有关资料。他们的慷慨帮助使我能在规定的期限内完成报告的资料搜集与撰写工作。在博士后报告鉴定会上，南京大学历史系教授蔡少卿、张宪文、崔之清、魏良弢、范金民等，不仅对该报告给予了较高评价，而且提出了宝贵的修改意见，使得我以后的补充与修改工作有的放矢。

在站期间，我有缘与来自上海师范大学、北京师范大学、四川大学的博士仇华飞、张金龙、李玉等朝夕相处，且经常在一起就学术研究交流心得和体会，虽然专业不同，但我们对学术研究的真谛却有着相同的看法。我也从他们不同的研究背景中吸取了许多有益的养分。在此，我衷心祝愿他们在今后的学术事业中取得更大的成绩。

这里还要特别感谢的是我在攻读博士学位时的华中师范大学中国近代史研究所。章开沅教授不仅积极鼓励我从事博士后研究，还在繁忙的工作之余不时关心我的博士论文修改和博士后报告的进展情况。朱英教授也是我经常请教的良师益友，他为我博士学位论文的获奖做了许多具体的申报工作，也为我博士后课题的选定和确立提出了很好的意见。历史所还为我的博士后研究工作提供了良好的条件。在修改与补充报告时，历史所 1997 届博士饶东辉先生的博士论文《南京国民政府劳动立法研究》及该所在读博士生郑成林、魏文享同学的硕士论文都曾给本人以启发。值本书出版之日，对他们的帮助表示深深的谢意。我在博士后研究工作完成后，选择回到华中师范大学中国近代史研究所，唯有负于南京大学历史系及蔡少卿先生的希望，事难两全，希望老师谅解。

书稿的修改工作是在香港浸会大学完成的。2001 年 9 月至 2002 年 6 月，我应邀担任香港浸会大会历史系访问教授，历史系主任周佳荣博士、合作伙伴李金强博士为我的工作提供了多方面的协助。香港大学亚洲研究中心的李培德博士为我复印了相关资料。香港高校图书馆之间的开放协作机制，为我广泛利用各校馆藏资料提供了便利，促使书稿修改工作顺利完成。

人民出版社历史编辑室主任乔还田先生惠纳拙稿，促成了本书的出版。

2001年11月，在香港浸会大学的一个国际学术研讨会上，我与乔先生谈到了拙书的主要内容及观点，不久，我将该书的主要构架与内容摘要寄给了乔先生，获得了人民出版社的出版立项。《新华文摘》原主编张作耀先生认真细致地审阅了全部书稿，纠正了许多错漏之处，保障了本书的学术严肃性。人民出版社积极扶持后学的精神与张先生一丝不苟的严谨作风令我十分感动。这些都将成为我今后学术研究中的精神积淀与动力，促使我的研究工作更进一步。

（写于2003年）

（附记：《行会制度的近代命运》，彭南生著，人民出版社2003年出版。）

《半工业化：近代中国乡村手工业的发展与社会变迁》后记

俗话说"好事多磨"。本书从获准立项到课题结项，经历了整整五年时间，又用了两年岁月，最终得以出版问世。总算是可以长舒一口气了，对各方也有一个交代。其间既有埋首于学问的苦思与乐趣，也有未能做好为人之子、为人之夫、为人之父的许多愧疚，更有失去亲人的巨大悲痛！

博士后研究工作结束后，我有幸获得了全国优秀博士学位论文奖和南京大学优秀博士后研究人员等荣誉称号，这对于一个刚刚踏入史学研究门槛的青年学人来说，是一个极大的鼓励和鞭策。当时我曾拟定了一个关于近代农村问题研究的庞大计划，并将该计划的一部分以"近代东部乡村传统工业中的前工业化现象研究"为题申报2001年度国家社科基金项目，并获准立项。不久，我收到香港浸会大学的邀请，赴该校历史系担任为期一年的"亚联董"访问学人，当时颇有踌躇满志之感，准备大干一番。不料，2001年12月9日，我的父亲因脑溢血而突然离世，噩耗传来，我悲从中来，不禁潸然泪下。岁月的流逝虽然抚平了失去亲人的悲痛，但我对父亲的愧疚却在日益加深。唯有在学业上加倍努力，如父亲生前所愿，以"大孝"告慰父亲在天之灵。此后，我几乎将所有时间用在研究工作中，先后整理出版了《中间经济：传统与现代之间的中国近代手工业（1840—1936）》（高等教育出版社2002年出版）、《行会制度的近代命运》（人民出版社2003年出版），所主持或参与的课题均进展良好，教育部全国优秀博士学位论文专项资金资助课题和2001年度国家社科基金课题也先后结项。我手头工作不多，今年 3 月 28 日早晨起床后，打电话回家准备将母亲接到武汉，为她做眼疾手术，老人家多年来一直受眼疾困扰，看东西比较模糊。不料，中午 1 点钟左右，哥哥从老家打来电话，告知母亲病重，我立即起身赶回家，并联系好 120 急救车，将母亲送到区人民医院抢救，CT 检查表明，母亲的左脑大面积淤血，身体右半部分已完全失去知觉，抢救无效，于 3 月 29 日凌晨二时四十五分不幸辞世。母亲走得很安详，就像睡着了一样，但我知道，她这一睡永远再无法醒来，这种生离死别的痛苦是难以用言语表达的。

几年间，我的儿子彭嵩頎从小学读到了初中，又从初中进入了高中，个头也长到一米八五，学业在一天天进步，身体在一天天长高。在他进步的背后，浸透了我的夫人艾咏芳的心血。为了支持我的工作，她几乎承担了所有家务和儿子的教育工作。夫人在生活上无微不至地照顾孩子，在学习上又给予他耐心细致的辅导。孩子的健康成长解除了我的后顾之忧，夫人的默默付出使我得以全身心地投入工作。没有他们的理解、包容与支持，在“故纸堆”中做学问将是一件苦差事。

在学术著作出版难的今天，本书能够如愿面世，首先要感谢国家社科基金和教育部专项基金的资助，虽然课题立项给我带来了压力，但对于青年学人来讲，这笔经费犹如雪中之炭，使我能够在不增加家人经济负担的同时，支付不菲的差旅费、调阅费、复印费，并保证本书的出版。我所在的工作单位华中师范大学中国近代史研究所为我提供了良好的工作环境，尤其是时间上的保障。本书的一些观点也曾在研究生课堂上提出来供博士生讨论，从他们充满睿智的发言中，本人亦体验了教学相长的乐趣。许多前辈学者提携、关爱后进，令人感动，特别是中南财经政法大学经济学系教授、知名经济史专家赵德馨先生，得知本书即将出版，并邀他作序时，欣然同意，他对中国近代经济史研究趋势的真知灼见，令本书增色不少。还有一些同龄的学界朋友代为复印、寄送有关近代乡村手工业史的文献资料，免去了我的许多舟车劳顿之苦。最后，本书能够被纳入中华书局“中国乡村社会研究丛书”系列，与樊玉兰女士的努力分不开。中华书局是一个有着百年历史、深厚人文底蕴与优良学术传统的出版社，“中国乡村社会研究丛书”系列推出后，在学术界产生了良好反响。樊玉兰编辑严谨踏实，编辑书稿时一丝不苟，字斟句酌，使本书在规范性与学术质量上有了进一步提高。

好事虽多磨，多磨却未必能成“好事”。本书虽历经多年的积累，但书中观点能否得到学术界承认与接受，我仍无把握。然用力之勤、用功之苦，当言之无愧！

（写于 2007 年）

（附记：《半工业化：近代中国乡村手工业的发展与社会变迁》，彭南生著，中华书局 2007 年出版。）

《街区里的商人社会：上海马路商界联合会(1919—1929)》自序

20世纪50年代，美国密歇根大学著名教授罗兹·墨菲将上海称之为"现代中国的钥匙"。他连续用了两个"中心"来赞誉上海在国内的作用："上海一直是从城市发难以至席卷全国的经济变革运动的中心"，"实际上成为整个长江流域的商业中心"。他又用了三个"之一"来称羡上海在世界城市中的地位："主要的世界都市工业中心之一"，"全世界最前列的五大都市或六大都市之一"，"世界最主要的金融中心之一"①。当然，上海也是理解现代中国的"钥匙"，因为"上海，连同它在近百年来成长发展的格局，一直是现代中国的缩影"，两种文明在近代上海接触和碰撞，"现代中国就在这里诞生"②。20年前，章开沅先生在为乐正博士的《近代上海人社会心态（1860—1911)》一书作序时写道："可以毫不夸张地说，如果不了解上海，就不可能真正地、深刻地、完整地了解中国近代史。"③ 我在从事中国近代史研究的过程中，似乎也从未绕开过上海史。作为近代中国经济、文化最发达的地区，上海自晚清以来，对近代中国历史上发生的若干重大历史事件产生着或显或隐、或重或轻、或急或

---

① 罗兹·墨菲：《上海：现代中国的钥匙》，上海社会科学院历史研究所，编译，上海人民出版社1986年版，第2—4页。

② 罗兹·墨菲：《上海：现代中国的钥匙》，上海社会科学院历史研究所，编译，上海人民出版社1986年版，第4—5页。

③ 乐正：《近代上海人社会心态（1860—1910)》，上海人民出版社1991年版，序言第1页。

缓、或直或曲的影响。不仅如此，作为近代中国最为活跃的历史舞台，上海演绎了一幕幕历史活剧，有些事件，看似微不足道，但却在“于无声处”挥写着浓墨重彩的一笔；有些团体，看似细小，但却“曲径通幽”似地勾连起大的历史，五四运动后兴起的上海马路商界联合会，就是一例。表面上看，它只是中小商人自发组织起来的、以商业街区为活动范围的民间社会团体，在商人团体林立的上海，不足为奇，但仔细观察就会发现，在20世纪20年代的历史舞台上，上海马路商界联合会不仅对五四运动、五卅运动等全局性事件积极声援，在反对江浙战争、反对曹锟贿选等重要事件中主动发声，在反对租界当局越界筑路、争取华人市民权的地区性事件中谋求作为，在“乔杨案”“陈阿堂案”等维护华人权益的具体事件中彰显强大的能量，而且在维护街区商业秩序、举办教育、医疗等公益事业上倾力投入，其风头甚至盖过同一时期的上海总商会。这就是近代上海的魅力，上海处处皆历史。

我开始关注上海马路商界联合会，多少有些偶然。1998年9月，我有幸进入南京大学历史系博士后流动站从事研究，在合作导师蔡少卿先生的指点下，进行近代行业组织的探讨。为了充分搜集资料，我不仅北上京城，泡在国家图书馆，查阅近代中国文献，而且东进上海，调阅近代上海同业公会档案，同时系统翻阅近代中国存在时间最长的报纸——《申报》。《申报》每天的“本埠新闻”版，最吸引我的眼球。1919年后的“本埠新闻”版上，不同名称的“马路商界联合会”纷纷跳入我的眼帘，引起了我的注意。我边看边思考，这是一个怎样的团体呢？为何《申报》记者如此重视这个组织呢？而且有关马路商界联合会的记载连篇累牍，可谓不厌其烦，不厌其细。这不能不引起一个历史学者的好奇。

但是，我只能将这种好奇暂藏在心底。由于撰写博士后出站报告，我无暇他顾，2000年11月，我顺利地从南京大学出站，回到母校华中师范大学，进入近代史研究所。我的时间更加充裕了，心底的好奇马上涌上心头。近代史所资料室藏有整套影印本《申报》，我制订了一个系统的计划，决定用三年时间，逐日、逐版、逐字地将《申报》上有关马路商界联合会的报道与各种记载、评论一一录入电脑（托信息化时代的福，我不用像老一辈学者那样“爬”格子，但信息化时代的原住民们——年轻一辈的学者自然会笑话我的“笨拙”，不过，“笨拙”的好处却在于录入的过程也就是思考的过程，不像时下那些快餐式阅读，读完也便罢了）。也许是好事多磨，2001年9月，我应香港浸会大学的邀请，在“亚联董”的资助下，赴该校历史系访学，并承担了该校本科生“中国近代史”课程的教学任务，我又不得不暂时中断这一计划。2002 年 6 月，我结束访学回到学校，开始了边搜集资料边开展阶段性研究的生活。几年下来，我竟自得其乐地录入了《申报》上有关上海马路商界联合会的资料 300 余万字，年复一年地从故纸堆中录入文字本是一份苦差事，何乐之有？这也许就是近代上海的魅力所在，一方面，近代上海史可以看作是近代中国大历史的浓缩，中国近代史上的若干重大事件在上海可以找到蛛丝马迹；另一方面，马路商界联合会与上海地方史息息相关。随着资料积累的增多，更为好奇的问题也不断地在我的脑际浮现：一个自发组织起来的街区性商人组织何以能在一个历史时期内呼风唤雨？历史学者刨根问底的品性使得我深入上海马路商界联合会的研究而无法自拔，以至于我一再推迟了国家社科基金课题的结项。

2005 年，我在《浙江学刊》第 6 期发表了《民初上海马路商界联合会简论》一文，这是我研究上海马路商界联合会的第一篇论文，其后，我围绕这一课题先后发表了 18 篇论文，涉及该团体的性质、兴起背景、组织衍变及生态、主要活动、历史影响等等。在将其他课题陆续结项后，我又以上述前期成果为基础，申报了 2010 年度国家社科基金项目并顺利立项。本以为该项目基础良好，应该很快可以完成，但是，由于非学术性事务接踵而至，以至项目结项时间一再延迟。起初我是在历史文化学院院长任上，工作本已“驾轻就熟”，正当我可以较好地兼顾学术与行政的时候，没想到在学校轮岗时我被调换到学校科研部门，又从头学做新设立的科研部部长（兼社科处处长）。刚刚熟悉新工作，我又被组织任命为华中师范大学副校长，而且分管教学这一个大摊子，从附小一直管到继续教育，领域广，杂事多。在副校长的新岗位上，前两年我基本上处在边学习、边工作的状态中，难以有一个完整的时间投入课题研究，于是，又寒来暑往，直至今日。其间，近代史所的一些研究生，如何亚丽、韩海蛟、刘雅婧、杨美、李庆宇、杨利强、王丹辉、栗晨阳、朱力、赵肖、田军等先后参与对《民国日报》有关马路商界联合会资料的搜集与整理的工作，何亚丽、王丹辉同学还以上海马路商界联合会为题，撰写学位论文，研究上海民间商人团体的基层选举及上海租界的市民权运动。他们的论文受到盲评评委和答辩导师组的好评，本书中有关马路商联会选举和市民权运动的内容也有她们的贡献。

本书出版之际，要感谢的人很多，要铭记的事也很多。我所在的华中师范大学为我的研究提供了良好的外在条件，中国近代史研究所为我调阅《申报》《民国日报》等报刊文献资料提供了极大的便利。许多国内学术期刊界的朋友为阶段性论文的发表留出了版面，还有那些为论文发表而盲审的、提出了宝贵修改意见的、至今我仍不知其名的专家们在此一并表示感谢！在研究过程中，陈来幸教授特地从日本给我寄来她在《神户大学学报》上发表的题为《上海马路商界联合会》的论文，使我颇受启发。特别令人难忘的是，2012 年我携带一篇与上海马路商界联合会有关的论文参加了在南非 Stellenbosch University 举行的第 16 届世界经济史大会，在“全球化下的中国商人和中国商业”分论坛上，日本学者久保田教授、美籍学者顾琳教授、伦敦政治经济学院的邓刚教授以及一些不太熟悉的外国教授等，在听完我的报告后，表现出了浓厚兴趣。顾琳教授还用中文提了两个问题：(1) 除上海外，中国其他城市是否也有类似上海马路商界联合会之类的团体？(2) 马路商界联合会与一条街道上从事同一行业的同业公会的关系如何？这两个问题既富有启发性，又具有挑战性。我也要谢谢他们的肯定和鼓励。最后，我还要特别感谢我的夫人艾咏芳和儿子彭嵩颀。夫人一如既往地承担了全部家务，孩子在日留学期间为我翻译了陈来幸教授的那篇日文论文。没有这样的环境，这本延误了的小书要想出版，恐怕也只能待之于来日。

(写于 2018 年)

(附记：《街区里的商人社会：上海马路商界联合会（1919—1929)》，彭南生著，北京师范大学出版社 2021 年出版。)

《街区里的商人社会：上海马路商界联合会（1919—1929）》后记

老辈专家常常告诫青年学者，“板凳要坐十年冷，文章不写半句空!”摆在大家面前的这本小书是我主持的2010年度国家哲学社会科学基金项目——“上海马路商界联合会研究（1919—1929）”的结项成果。从搜集资料到开题、从立项到结项，历经十余年，我自认为也下过一番苦功夫，它的出版或许对时下的商会史研究还有些助推作用。但能否做到“文章不写半句空”，只有留待各位同仁评判了。

课题结项后，我便如释重负，结项报告的稿子也束之高阁了。我并不着急出版，一来没有那么强的紧迫性，二来当下出版常常需要高昂的出版费用。从出版社的角度考虑，书籍出版明码标价无可厚非，因为出版社也是市场主体，也需要经济效益，于是，地位越高、声名越显赫的出版社，价码也越高。但价码高低与学术价值大小不能画等号，对学术著作的付费出版我内心是不太认同的。于是，我便让它“待字闺中”，期待着有一天，有人慧眼独具，能提供一顿“免费的午餐”。

2018年的某一天，北京师范大学出版社谭徐锋工作室的谭徐锋博士打来电话，询问我多年前的一本小册子（《中间经济：传统与现代之间的中国近代手工业（1840—1936）》）有无再版的打算，我当时表示，如果没有时间上的硬性要求，可以修订后再版，并向他自荐了“上海马路商界联合会研究（1919—1929）”这一结项成果。其时，该项目的结项鉴定结果已经公布，承蒙专家们的厚爱，获得了优秀等级。这虽然是专家们对课题负责人的鼓励与鞭策，但我也将其视为对我下过的一番功夫的认可。随后，我将书稿电子版发给谭徐锋博士，很快北京师范大学出版社就与我签订了出版协议，不仅免去了出版费，而且还可以付给我标准不低的稿酬，同时，谭徐锋博士建议，该成果可以申报国家哲学社会科学基金文库（简称“国家社科基金文库”），如能列入，再进一步提高稿酬标准。

感谢国家哲学社会科学工作办公室（简称“社科办”）卓有成效的工作。近些年来，社科办做了大量基础性研究的谋划、组织、资助工作，如设立文史哲等基础性学科的重大攻关项目，尤其是冷门绝学类项目，设立国家社科基金文库，遴选一批高质量的著作予以资助出版，推出中华外译丛书，鼓励中国学术走出去等。在北京师范大学出版社的鼓励下，我将研究成果申报了 2019 年国家社科基金文库，并如愿入围。感谢盲评专家们的认可，他们为拙著的调整、补充、完善提出了十分宝贵而中肯的意见和建议，并给予充分的肯定和慷慨的支持。这不仅免去了出版社一大笔出版经费，降低了出版的经济风险，也是对我本人多年努力付出的一种肯定，对一位学者而言，能够入选文库更是一种荣誉。

至今我也不知道是哪些盲评专家评审我的成果，但我想对他们认真负责的精神表示崇高的敬意！他们深刻精准的专业鉴定让我感到由衷的敬佩！他们不仅同意拙著入选国家社科基金文库，而且对其毫无保留地提出了修改意见与建议。当然，我也欣然接受专家们的意见，尽可能地予以修改，对因资料不足一时难以完善的地方，留待以后继续探索。

最后，我要特别感谢北京师范大学出版社谭徐锋工作室的谭徐锋博士，是他的努力使拙著得以出版。谭君从华中师范大学到中国社会科学院近代史所再到中国人民大学，从本科生到历史学博士，接受了良好的、完整的史学训练，他思维敏捷，视野宽广，眼光独到。我当时认为，他到出版社做一个普通编辑，多少有点屈才，甚至是人才浪费，并认为他应该到大学任教。但当得知他在出版界取得的成就，特别是经由他策划的一本本史学佳作面世时，我的这一顾虑打消了。他对学术的理解，他与学者的联系与沟通，都使得他的策划与编辑工作如鱼得水。例如他与我一通电话，不仅确定了他想确定的，也敲定了我想敲定的，看似简单，背后却是彼此间的充分信任。

尽管下了一番苦功夫，但学术研究无止境，书中缺漏与遗憾在所难免，恳请学界同仁们批评指正。值此出版之机，补缀数语，感激之余，还祈望学界大家不吝赐教。

（写于 2021 年）

（附记：《街区里的商人社会：上海马路商界联合会（1919—1929）》，彭南生著，北京师范大学出版社 2021 年出版。）

第五篇

书中自有师生情

年复一年，一批学生带着憧憬走向新的工作岗位，另一批学生怀揣梦想来到桂子山。铁打的营盘流水的兵，不变的是永远的师生情。学生在工作中取得了新的进步，研究中提出了新的观点，都乐于与老师分享。作为业师，没有什么比听到、看到学生进步的喜讯更令人兴奋的了！当他们将散着墨香的著作书稿送给我时，作为师者的那份自豪感便油然而生，这些著作凝聚着他们的心血，也印刻着他们不懈努力的足迹。收入本篇的文字，都是我为这些著作所写的序言，读他们的著作，带着多重身份和别样心情，因为我既是师者，又是读者，还是亦师亦友的华师人。写序是师者的职守，评介是读者的本分，但是，最值得铭记的，还是那份浓浓的师生情！

研究洞茶历史，复兴砖茶文化

——《羊楼洞茶区历史文化资源及其利用与传承》序

丁酉中秋，适逢国庆，天气晴好。应湖北科技学院鄂南文化研究中心定光平主任的邀请，我与几位弟子前往该中心参观考察，开展学术交流。该中心充分利用地缘优势，通过田野调查，不仅搜集了大量鄂南地方文献，而且苦心经营，经过多年的收藏和积累，汇聚了一批反映鄂南民间生产、生活尤其是羊楼洞手工制茶、饮茶的实物器具，并以此为基础办起了一家小有名气的展览馆，成为学校对外展示的窗口。午饭后，我们一行来到光平位于羊楼洞的茶叶基地。基地包含羊楼洞老街上的一栋二层民居，一层摆放着两块基地牌匾，一块是“晋商与洞镇茶文化研究基地”，另一块是“湖北省非物质文化遗产研究中心羊楼洞砖茶手工技艺传承基地”。此外，一层还有光平主任多年来获得的一些荣誉匾牌和一些从民间搜集来的制茶用具。正对门摆着一张桌子，桌上放着一副茶具，可以供人们展示茶艺、品茗聊天。二楼是三间客房，其中一间摆放着一张双人床，另两间摆放着一些高低床，供前来实习的学生住宿。从二楼的阳台放眼望去，六十亩茶园尽收眼底，这里承载着光平复兴羊楼洞砖茶文化的希望。我们围在桌旁，一边品尝他亲手煮制的羊楼洞砖茶，闻着溢满整间屋子的茶香，一边听他聊自己的梦想。

定光平生长在湖北赤壁，自幼便听长辈们讲述羊楼洞的故事。2001 年，他参加华中师范大学中国近代史研究所硕士研究生复试。作为导师组成员之一，当得知他来自鄂南时，我便向他询问羊楼洞茶业的历史与现状。20 世纪 30 年代初，金陵大学农业经济系曾对湖北羊楼洞老青茶的生产及运销进行过专项调查，我所在的华中师范大学历史系部分教师曾与赵李桥茶厂合作编写过《洞茶今昔》（湖北人民出版社，1980 年）的小册子，羊楼洞曾因砖茶生产与贸易的繁盛而闻名遐迩，并博得了“小汉口”之美称。“小汉口”如今怎么样了？听了光平的介绍，我颇有些伤感，希望有人能从历史研究入手，分析羊楼洞茶业没落的原因。

或许这只是复试阶段必经的一个程序，但听者有意，正式入学后，定光平选择我做导师，并表示愿意以羊楼洞茶业研究为题撰写硕士论文，我也欣然同意，从此我们结下了深厚的师生情谊。其时，他已经是咸宁学院（现为湖北科技学院）的一名青年教师，专业基础扎实。在三年研究生阶段的学习中，每隔一段时间，他就要过来与我讨论课题的进展，其间谈到搜集到当地茶业旺族，如雷氏、饶氏宗谱时，他难掩兴奋，谈到田野调查中遇到难解疑点时他又显得有些沮丧。根据资料情况，我建议他以羊楼洞茶业经济与当地社会变迁为题开展研究工作。他边工作，边学习，边研究，三年后他顺利完成了硕士学位论文的写作，他的论文在通讯评审及答辩中，获得专家们的一致好评。后来，他的论文《羊楼洞茶区近代乡村工业化与地方社会经济变迁》被评为湖北省优秀硕士学位论文。

硕士毕业既是一个学习阶段的终点，又是一个新事业的起点。此后，定光平与羊楼洞茶业经济史结下了不解之缘。在他的坚持与努力下，以羊楼洞砖茶文化研究为支撑的鄂南文化研究中心获批为湖北省高校人文社会科学重点研究基地。他创办的鄂南文化展览馆成为湖北科技学院服务地方经济发展的一个样板。他把理论研究与实际应用结合起来，不断擦亮羊楼洞这块历史名片。在地方政府的重视和支持下，2013 年，国家批准羊楼洞砖茶为“国家地理标志保护产品”，中国茶叶流通协会授予赤壁市“中国青砖茶之乡”称号，2015 年国际茶业委员会授予羊楼洞“世界茶业第一古镇”荣誉称号，2016 年羊楼洞作为“万里茶道”重要节点申请“世界文化遗产”。定光平个人在学术研究上也取得了丰硕的成果，即将面世的《羊楼洞茶区历史文化资源及其利用与传承》就是近年来他不断探索洞茶历史的结晶，这是他对硕士论文的深化与完善，融入了他的若干新思考。全书凡十章，系统地梳理了羊楼洞茶业经济文化的兴衰变迁，是迄今为止关于羊楼洞茶业史最为全面的研究成果，值得关注洞茶历史，关心砖茶未来的人们好好地读一读。

作者着墨最多的是羊楼洞茶业经济形态，它既是洞茶繁荣之表现，亦为其兴衰之原因。从羊楼洞茶区生态环境和传统茶文化入手，作者分析了羊楼洞茶区多级多元化市场的建构，探讨了区域外商人，主要是晋商、粤商的介入，本地绅商与外地商人的合作经营及其对洞茶业发展的促进作用，考证和还原了青砖茶、红茶的传统制茶工艺，研究了洞茶从工场手工业到机器制茶工业形态的进步。洞茶的繁荣促进了茶区社会经济的进步，催生了茶叶种制和经济组织的近代化，带动了农民经济的多元化，促进了新兴市镇的崛起，农民的社会生活也出现了时代性变迁，可见“小汉口”之称并非浪得虚名。然而，随着日寇入侵和羊楼洞沦陷，茶区遭到破坏，茶业经济被纳入统制范围，实行军事管制。新中国成立后，茶业经济得到了一定程度的恢复，但是，单一的公有体制将其发展纳入固定的“计划”轨道，活力受限。20 世纪 90 年代后，茶叶种植开始市场化改革，才又使其重新焕发生机。历史不仅是文化最好的载体，而且历史本身就是文化。作者对近两百年洞茶历史轨迹的描述，不仅为我们勾勒出了一幅洞茶变迁图谱，而且揭示了洞茶变迁背后的辛酸苦辣，为洞茶文化的复兴奠定了学理基础。

作者从研究洞茶历史出发，但又不拘泥于历史，而是从历史中吸取智慧。他有着更大的梦想，他希望进行羊楼洞砖茶传统加工技艺的还原、再现和创新。为此，他钻研了传统的砖茶加工工艺，如原料的等级要达到帽盒茶“乌颠白梗红脚”的一级老青茶标准，采摘时间有着严格的要求，初制过程则需要经过杀青—初揉—晒胚—复炒—三炒—三揉—出晒—渥堆发酵—自然干燥等程序，缺一不可，其中最核心的工艺技术是渥堆发酵。砖茶从原料—毛茶—渥堆发酵—压砖成品，每一步都很精细，每一步都会直接影响砖茶质量。因此，光平希望采用传统工艺和现代技术相结合的方式对青砖茶制作工艺技术进行创新；同时，通过羊楼洞砖茶非物质文化遗产生产性保护示范基地（传习所）建设，使砖茶文化展示和砖茶生产加工合二为一，活化再现羊楼洞砖茶文化遗产形成、演变的历史以及砖茶从传统到现代的各个工艺流程。他还希望创新羊楼洞砖茶文化遗产保护与传承机制，由湖北科技学院鄂南文化研究中心组织策划，吸纳地方政府和社会各方资源，引入市场机制，指导、培育大学生创新创业训练项目，让大学生在“干中学”“学中干”，成为羊楼洞砖茶文化遗产保护与传承的主体，实现产学研融合。这个梦不仅属于他个人，属于赤壁，更属于湖北，属于中国，因为洞茶文化是千姿百态、绚丽多彩的中国传统茶文化的一个有机组成部分。

路漫漫其修远兮，君将上下而求索！我希望在不久的将来，能够看到光平的梦想成真！是为序！

（写于 2018 年）

（附记：《羊楼洞茶区历史文化资源及其利用与传承》，定光平著，计划于 2023 年出版。）

土改中乡村秩序重构的解构

——《乡村秩序重构及灾害应对——以淮河流域商水县土地改革为例（1947—1954）》序

在《乡村秩序重构及灾害应对——以淮河流域商水县土地改革为例（1947—1954）》即将出版之际，贾滕博士索序于我，这使我想起了他曾经在华中师范大学中国近代史研究所攻读博士学位的岁月。

2005年，贾滕在经过多年的努力后，终于如愿以偿，被顺利录取为博士研究生，与他一起考取博士生的还有另外两位同学。但贾滕的特点最为突出，一是他的形象，也许是过度思索的结果，他有些过早地谢顶了；二是他讲话时操浓厚的河南口音，配以抑扬顿挫的语调，使我常常要求他放慢语速，以便我能听懂他说的每一个字。久而久之，他养成了慢条斯理的习惯，而我也就习惯了他慢条斯理的河南话。他对河南方言的不舍不弃，源自他对那块生他养他的土地的深深热爱，源于中原文化的博大厚重。他出生在河南的农村，自幼受到世代为农的乡亲们的影响，并时常听到祖辈们讲土改的历史，这种体验和经历或许就是他执着于农村社会经济史研究的原因。他在硕士生阶段初步研究了河南近代的棉花种植，在博士生阶段，仍将研究课题锁定在农村史领域，在几次例行性的师生交流后，他终于打定主意研究解放初期河南农村的土改问题。

其时，为了解决农村改革和农村土地流转等现实问题，学者们不断深入研究近代土地改革史，希望能从中吸取历史蕴含的智慧。土改史已然成为农村社会经济史研究中的一个热点，要在这样一个热点问题的研究上形成自己的观点，对于一位年轻学者而言并非易事，只有在区域选择与史料搜集上有所突破，方能有所为。贾滕同学迎难而上，他选定了河南周口地区的商水县为研究区域，一是由于商水县的档案保存完好，二是便于进行田野调查（攻读博士学位时他已是周口师范学院学报编辑）。当然，更重要的还是商水土改具有独特的意义。解放战争时期，刘邓大军过境南下，共产党在商水县建立了革命政权并立即进行土地改革，但是，在军事局势变幻不定，新政权与乡村之间缺乏内外互动的情况下，这种“急性土改”不可避免地失败了。商水县全境解放后，土改作为对乡村全面改造的一项重要内容又被提上了议事日程。新政权在初步完成剿匪、反霸、清算工作后，接着便转入全面减租、减息清算。在利益的诱导与外力的推动下，贫苦群众被初步发动起来，旧的当权派与精英被打倒，贫雇农的政权优势地位得以确立，新的精英群体开始崛起，全新的伦理道德进入乡村。1950 年 10 月，商水县组织专门的土地工作队进入村庄，发动群众对地主诉苦、斗争并分配其土地。接着，整编革命队伍、划分阶级，把地主的土地、房屋、牲畜、粮食、农具这所谓的五大财产以及富农一部分土地征收并分配给贫雇农。1951 年 9 月，商水县普遍开展了一次土地复查、民主建国运动，通过整顿乡村政权组织，逐步把政权转移到基层党支部手中，其意义在于巩固土改成果、确立乡村新秩序。社会秩序的变动几乎涉及乡村每一个人，亲历者都会有自己的感受与认识。新的乡村秩序下，昔日的贫困阶层得到了生活的基本保障和相对优越的政治地位，乡村成为一个小农均质化的社会。但是，农业生产力并未因新政权以政治手段解决经济、社会问题的行为取向而得到发展，农村仍然比较贫困，农户无力抵御自然灾害。面对商水连年遭受灾害侵袭这一历史性难题，新政权采取了全新的应对方式，在必要的救济之外，领导群众，开展生产救灾运动，以其统一而强大的动员能力成功地领导灾民克服灾荒。

解读解放初期的商水土改史，不仅需要有扎实的史学功底，而且需要政治学、经济学、社会学等相关领域的理论修养。因此，在博士论文通过答辩后，贾滕博士仍不断思考，根据答辩中各位专家提出的意见和建议，进一步修改和完善自己的博士论文，最终将论文以自己满意的面貌（书稿）呈现在读者面前。我认为，该书具有如下几个特点：

第一，将微观研究置于宏观视野中。历史研究的碎片化为当代史家所诟病，碎片化的实质是缺乏宏观视野的个案研究，但历史研究并不是不要个案研究，而是反对缺乏宏观视野的个案研究。在碎片化研究中，研究者常常被拖入研究对象的迷局中而不可自拔，陷入就事论事的狭小时空之中，也就是我们常说的只见树木，不见森林。但是，如果将个案研究简单地等同于碎片化，甚至完全反对个案研究，那也不是科学的做法。没有个案的历史将是一堆没有血肉的枯骨，只有将“骨”和“血肉”连接起来，历史才更为丰满。因此，历史学需要将宏观研究与微观研究结合起来，从宏观着眼，从微观着手，突破研究对象的局限性，得出超越研究个案的结论。本书作者虽然是以河南商水县土改为研究对象，但其关注的问题却具有普遍意义，譬如，国家如何对乡村社会进行整合及国家政权在乡村基层的确立和巩固，农村社会各阶层对秩序变革的反应与农户生产生活状况的变动，新的动员—运动机制的形成、特点及其在资源约束下如何应对传统灾害，在此过程中新政权如何打破旧乡村的社会均衡及其集体行动困境，等等，这些都是在一定程度上具有普遍意义的问题，以商水为个案的研究对上述问题的回答至少具有类型学意义。

第二，借鉴政治学、社会学等相关学科的理论方法重新解释新中国成立前后的农村土地改革。历史学正在成为一门开放性的学科，其表现一方面是不同学科的学者走进历史，探讨历史上存在的属于本学科的现象；另一方面是历史学者借用不同学科的理论方法研究历史上的政治、经济、社会、文化等。中国近现代史上的土地改革运动就是这样一个涉及经济、政治、文化、社会等方方面面的综合性改革，研究者不仅需要具有扎实的史学理论功夫，也需要不同学科的综合素养，本书作者也试图在这方面作一点尝试，如对社会学中的集体行动理论的借用，就是一个例子。

第三，提出了一些颇具新意的观点。经过分析，作者认为，经过全面的剿匪反霸、打倒旧的当权派，结合建立党团组织和农会、民兵等贫苦群众组织，以及救济农民、帮助困难群众等，共产党政权稳定了乡村社会秩序。在改变乡村社会经济基础后，新政权通过精简节约、加强内部纪律约束等举措，抓住了当时乡村的关键性矛盾之一——秩序与公平，这样不但提高了工作效率、树立了共产党新政权的权威，而且增强了政权的合法性，使之得到了乡村大多数人的政治认同，从而在乡村达成了集体行动，使国家意志得到了充分体现。土地改革是深刻的农村社会改革，国家在重新构建乡村内部秩序的过程中，通过组建群众组织、推行新的意识形态，重新构建了新的国家—乡村关系——国家在纵（政权机构）、横（基层群众组织、党团组织）两个方向空前深入乡村底层，极大地强化了基础性权力，并且以新的价值观为指导，辅之以严格的组织纪律，极力消解旧的“赢利型经纪”模式，力图克服政权运行的成本约束。其中，积极分子的生成与淘汰方式具有关键性意义——它是运动—动员模式的动力机制，是政权合法性权威、国家有效动员能力在乡村实践层面上的保障。凡此种种，从个人理性出发的微观机制上看，正是集体运动困境得以突破的必要条件，动员—运动机制与集体行动的突破相一致，形成耦合共振效应，是乡村在新秩序下能够以集体行动的方式有效应对灾害并能成功抵御灾荒的主要原因。

学无止境。作者如果能够将商水县的土改与其他农村地区的土改进行深入的比较，提炼出商水县土改的地方特点，此项研究就会更加有价值。古人云：学而不思则罔，思而不学则殆。贾滕博士勤于学，敏于思，相信他在学问的道路上一定会取得更大的成就。

（写于 2012 年）

（附记：本文标题系收入时另加。《乡村秩序重构及灾害应对：以淮河流域商水县土地改革为例（1947—1954）》，贾滕著，社会科学文献出版社 2013 年出版。）

《清末民初江苏省教育会研究》序

从某种意义上说，兴起于清末的教育会，是与商会齐名的一种新式社团。在清政府看来，它是一个辅助官治的自治机构，“教育会、商会等，皆无非使人民各就地方聚谋公益，遇事受成于官，以上辅政治而下图辑和”①。教育会在清末新式教育与地方社会中发挥了重要作用，其中，江苏省教育会作为清末创办最早、影响最大、存在时间最长的地方性教育社团，颇为引人注目。然而，长期以来，学术界对教育会之类的社团组织远远不如对商会那样重视，虽然学者们进行了一些有益的探索，但分歧点还很多，尚须讨论的问题也不少。谷秀青博士在充分把握研究现状的基础上，决定以江苏教育会为题展开研究，并在解读相关文献史料后，以社会权威性模式为观照点，以江苏省教育会如何为建立这种社会权威性模式而参与一系列教育、政治、社会性活动为问题，逐层深入，形成了目前读者看到的论述框架，并在此框架下提出了一些具有启示性的结论。

作者从历史研究的传统路数出发，从江苏省自然生态与人文生态入手，分析江苏省教育会产生的时空环境。在作者看来，清末民初，宁、苏二属由于相异的地理环境、各具特色的民情风俗，南北分野日趋显著，为避免“宁苏之争”，一个统一的江苏省教育会便呼之欲出了。在这样一个具有传统色彩的新式社团中，虽然制度条文十分完善，但制度与行为之间总是存在着一些落差，

① 《宪政编查馆奏核议城镇乡地方自治章程并另拟选举章程折》（光绪三十四年十二月二十七日），《东方杂志》1909年第6卷第1期，第55页。

传统乡缘、业缘、血缘以及同年关系的介入，使得许多制度条文失去了相应的法定约束力。不过，江苏省教育会存在于较为富庶的地方社会中，从未因经费缺乏而捉襟见肘，并因此获得了较大的活动能量。接下来，作者在社会权威性模式建构的视野下，采取"小故事、大视野"的叙述方式，撷取一系列典型事件与案例，注重在抽象分析的基础上进行细节描述，在精细化讲述中加以宏观解读，诸如清末民初江苏各地的毁学事件、教育会为实现教育经费的独立化与议会和商会之间进行的颇为持久的利益争夺、"胡仿兰事件"以及波及全国的"存土案""模特儿事件""易长风潮""反对教育厅长回避本籍案"等，不一而足。透过这一个个鲜活的故事，作者看到江苏省教育会是如何一步步从教育走向社会，又如何从社会扩大到政治领域，最终被迫终结的历史命运。于是，作者按照历史逻辑构建了一幅幅社会权威性模式的图景。当然，作者运用的方法是否恰当，形成的观点是否正确，仍有待学界的检验。

不过，作为谷秀青博士的业师，看到她的学位论文能够在不长的时间内经过修改后付梓面世，颇感欣慰，也为她学业上的每一个进步感到高兴。她跟随我先后攻读硕士、博士学位，学时达六年之久，是我学生中第一个硕博连读的。本来，我不赞成自己指导的硕士生继续报考我的博士，因此常常劝说他们考博时改换门庭，甚至有意压低自己学生的分数，因为在我看来，理论上的修养、方法上的训练，通过三年硕士研究生阶段的学习即可完成，而一个真正的学者需要接受不同的风格的熏陶，博采众家之长，才能避免偏狭。好在华中师范大学中国近代史研究所有和谐的研究氛围，对研究生也一向采取集体指导原则，在这个环境中，学生们既能听到著名历史学家章开沅先生高屋建瓴的学术报告，也能得到严昌洪、罗福惠、马敏、朱英等知名学者的指导。因此，六年来，她从一个略具史学背景的本科生，成长为一个能够独立开展研究的博士，这既得益于她的勤奋、悟性，也在很大程度上归功于这样一个研究集体。

学术贵在坚持，因为学术之路是漫长的，漫长的学术之路上又常常伴随着坎坷与寂寞，历史研究更是如此。著名历史学家章开沅先生曾说："历史是已经画上句号的过去，史学是永无止境的远航！"只有经过远航途中的大风大浪、暗潮汹涌，才能达到理想的彼岸。谷秀青博士已经有了一个良好的开端，但愿她能在历史的教学与科研道路上一直走下去，并祝愿她取得更大的成就。

（附记：谷秀青于2002—2008年跟随我攻读硕士学位和博士学位研究生，其博士学位论文——《清末民初江苏省教育会研究》2009年由广西师范大学出版社出版。）

《中国汽车工业的早期发展（1920—1978）》序

关云平博士在成为博士生之前，我对他了解不多，只知道他是华中师范大学历史文化学院1994级的本科生。2008年金秋时节，他的大学本科同学毕业十周年聚会，其时，我在历史文化学院院长任上，自然少不了到场欢迎校友值年返校。在致辞时，我特别祝贺各位校友十年来取得的进步，衷心祝愿校友们在未来的发展中取得更大的成就，同时欢迎他们回母校继续深造。言者真心，听者有意，作为那次聚会的组织者，他听得特别认真，也真的听进去了。两年后的博士生招生报考名单中，关云平名列其中。后来，他托留在学校工作的同学付海晏（时为华中师范大学历史文化学院副院长）给我带了他的一本随笔集《车言车语：中国第一本汽车文化随笔集》。付海晏告诉我，关云平是1994级的风云人物，颇有组织才能，大学时期就勤于写作，画得一手好画，当时正在深圳报业集团工作，已经是集团的中层骨干。后来，我随手翻阅了《车言车语：中国第一本汽车文化随笔集》，发现作者的写作功底深厚，文字干净，语言精练、活泼，可读性很强。但是，他能否通过博士生考试，考取后做什么课题，我依然心存疑问。

事实很快证明，我的这些担心都是多余的。他在当年的博士生考试中，成绩名列前茅，他对自己的博士论文选题也早有了规划。原来，《车言车语：中国第一本汽车文化随笔集》不仅写出了他对汽车文化的随感，也表达了他对中国汽车发展历程的浓厚兴趣。他是学历史出身的，又在报业集团负责汽车宣传推广，结合工作思考历史，这大概是历史学人追根溯源的品格使然。在四年多的博士生阶段，他克服工作的繁杂，忙里偷闲，以《中国汽车工业的早期发展(1920—1978年)》为题，写出了一篇不错的论文，我以为，该文具有如下几个特点。

首先，从一个较长时段全面梳理中国汽车工业发展的历程，这在学界并不多见。中国是一个后发工业化国家，汽车工业更是新兴工业，到改革开放前，中国的汽车工业也只走过了近一甲子的历程。近30年来，中国的汽车工业飞速发展。但是，高速发展中也存在着隐忧，当今的汽车工业格局、汽车发展模式无不打上了历史的烙印。因此，只有深入认识近代汽车工业，才能准确地把握它的今天和未来。但是，除了钟情于汽车工业的“局中人”在行业史与企业志中对近代汽车工业的回忆与介绍外，关于汽车工业的学理性的探究实不多见。当然，这些行业史与企业志对历史研究非常重要，但是，其缺陷也是显而易见的。一方面，“局中人”的回忆与介绍难免存在一些不准确的地方，甚至不同的人有不同的记载，相互之间存在矛盾；另一方面，“局中人”也难免有“不识庐山真面目，只缘身在此山中”的局限性。因此，从这个意义上说，该文的出版具有一定的补缺价值。

其次，史论结合，相得益彰。弄清中国汽车工业早期发展的历史并从学术上进行分析并非易事，一方面，必须在史料上广泛搜求，为此，作者不仅深入北京、上海等地档案馆查找原始材料，而且大量搜寻内部编印且不易在图书馆、档案馆找到的厂志，为复原中国汽车工业的早期历史奠定了扎实的史料基础。作者在论述中对史料仔细加以甄别，对一些基本史实进行了重新考订。另一方面，对历史的分析还必须借助相关理论与方法，为此，作者运用比较优势理论、竞争优势理论等，对中国汽车工业早期发展中的机制进行了探讨，得出了一些新见解。

最后，观点有所创新。作者对中国汽车工业早期发展的几种模式进行了提炼，认为随着时代环境的变化，中国早期汽车工业先后出现了“苏式体系移植模式”“苏式体系本土化模式”以及“本土渐进演化模式”，分别以一汽、二汽和上汽为代表。除了国家力量介入的一汽、二汽外，各地还建设了不少汽车生产基地，在本土渐进演化模式下，中国汽车工业形成了“遍地开花”的格局，从而造成汽车工业地理分布上的散布型格局。以上三种模式是在对历史发展进程进行深入分析后的恰当抽象，细化了我们对改革开放前中国汽车工业发展路径的认识，符合历史实情，对当代中国汽车工业中主流的合资模式也产生了直接影响。作者在对几种模式进行深入分析后，还对当今汽车产业界的某些争论进行了回应，提出中国汽车工业早期发展模式顺应了资源禀赋的比较优势，“这才是中国汽车工业与同时期的日韩汽车工业相比逐渐落后的原因之一”。这一认识对当下汽车工业的讨论具有一定的启示性。

汽车工业是一个综合性的产业，牵涉面很广，本文大体上还只是对汽车工业自身的分析，单线性描述多，对关涉性行业的探讨略显不足。得知关云平博士正在申请博士后研究，希望他在汽车工业史的研究道路上结出更加丰硕的果实。

（写于 2014 年）

（附记：《中国汽车工业的早期发展（1920—1978）》，关云平著，上海人民出版社 2015 年出版。）

《战略性工业化的曲折展开：中国机械工业的演化（1900—1957）》序

严鹏博士的学位论文即将出版，欣喜之余，我回想起了他跟随我学习的岁月。

记得那是2005年下半年，我当时为历史文化学院基地班讲授“中国近代经济史研究”选修课。其实，选修经济史课程的本科生并不多，在他们看来，经济史枯燥乏味，不如文化史那样绚丽多彩，也不如思想史那样深邃且蕴含智慧，更比不上政治史那般惊心动魄，再加上在本科生眼里，我要求严格，学生很难拿到高分（毕业多年的学生回到母校与我聊天时说，很后悔当初没有选修我的课，我问其原因时，他们都不约而同地说老师的要求太严了）。于是，我更加珍惜，不仅将最新研究体会在课堂上与学生分享，而且课下常常与他们讨论，严鹏就是其中一个。他考入华中师范大学历史学基地班后，在导师们的指导下，潜心读书，知识面广，善于抓住机会向老师们请教问题。课后他有时陪我步行，从教室到回家的路上，他与我分享自己读书的见解。我在课堂上结合国家社科基金课题的研究，重点讨论了中国近代早期工业化进程中的若干问题，没想到，这不仅引起了他极大的兴趣，而且成为他此后继续研究的一个重要领域。

此后，我有意让他接触我的研究课题，参与搜集一些资料，并进行一些具体问题的探讨，开展合作研究，在研究工作中培养其问题意识和解读及运用史料的能力。他的本科论文以工商业学徒为研究对象，并获得湖北省优秀学士学位论文一等奖，之后以优异成绩顺利地免试攻读硕士学位。在硕士生阶段，他继续努力，被推荐免试攻读博士学位，他的硕士学位论文又被评为湖北省优秀硕士学位论文。在读博阶段，他又继续探索，以 1900—1957 年间的中国机械工业的发展演变为题，撰写学位论文。他将机械工业视为战略性产业，借鉴演化经济学的理论方法，从战略性工业化的视角，围绕着国家与市场两种力量在战略性工业化进程中的作用，探讨了中国机械工业曲折的发展历程。为此，严鹏搜集了大量资料，据我所知，为了写好论文，他不仅浸泡在各相关图书馆、档案馆，还亲临工业遗址，甚至高价购买了一批流落于坊间的企业档案，为研究工作奠定了扎实的资料基础。

作者从经济思想史和经济学中抽象出“战略性工业化”这一概念，认为战略性工业化就是指国家为实现其意志而介入战略产业的工业发展过程，机械性工业就属于这种战略性产业。发展战略性产业要有先进技术、大规模资本，没有政府的强力扶持难以成功。也正因为如此，落后国家和地区的工业化往往就是“追赶型”的。近代中国也不例外，从洋务运动开始，作为战略性产业的机械工业就在国家与市场两种力量的引导下开始起步，但是，晚清政府及随后取而代之的北洋政府，由于国势日衰，纷争不断，自顾不暇，难以强势介入，市场的力量渐成主导。作者认为：“自由市场对产业而言构成了双刃剑。由于市场需求结构遵循比较优势原则，机械产业的技术发展受到抑制，本应为技术密集型产业的机械工业沦为技术能力低下的劳动密集型产业。”这种情形直到南京国民政府成立后才得到改观，基于抗战的需要，南京国民政府实施了技术导向性战略，机械工业才获得一定的发展。新中国成立后，为了建立独立的、完整的工业体系，新政权优先发展重工业，对机械工业重点扶持，加之苏联东欧技术东移，一个“军事—工业—大学综合体”的机械工业发展模式在中国已然成型。从晚清政府，经过北京政府、南京国民政府再到共和国初期的人民政府，历经曲折，战略性工业化终于得以大规模发展。可见，“战略性工业化”既是从经济学中吸取了养分后的一种抽象，也是对近代中国机械工业发展进程进行实证分析后的一种提炼。

作者既尊重历史逻辑，但又不为历史分界线所困扰，按历史时序对 1900—1957 年间中国机械工业的演化进程进行了考察，这段历史纵贯晚清、北京政府时期、南京国民政府时期和共和国初期等不同阶段。但是，从机械工业的演进看，又是一个完整的过程。因此，只有跨越近代、现代与当代界限，才更加有助于考察后发展国家战略性产业的成长机制，建立在此基础上的结论也才可信且具有启发性，如作者认为："国家嵌入产业是必要的，但这要求国家统治集团有坚强的战略意志，并以高度的使命感克服牟取小集团私利的倾向，由此形成强韧的国家能力。进一步说，不管在企业层次还是国家层次，战略都意味着对于追求短期利益的经济理性之超越，唯有此种战略意志能使后发展国家追赶先进，而这种战略意志之不易获取及保持，可以解释为何数百年来能改善其国际地位的后发展国家屈指可数。"

学术贵在创新，严鹏博士的学术之路还刚刚开始，他在研究中已经体现了一种志在求新的精神，衷心希望他在学术的道路上初衷不改、矢志求索！

（写于 2014 年）

（附记：《战略性工业化的曲折展开：中国机械工业的演化（1900—1957）》，严鹏著，上海人民出版社 2015 年出版。）

《近代中国通商口岸城市消费模式变迁研究：以上海、天津为中心》序

郭立珍博士的论文——《近代中国通商口岸城市消费模式变迁研究：以上海、天津为中心》即将由人民出版社出版，她索序于我，作为郭立珍博士后研究阶段的合作导师，我无理由推却，更为她的研究成果面世而高兴，欣喜之余，写下一点读前读后的感想，权且充序，聊胜于无。

郭立珍博士毕业于中南财经政法大学，师从于该校经济学院的姚会元教授。2008年在她的博士论文答辩会上，其学位论文《中国近代洋货进口与消费转型的历史考察》给我留下了深刻印象，也获得了答辩委员会的一致好评。经她本人申请和姚会元教授推荐，郭立珍博士顺利进入华中师范大学中国近代史研究所博士后科研流动站从事研究工作。名为合作导师，我其实“合作”得很不够。一是能够进入博士后流动站的博士，一般都具备了较强的独立从事科学研究的能力，热爱学术事业，具有浓厚的学术兴趣，无须耳提面命。二是博士后出站报告的选题一般都是博士学位论文课题的深化，郭立珍博士在她的博士论文研究的基础上，选择以上海、天津为研究重点，探讨近代中国通商口岸城市消费模式的变迁，她本人就是这方面的专家，而我在这方面缺乏研究。三是我个人行政事务缠身，作为“双肩挑”管理人员，分身乏术。因此，虽有合作之名，却无合作之实。但即便如此，我在报告的架构、撰写及史料运用过程中，与郭立珍博士的讨论还是较多的。目前呈现在读者面前的，就是郭立珍在出站报告的基础上修改而成的书稿。

消费是一种复杂的社会经济现象，在马克思主义政治经济学里，消费与生产、分配、交换一道构成一个完整的经济体系。作为经济活动中的一个重要环节，没有消费，其他经济活动也就失去了存在的价值。同样，在我国现代经济增长模式中，消费又与投资、出口一道构成“三驾马车”。但是，消费又不是一项单纯的经济活动，其背后有着十分丰富的文化内涵，甚至可以折射出复杂的社会风气。以人们的衣着、饮食消费为例，不同的面料，揭示着不同时代的生产技术与生产工艺；不同的衣着，反映了不同时代人们的经济水平以及同一时代不同地区、不同家庭的生活水准；不同的款式，则承载着不同时代人们的审美观念，是时代变迁的风向标。饮食文化就更为丰富，川菜、鲁菜、粤菜、湘菜、苏菜等菜系的特色无一不是内涵深厚的各种地域文化，如巴蜀文化、齐鲁文化、岭南文化、湖湘文化、吴越文化等在饮食上的凝练与固化，而且，在消费里，文化消费随着经济发展的发展而变得越来越重要。因此，无论是作为一种经济活动，还是作为一种文化现象，消费都值得深入研究，尤其是应该作多学科的综合考察，因为，饮食消费的构成是影响人类健康史、生命史的重要因素。

这只是就狭义的消费而言，广义上说，消耗原材料加工新产品的过程也属于消费范畴，即生产消费，但这样就模糊了消费与生产之间的边界。因此，消费史研究还是应该聚焦于生活消费领域。我们不仅要研究消费在拉动现代经济增长中的角色，还要探讨消费在经济史变迁中的作用。相对而言，学术界对作为生产的农业史、工业史和作为交换的商业史研究较多，对分配与消费的历史探讨相对较少。虽然近些年来，有人从宏观上探讨消费需求与近代中国经济转型的关系，也有人从中观层面上对某一城市的消费现象进行研究，还有一些专题论文从微观上讨论娱乐文化、饮食文化的变迁，但与为数众多的工业史、商业史论著相比，消费史的研究仍然较为薄弱。有鉴于此，郭立珍博士以近代中国消费模式变迁作为博士后研究的课题，获得了流动站导师们的充分认可。

但是，消费模式变迁研究是一个宏大的课题，不仅需要深厚的理论储备，更要花费大量的时间、精力搜集资料，就近代中国的复杂性而言，如果不找到一个合适的着力点，要在两年的时间里，完成一篇像样的博士后出站报告，恐怕也只能望洋兴叹。经过再三斟酌，郭立珍博士将近代中国消费模式变动的研究缩小到通商口岸城市，并选取上海、天津两个城市作为样本，然后以两地中高收入群体的消费为切入点，以小见大，以点带面开展研究。这样，她一边肩负单位的教学、管理任务，一边挤时间从事博士后研究，顺利地完成了出站报告。

上海和天津，一南一北，分别为位居长江流域的中心城市和华北的区域性中心城市，一前一后，先后对外开放。上海是第一次鸦片战争后首批开埠通商的城市之一，天津紧随其后，于1860年第二次鸦片战争后增辟为通商口岸。西方国家在沪埠、津门辟租界，设洋行，使中西文化在当地碰撞，洋货大量充斥，故而上海和天津是观察近代中国消费模式变迁的重要窗口。因此，两个城市在近代中国的通商口岸中具有代表性。作者从对包括服饰、饮食在内的物质消费的探讨开始，然后对娱乐消费进行的考察，不仅梳理了两地物质消费的阶段性变化，而且总结了两地物质消费的变化趋势与特点，如饮食消费的多元化、崇洋化，娱乐消费的日常化、消费主体的大众化、消费功能由娱神祈福向娱人的转化等。消费领域里这些变化的出现是多种因素综合作用的结果，经济文化发展程度、城市人口规模的扩张、消费环境优化、居民收入水平的提升，等等，这些都构成近代消费变迁的驱动力。反过来，消费模式的变迁推动了近代通商口岸城市经济、文化的发展，如物质消费促进了城市贸易、工业、商业的发展乃至周边农村地区的经济变动，娱乐消费则推动了近代文化产业的兴起，从而形成一种良性互动。

近代消费史涉及的问题很多，史料极为分散，要取得研究成果实属不易，郭立珍博士的研究报告是一个良好的开端，希望并期待郭博士在此基础上进一步耕耘，同时重视新方法的运用，尤其是大数据在历史研究中的运用，获得更加丰硕的果实。

是为序！

（写于2017年）

（附记：《近代中国通商口岸城市消费模式变迁研究：以上海、天津为中心》，郭立珍著，人民出版社2018年出版。）

国家与其边缘视域下的兰州城市史研究

——《现代与边缘：近代兰州城市发展研究（1872—1949）》序

历史上的兰州，既平常，又特别！说它平常，是基于它具有所有城市的共同特点，地处要冲，黄河穿城而过，人口集聚，贸易虽说不上发达，但在西北内陆地区亦可谓之为茶马贸易之枢纽。说它特别，则源于它距离中原太过遥远，尤其是在交通工具非常落后的古代，用“远在天边”来形容它，一点也不过分。但在王朝政治边界的变动中，兰州却被赋予了“治边重镇”的特殊地位。它看似边缘，但在更加边远的西北内陆地区却俨如中心，清朝将陕甘总督的治所设于兰州，便是它地处西北内陆秩序中心并发挥战略作用的明证！尤其是进入近代以来，在“海防”与“塞防”的争论中，兰州的地位更显突出。左宗棠入甘，不仅开启了兰州城市近代化的序幕，而且再次表明了清政府对兰州在固疆治边中的战略地位的认可。抗战时期，西北又被赋予了“抗战建国”的历史重任。“九一八事变”后，“开发西北”的呼声不绝如缕，有识之士纷纷远赴西北考察，无不看重西北对挽救民族危亡乃至民族复兴的重要性，爱国侨胞林鹏侠自述其考察西北的动机时说，“彰往察来，深信吾中华民族必可复兴，西北又适为复兴之根据地”（林鹏侠著：《西北行》，甘肃人民出版社，2002年，自序第2页）。著名记者陈赓雅也说，“自‘九一八事变’爆发，日人强占我东北四省以来，国人感于民族前途危机之日迫，始高瞻远瞩，转移目光于边疆方面；于是‘开发西北’呼声，洋溢云表”（陈赓雅著：《西北视察记》，甘肃人民出版社，2002 年，第 7 页）。在民族危难时刻，西北的重要性再次展现在人们面前，处于西北内陆中心的兰州，在挽救民族危机、建设现代民族国家的进程中再次扮演了重要角色。抗战胜利后，中华民族迎来了一个重要的复兴机遇，国人纷纷在中华民族共同体的话语体系下探讨如何构建政治民主、市场统一、文化多元的民族国家。一时之间，出现了“兰州中心”“兰州重心”“祖国的心脏”“百年前的芝加哥”等说法，甚至出现了“建都兰州”等主张。缘何一个传统疆域观念下的边陲城市能够受到国人的垂青？这一主张的背后究竟蕴含着什么观念？

带着对这些问题的思考，本书的作者邵彦涛从兰州大学历史学基地班被保送到了华中师范大学中国近代史研究所，跟随我攻读硕士学位。兰州大学作为老牌“985”高校，学风纯朴，名播遐迩，且与我校中国近现代史专业交流较多，该校前辈学者王劲先生与华中师范大学苏中立先生来往甚密。2007 年以前，国家掀起了西部大开发的热潮，作为兰州大学“萃英计划”讲席教授，我应邀每年赴兰大讲学一个月，主要面向研究生讲授中国近代史研究专题、经济史的理论与方法等课程，并面向全校作一两场学术报告。彦涛当时还是兰州大学历史文化学院基地班的一名大四本科生，他旁听了部分课程，在一次学术报告会后经杨红伟老师介绍，与我讨论了报告会上的学术问题，并表达了想来武汉跟随我读研的愿望，我当即表示欢迎，并鼓励他认真准备。之后，彦涛顺利通过推荐免试的方式被保送到了华中师范大学中国近代史研究所。在硕士阶段，我鼓励他继续关注西北近现代史，进一步强化问题意识，并坚持自己的学术研究方向。他的硕士论文以“近代兰州区域市场中的客商研究”为题，探讨了客商在近代兰州区域市场的地位和作用，被评为 2011 年度华中师范大学优秀硕士毕业论文，他也被推荐免试攻读博士学位。在博士阶段，他又继续思考兰州问题，以近代兰州城市的发展演变为题，撰写学位论文。他将近代兰州的发展，置于现代国家与其边缘城市的互动关系中，鲜活地展现了边缘社会参与并推动现代国家建构的历史实态。这篇博士论文被评为湖北省 2015 年度优秀博士学位论文。参加工作后，彦涛又以这篇博士论文为基础，申报并获批了国家社科基金后期资助项目，由此又进一步丰富了史料，充实并完善了部分章节的内容，最终形成了展现在读者面前的这部书。

兰州城市史研究既要呈现其平常面，又要揭示其特殊面。就其平常面看，它的地理环境、沿革变迁、空间布局、经济成长、市政建设、文化教育乃至城市精神，等等，构成了城市史研究的基本元素。就其特别面而言，近代以来的兰州在城市近代化进程和现代民族国家建构过程中，不仅承载着边缘地带中心城市固疆治边的功能，而且一直在努力摆脱边缘角色，试图从边缘中心上升为民族国家的中心，这一努力过程本身就是现代民族国家建构过程的一部分。这样一来，看似平常的东西便变得不平常，甚至有几分特别，这个“特别”，既是时代之赋予，也是空间所赋予。

本书稿的最大特色在于将单体城市研究从单一的个案研究中解放出来，放诸现代国家构建与其边缘关系的视野中进行宏观的解读。作者将考察的时间界限定位在1872—1949年间，并以五章的篇幅将兰州的平常面置于国家与其边缘的视角中加以观照，使兰州城市史研究突破了既有的框架，具有了一些新意。对于边缘城市而言，其城市现代化与其说是自身积累的结果，不如说是国家主导的产物。国家建构是边缘城市发展的基本原因和动力，也深刻影响和改变了边缘城市的空间格局和发展方向。作者把清末民国时期诸多人士将兰州称为“中国中心”的观点概括为“兰州中心说”，并认为这种观点的出现，不只是因为兰州位居中国地理几何中心，更是源于民族建国进程中中华民族共同体的建构。中国自古以来就是一个多民族国家，多元一体是中华民族不同于其他民族的特征。民族共同体的建构是一个漫长的交融互动的演进过程，也是一个从自在到自觉的过程。就中华民族共同体的形成来说，古代处在自在时期，历代王朝采取羁縻、安抚、怀柔、互市、和亲等政策措施处理统治民族与其他民族之间的关系，客观上促进了民族之间的一体化。鸦片战争以来，国家外遭强敌入侵，内陷分裂割据，民族危机逐步加深，各民族认识到在西方列强侵略面前的共同命运，民族共同体意识逐步增强。从思想史演进的角度看，清末民初是中华民族共同体意识生成的一个重要时期，辛亥革命是建构中华民族共同体的一场重要实践。把“兰州中心说”和“建都兰州论”放到现代国家建构的进程中看，它何尝不是一个身处边缘又不甘边缘，且希望从边缘走向中心的一种民族自觉呢？单从字面上看，“兰州中心说”和“建都兰州论”似乎都有些离谱，但却是现代国家建构进程中，中华民族共同体建设的一个历史性的符号象征。国家建构促进了兰州的城市现代化，反过来说，城市反边缘化的努力同时也是建构现代民族国家的有机成分。

作者对“兰州中心说”的分析是全文精彩之处。现代国家的建立过程，本就是一个由中心不断向边缘渗透整合的持续过程。既往研究多聚焦于“中心”的立场，关注中心对边缘的影响，本书稿独辟蹊径，从“边缘”的立场出发，描述一个边缘城市如何尝试摆脱边缘身份，甚至自命为“中国中心”。这一现象不是兰州独有，而是边缘社会普遍存在的一种社会心态，颇具“边缘革命”的色彩。正如作者所说，“‘兰州中心说’的提出，代表着国家中心人群对西部价值的重新发现，也是在边疆危机和抗日战争的大背景下，对中国‘中心’进行重新定义的一次尝试”。在 2020 年中共中央、国务院印发《关于新时代推进西部大开发形成新格局的指导意见》之后，重读这段历史，反思近代以来中国“中心”观的演变，对于加深“中国”的空间性认识，不断扩展国家发展的战略回旋空间，有着重要的现实意义。

邵彦涛博士的学术之路才刚刚开始，这部书稿也是他的第一部学术专著，始生之物，其形必丑，本书难免有着这样或那样的不足，作者一定会从读者的善意批评中获得启发，不断对之进行修正和完善。我希望彦涛博士不忘学术初心，继续求实开新，在学术道路上稳健、持久地走下去！

（写于 2022 年）

（附记：《现代与边缘：近代兰州城市发展研究（1872—1949）》，邵彦涛著，社会科学文献出版社 2023 年出版。）

《湖南近代轻纺工业研究》序

20世纪八十年代中期，老一辈学者吴承明先生曾严厉地批评学术界只重视“冒烟的工厂”，而忽视手工业史的研究。彭泽益先生则撰写《近代中国工业资本主义经济中的工场手工业》一文，发表在《近代史研究》1984年第1期上，并指导多名博士生从事手工业史研究。此后，手工业史逐渐受到学术界的关注，论著慢慢多了起来。我本人的博士学位论文选题，也聚焦近代手工业领域，并完成了题为《中间经济：传统与现代之间的中国近代手工业（1840—1936）》的学位论文。此后，我个人的研究工作围绕近代手工业不断地加深和拓宽，并且主持了国家哲学社会基金重大攻关项目——“中国近现代手工业史及资料整理研究”。近些年来，我的研究兴趣主要集中在近代手工业经济史领域，与近代中国手工业史结缘甚深。

“千里有缘来相会”！自忝列博士生指导教师以来，我已经招收了20届博士生，他们来自全国各地，其中不乏对中国近代手工业经济史研究感兴趣者，亦不乏经过学习而对近代手工业经济史产生浓厚兴趣者，熊元彬属于后者。他原在湘潭大学郭汉民教授指导下攻读硕士学位，并以清末暂行内阁制为论文选题进行探究，打下了较为扎实的基础。我本以为他会继续沿着硕士论文或与之相关的方向深入下去，不料，他却选择了以云南、贵州高原手工业作为博士学位论文的选题，这对他是一个挑战，需要他为此付出更多的努力。但这样的选题或许寄托了他深厚的家乡情结，元彬是贵州人，从大山里走来，用自己学到的知识去解读家乡的历史，为家乡建设贡献一份心力，可以满足一个游子报效乡梓的心愿；或许他是要维护老师的学术面子，愿做老师学术事业的后继者，亦或两者兼而有之。我虽然鼓励学生自主选题，也不限定要在导师的研究领域里选题，但如果学生愿意与导师的研究方向保持一致，我也乐观其成，一方面，我指导起来较为轻松，可谓驾轻就熟；另一方面，看到自己的研究在学生身上得以延续，也确实会感到欣慰。

但我还是有几分担心的，担心他达不到要求，担心他拖延时日，不能如期毕业。不过，元彬按时拿出了题为《云贵手工业研究（1851—1938）》的论文初稿，并经修改、打磨，顺利地通过了盲评、答辩，这证明了我的担心是多余的。毕业后，他回到湘潭大学任教，面向全校学生开设了“湖南手工业文化”素质课，先后主持并圆满完成了湖南省社科年度项目——“晚清湖南手工业研究”、湖南省社会科学评审委员会重大项目——“湖南现代化：湖南手工业文化遗产的传承”等。在此基础上，元彬以“湖南近代轻纺工业研究”为题将前期研究成果集成起来，形成一部书稿，并索序于我。作为他曾经的业师，没有什么比看到学生送来的成果更令人高兴的了，我愉快地收下这份“厚礼”，并先睹为快！

诚如元彬所言，历史上的湖南是一个手工业经济比较发达的省份，形成了许多颇具特色的地方性手工业，如长沙湘绣、安化黑茶、洪江桐油、醴陵瓷器和花炮、浏阳夏布和鞭炮，等等。学术界对近代湖南手工业的整体研究，尚显不足，虽在区域史、地方史中有所涉及，但大多语焉不详。有些散见于有关论文中，但多限于某一时段某一行业的研究，难免管中窥豹。针对学术界较为重视湖南棉纺织、缫丝业等近代手工业史研究，而忽视湖南其他行业的研究状况，元彬将研究范围扩大到麻、毛、丝等纺织业及其关联行业，并将其定性为轻纺工业。虽然这些行业仍非手工业全部，但它们无疑构成了近代城乡手工业的主体，抓住了这个主体，也就更加接近于湖南近代手工业经济整体。对学术界分歧问题的回应，体现了年轻学者无惧无畏的探索精神。譬如，在探讨近代手工业的起点时，元彬从中国近代史分期这个老问题入手，不赞成将政治史的分期法用到近代工业化和手工业史的研究中，进而提出“近代手工业的起点是近代化机制洋纱与传统手工织布因子的最初结合”，并把 19 世纪 30 年代作为中国近代手工业的起点。

作者将湖南近代轻纺工业置于现代化这个大背景下，将所涉行业的存在状况尽可能详尽地展现在读者面前，为了做到这一点，作者在资料的搜集、整理、运用上下了很大功夫，举凡省志、县志在内的方志史料、地方报纸杂志，19 世纪 20～30 年代的大量经济调查资料，后人编撰的地方文史资料等，应搜尽搜，取精用宏。因此，本书对湖南近代手工纺织业的存在状况能有一个清晰的描述。但是，弄清状况并不是历史研究的全部，史学研究的魅力还在于分析和解释。作者将重点放在湖南近代轻纺工业转型的复杂性、艰难性、特殊性的探讨上，并分行业对棉纺织及漂染业、植麻及夏布业、湘绣业、蚕桑业、针织业、制伞业的存在状况、发展或衰变的原因进行了深入探讨。

当然，学无止境，本书也为今后的研究留有一些有待提升的空间，如对近代湖南手工业者着墨不多，就是本书的一个缺憾。湖南手工纺织业的发展与衰败均离不开人的因素，人是经济活动的主体。一方面，湖南纺织手工业的存在及其变化，无论是发展还是衰败，都是人对外界环境因应的结果，如商人经营方式的变更，手工业者自身的求变精神或因循守旧的保守意识等；另一方面，手工纺织业的广泛存在，也是广大手工业者讨生活的体现，那么，他们的生活状况究竟如何呢？本书除了对夏布工人的经济生活略有涉及外，对湖南手工纺织业者的整体生活情形并无详细的探讨。在结构上，作者采取了分行业叙述的方式，但宏观阐述略显不足，尤其是对湖南轻纺工业转型的过程揭示不够深入，对技术、市场、经营方式的变化，缺乏整体的分析。

历史研究需要一些慢工出细活的功夫和精益求精的工匠精神，作者花数年时间关注这样一个并不显眼的领域，是一个良好的起步。元彬的学术路数较宽，用功勤，脑子活，效率高，期待着他在学术的道路上持续地走下去。

（写于 2022 年）

（附记：《湖南近代轻纺工业研究》，熊元彬著，中国社会科学出版社 2023 年出版。）

第六篇

学林漫漫书作缘

学人的世界很大，古今中外学人无数，他们著书立说，为人类留下了宝贵的知识财富。学人的圈子也很小，阅历有限，精力受限，学人能够阅读的书籍总是很少的，进而能够交往的学人也是少之又少。学人往往以文会友，以书交友，文章是学人相识的媒介，书籍是学者交流的桥梁。承朋友不弃，或因工作之故，时有被邀作序之事。余之学识浅薄，每每推辞或婉拒，推无可推之时，只好勉为其难，以第一读者之身份，认真拜读，并将读后之感想记录下来，权且充序。

钩沉中华大学的“精、气、神”

——裴高才、陈齐著《中华大学校长陈时》评介

叙介中国私立大学史与湖北高校发展史，作为中国第一所私立（本科）大学与教育部获准的湖北第一所本科大学，中华大学具有开山之功；钩沉中华大学史，该校的创办人陈时先生倾注毕生的心血，毁家兴学，给我们留下了十分珍贵的精神财富！他因此被周恩来称赞为“具有民族气节的清苦教育家”①。作为衣钵相承中华大学的华中师范大学，在纪念中华大学与辛亥革命110周年和即将迎来双甲子校庆之际，推出裴高才、陈齐著《中华大学校长陈时》书，旨在缅怀先贤，知往鉴来。

蓦然回首，我进入华师已经四十个年头了。四十年来，从求学到从教，从满头青丝到华发白头，我学于斯、成于斯，也必将终老于斯。四十年，弹指一挥间，于生命个体而言，韶华易逝，如白驹过隙，相对于我所服务的百年老校来说，我四十年的人生亦犹如匆匆过客，或许能留下一点痕迹，也正是那无数痕迹一笔一画地书写着百年老校厚重的历史。华师的老校长、著名历史学家章开沅先生曾在学校百年庆典上，振臂高呼：“华师万岁！”如此说来，今天的华师何尝又不是一只展翅欲飞的雏鹰呢！她一定能越飞越高，越飞越远！飞向遥远的未来！

“华师万岁！”因为她拥有优秀的文化基因！她是传统中华文化、西方近代

---

① 谈瀛：《略述陈叔澄先生的办学经历》，见娄章胜，郑昌琳主编，《陈时教育思想与实践》，华中师范大学出版社2001年版，第186页。

文化、现代红色文化的多元交融，氤氲揉合，经过历史沉淀和代际传承，凝炼成了今天华师的风格、华师特色。作为学校的先驱，陈时先生不仅是敢为人先、亲历武昌首义的辛亥志士，而且筚路蓝缕、苦心经营中华大学，四十年弦歌不辍，给我们留下了一笔值得永远珍视和铭记的教育遗产。

教师出身的裴高才先生，以钩沉乡贤“史记”为己任，行走于海峡两岸，广为搜罗有关陈公的原始图文档案、亲历者回忆录与日记，采访知情人士，并认真考订史料，以文学的表现手法写成了长篇传记文学作品——《中华大学校长陈时》。该书图文并茂地再现了主人公的行状——家世、求学与办学全貌，彰显了中华大学的“精、气、神”；叙介了传主早年追随孙中山，留日加入同盟会，回国投身武昌首义，民国肇端功成身退，践行孙中山“学问为立国之本”的思想，致力于教育兴国，倾其家产创办了中国第一所私立大学——私立武昌中华大学的人生经历。同时，作者以感性的笔触，刻画了传主倾注毕生心血，以“成德达材、独立（合作）进取”的校训治校，即使是烽火岁月，仍然历尽艰辛，效法武训“托钵办学”，志业“中华”的壮志豪情；钩沉传主以其人格魅力，凝聚志同道合人士，风雨同舟四十年，非议不予理睬，困难不改其志，官禄不动其心，威武不屈不挠的高风亮节。其办学时间之长，在海内外影响之大，为中国教育史所罕见。陈时因此享有“现代武训”之誉。

“给史家作材料，给文学开生路。”① 长期从事传记文学创作的高才兄，一直以胡适先生的这一理念为目标并践行之。在这部陈时传记作品中，他开掘史料多有用力，通过在海峡两岸不懈地“打捞”，以多重史料印证，从总体上归还了陈时校长的历史原生态。概括起来至少有如下特点：首先，叙介了程朱理学对传主父子的影响。以往关于陈时的中短篇文著，大都侧重于日本应庆大学对他办学的影响，次重于张之洞新学的影响，而对陈宣恺（1847—1917）、陈时（1891—1953）父子少年在望鲁书院（前身为“二程书院”）接受二程理学熏陶的经历却只字未提。本书则以“家学渊源”与“新学熏陶”两个小节，介绍了陈时父子在纪念二程夫子的望鲁书院接受程朱理学浸染，经历从书院教育到新学教育的过程，以及陈宣恺蕲州治教，与国学大师黄云鹄（黄侃之父）交游等情景。

其次，以稀见史料再现了传主与中外名流的交游细节。此前的出版物介绍陈时与太虚、杜威、泰戈尔等名流的交往往往一笔带过，十分简略。作者通过“结缘太虚”“杜威讲学”与“泰翁开讲”等章节，详尽介绍了他们交往的来龙

① 胡适：《四十自述》，亚东图书馆民国二十二年（1933 年）版，自序第 6 页。

去脉，还有当事人的诗文唱和相印证，颇有情趣。太虚诗赠陈时曰："未可栖栖笑仲尼，频年我亦惯驱驰。春深大埜来今雨，学讲前川忆古师……"①

再次，补正了传主行状中的多处史实。在"家学渊源"中，作者订正了陈宣恺的功名是"举人"而非"进士"，时任蕲州学官的名称是"学正"而非"学政"等；在"毁家兴学"一节，首次披露了传主更名"陈时"的过往，以及当选民初国会议员引发官司的始末；在"演讲风波"中，利用当年书刊、报纸资料，还原校友陈启天在中华大学演讲引发的"演讲风波"全貌，说明该演讲并非"腐败演讲"；在"交谊任公"小节，订正了有的学者将当年对"武昌中华大学"的简称"武大"，想当然地误为"武汉大学"的史实，并介绍了1922年梁启超来汉讲学的缘由、主题与具体日程，还考订出其下榻的汉口"六国饭店"的具体位置；在"风范长留"一章，作者"有几分证据，说几分话"，以"平稳改制""土改委员"等小节，叙介了陈时满怀激情地投身新中国新政的梗概，以及"陈时案"的发生、发展与平反昭雪真相，填补了陈时研究的一项空白。

最后，作者解读了中华大学校训与时俱进的原委。通过"校友协力""坚守'中华'"等章节，作者述说陈时将"独立进取"的校训修改为"合作进取"的前前后后，既还原了历史的本真，又给当代教育实践提供了可参考的"标本"，更揭示了华师这个百年名校弦歌不辍的重要文化基因。

注重精神的追忆，刻画传主的心灵史，是本书的另一特色。由于历经战火，中华大学的历史档案支离破碎。所以，要追寻那段史实，追忆不失为一种较好的方式。史实可以追忆，隐含在史实里的精神也可以追寻。作者通过抢救"活档案"，采访两岸知情者，同时借鉴他人的研究成果，从零散的史料中、从当事人当年的文字与知情人的回忆中，呈现传主凝聚有识之士，风雨同舟共建中华大学，以德育立人、智育启人、体育强人、美育化人、劳育励人的"精气神"。诸如，通过"首义精魂"与"毁家兴学"，刻画传主敢为人先的"初心"与毁家办学的"决心"；通过对传主与教职员"心心相印"，对学生长善救失、"有教无类"的铺陈，环环相扣，展现其"诚心"与"爱心"；通过"弦歌不辍"与"流寓巴渝"的谋篇布局，描述其保存、播撒教育火种的坚定信念，勾勒其鞠躬尽瘁、坚守"中华"的"苦心"与"恒心"。正是陈时的人格魅力影响，使中华大学的师生历经坎坷和劫难之后，将这种不屈不挠、顽强拼搏、坚持不懈的精神传承了下来。中华大学的万名及门弟子遍及海内外，他们中有政

① 印顺：《妙云集中编文六·太虚大师年谱》，正闻出版社1986年版，第137页。

治家刘仁静、恽代英、陈潭秋、林育南、陈昌浩、万国权等，教育家余家菊、王亚南、陈启天，哲学家冯友兰，外交家涂允檀，文学家张光年，书法家王遐举与国际新闻传播学重镇喻德基，等等，名人俊彦荟萃，享誉中外。难怪蔡元培1932年在中华大学演讲时曾提到，陈校长在武汉办了一个中华大学，并设有大、中、小学三部。像这样完善的学校，中国确实罕见。因为知道陈校长热心教育的精神与惨淡经营的情况，他觉得特别佩服。

"举师范旗帜，铸教育品牌。"① 中华大学是中国第一所不靠政府和外国人而独立创办的私立大学，陈时父子将中国古代兴办私学的教育传统和近代日本、欧美大学体制相结合，开创出符合近现代中国国情的高等教育模式。传承历任校友光风，是华师的既有传统。近年来，华中师范大学出版社出版的《钱基博全集》《韦卓民全集》与《章开沅文集》已经成为一种品牌，在社会上产生了非凡的影响。此次推出的《中华大学校长陈时》，以传记的方式追寻先驱光风，可谓相得益彰。

说到高才兄，我与他神交已久。他著述的《田长霖新传》《首义大都督黎元洪》，分别由北京大学与华中师范大学的老校长陈佳洱院士、章开沅先生亲笔作序，给我留下了深刻印象。家乡人写家乡人、记家乡事，高才兄已有多部作品问世，其作品在读者和学界产生了广泛影响，我也深受感动。同时，我与传主、作者又是同乡，虽少小离家，但那块生我、养我的热土，我一刻也没有忘怀。更何况陈时先生一手创办的中华大学的根脉，在华中师范大学得以延续和传承，作为黄陂"后浪"，我自然对这位黄陂先贤有一种亲切感和崇敬感！作为一名教育工作者，我又是在延续了他亲手创办的中华大学之根脉的华中师范大学教书育人、治学治校，我对他捐资办学的教育救国情怀更为钦佩。在高才兄大作《中华大学校长陈时》一书绣梓前夕，我近水楼台先睹为快，特将自己读后所感以及自己对传主的了解，通过此文奉献给读者，算是对陈时先生的纪念，并以此感谢高才兄在华中师范大学120周年校庆之际献给华中师范大学一份厚礼。

（写于2020年）

（附记：《中华大学校长陈时》，裴高才，陈齐著，华中师范大学出版社2022年出版。）

---

① 周挥辉：《全力以赴　不忘初心》，《中华读书报》2019年1月9日，第18版。

坚守在抗战烽火中的中华大学

——《抗战烽火中的中华大学》序

一本散发着墨香的书稿《抗战烽火中的中华大学》摆在我的书桌上，这是一本关于抗战时期中华大学西迁重庆办学的历史叙事，著者之一的刘泽武校友索序于我，本不敢提笔应命，但作为一个老华师人、作为一个以历史研究为专业和终身职业的华师人、作为一个中华大学创办人陈时先生的同乡后辈，我又觉得推无可推，恭敬不如从命，写上一些读后的感想，权且充序，并借以表达母校对校友致力于校史资料挖掘与校史编纂工作的感谢！

校史是一个学校成长和发展的重要记忆，是一个学校文化底蕴的主要载体，也是传承大学精神与文化的校本教材。在物质文明高度昌盛的当代，大楼好盖，但文化的形成却非一日之功，一种厚重的、有底蕴的文化需要长时间的累积。文化蕴含于历史之中，历史需要时间的沉淀，但时间的推移也可能使历史被淹没，尤其是那些被罗素称之为“小历史”的历史，“小历史”的缺失，使得“大历史”看起来更像是一副缺乏血肉的骨架！历史学者应该勇敢地承担这一过失：一方面，历史学家习惯于探寻世界演变的历史规律，常常在宏大叙事中有意无意地忽略了对细节的精细化描写；另一方面，一些微观的历史，如家史、校史、企业史等，常常由于资料保存困难或散在式地存在，使系统的研究工作非常困难，部分历史学者缺乏“采铜于山”的职业精神。抗战时期中华大学的校史缺失大概就属于后者。

现代意义上的大学只是在晚清新政时期才正式诞生，而且为数极少，它们的成长和发展与国家和民族的命运一样，曲折多舛，中华大学就是其中之一。

她诞生于武昌首义的革命烽火中，创建于1912年这个新的纪元。当年爱国实业家陈宣恺、陈时（1891—1953年，湖北黄陂人）父子变卖家产，捐资兴学，在武昌粮道街创办了中国近代第一所私立大学——中华大学，在中国近现代教育史上有荜路蓝缕的开创之功。中华大学以教育救国为己任，以振兴中华为职志，坚守“成德、达材、独立、进取”的育人理念，为社会培养了大批优秀人才，中共早期革命领袖恽代英、林育南、陈潭秋，“人民诗人”、著名作家张光年（光未然），著名经济学家王亚南等就是其中的杰出代表。但是，1937年日寇的铁蹄踏破中华大地，随着武汉的沦陷，中华大学不得不背井离乡，于1938年西迁重庆，在抗战的烽火中坚守了八年。那时，中华大学办学条件异常艰难，但师生员工迎难而进，艰苦奋斗，使教育与学术薪火得以延续。但是，艰难到什么程度？他们又是如何维持的？战争烽火中的中华大学具有什么样的办学特色？教职员工的生活状况如何？……带着这些问题，满怀对中华大学特殊的情感，笔者细读慢品了《抗战烽火中的中华大学》。全书凡七章，在简要叙述中华大学创校概况后，作者从西迁过程、办学经费、教学工作、学校生活、国立化努力等方面铺陈了抗战八年中华大学的办学面貌，最后以“私立大学与战时高等教育发展”收笔，将中华大学的“小历史”融入抗战建国的“大历史”中。作为一名服务于赓续中华大学学脉的华中师范大学的教师，读完书稿我印象深刻，获益与感慨亦良多。

该书清晰地勾勒出了1938年到1946年间中华大学西迁重庆的经过及八年间艰难的办学历程，一定程度上还原了这段多少有些模糊的“小历史”。中华大学的西迁之举，被迫中带着仓促，先短暂停留宜昌，再迁重庆米市街，但米市街无米，中华大学可谓备尝艰辛，通过寻求国民政府支持、向工商界募捐、公演募款、向银行抵押举债等方式艰难维持，得以使教学工作渐入正轨，校园生活从无序重回有章。在日寇的轰炸中，中华大学保持正常招生，同时接收了大量由沦陷区辗转到达重庆的其他大学的借读生、转校生，中华大学坚持日常教学，聚天下英才而教之，为有志于以学报国的青年才俊提供了难得的学习机会。在重庆的八年，中华大学学子把青春热血融入抗战的烽火中，联名签署“抗敌公约”，以身践行，始终在谋求国家和民族解放、复兴的大业与伟业中寻求自身的生存与发展。

为了尽可能地复原中华大学在重庆八年间的办学史，作者查阅、爬梳了重庆档案馆的档案文献和华中师范大学档案馆收藏的中华大学全宗档案，使这段历史建基于可靠的史料上，值得称道。但是，史料不等于史学，丰富的史料可以使读者知其然，但只有史学才能使人知其所以然，在这方面，该书还有一定的提升空间。

在国家与民族灾难深重的岁月里，辗转西部，弦歌不辍的高校又何止中华大学一家呢？华中师范大学的另一前身华中大学也在武汉沦陷后西迁云南大理喜洲镇，华北沦陷后到云南办学的北京大学、清华大学、南开大学联合组建了西南联大，西迁西安的北平大学、北平师范大学、北洋工学院等联合办起了西北联大。这些西迁的大学，在极其艰难的条件下坚持办学，保存了中国近现代大学教育的火种，形成了中国高等教育绵延不绝的学脉，培养了一大批优秀人才，为抗战救国和战后建设作出了巨大贡献。如果说抗战时期中国大学的西迁是一幅波澜壮阔的历史画卷，那么，构成这幅画卷的就是像西南联大、西北联大、中华大学、华中大学这样一个个局部画面，任何局部画面的缺失，必将影响画卷的完美！

昔日之学子乃今日之校友，当他们为学子时，把最美好的青春年华印刻在母校的教学楼、图书馆、运动场、宿舍、食堂乃至于母校的一山一水、一草一木中，母校是他们事业发展的原点与基石。毕业后，他们成为校友，把自己的聪明才智奉献于社会经济、文化教育的发展，并成就了个人的事业。校友感恩母校，母校一如既往地关注着每一位校友。重庆的华师校友会把这种感恩汇聚到抗战烽火中的中华大学的史料发掘、打捞与解读上，并致力于中华大学重庆旧址的保护，寄望助力重庆高校的“双一流”建设，情深意美！理解历史是为了更好地参与历史，走进历史是为了走出历史。读完书稿，我对重庆校友会编撰《抗战烽火中的中华大学》的初衷又多了一层理解。

写到这里，我不禁对“清苦的教育家”陈时先生又多了一份敬重！他身上崇高的民族气节，坚强不屈的品格，矢志不渝的精神，有很多值得我们认真总结。譬如，作为一所私立大学，中华大学在动荡不安的年代里是如何做到“四须”的？即“须仗政府之维护”“须受社会之扶持”“须同事能和衷共济”“须学生之爱护”。又如，民国初年，随着高等教育的逐步发展，大学之间的“挖人”现象并不鲜见，但中华大学“且有他处以巨薪高位罗致，愿共甘苦而不去者”，为什么教师能在利益与权力面前坚守在中华大学的教职岗位上？提出这些问题，不是苛求作者，毕竟这部书稿只是探讨中华大学西迁重庆的八年办学史，但求索上述问题的答案却是中华大学赓续者们义不容辞的责任。华中师范大学继承了华中大学、中华大学、中原大学三校的学统，融中华传统文化、西方优秀文化与近现代革命进取文化于一体，守正创新。再过两年，华中师范大学就将迎来 120 周年校庆，较之规模宏大的庆典，系统总结 120 周年的办学历程，提炼并丰富我们的大学精神，或许是更有意义的校庆！

在这个意义上，本书的出版即是献给华中师范大学 120 周年校庆的一大厚礼！是为序！并以此表达对著者的感谢！

（写于 2021 年）

（附记：《抗战烽火中的中华大学》，赵国壮，刘泽武著，重庆出版社 2023 年出版。）

解构清代藏区地方权力运行之谜

——《清朝循化厅藏族聚居区之权力机制》序

人总是生活在特定的环境之中，并与环境相互作用，形成一种生活方式，随着时间的推移，这种生活方式往往积淀为一种地方文化。环境不同，人与环境相互作用的方式也就不同，于是就会形成各具特点的地方性知识体系。地方性知识体系反映在经济上，就会有生产模式反映在文化上，则有宗教信仰与风俗习惯的地域化；反映在社会上，不免就出现了社会规范与社会结构的差别。凡此种种，就产生了区域经济、区域文化、区域社会等。虽然在不同的学科中，区域的地域范围有别，考察的尺度不同，区域也有大小之分，但总的来说，有关区域的概念均体现了空间上的差异性。中国幅员辽阔，环境复杂，族群众多，信仰各异，区域性表现得尤为显著。因而在历史学中，区域研究不但体现为一种史学观念，也构成了一种不可或缺的研究方法。章开沅先生曾指出："中国是一个幅员辽阔、人口众多、历史悠久而且各个地区经济发展极不均衡的大国，如果不认真通盘规划、分工合作开展区域社会经济史研究，就很难为整个中国社会经济史的研究提供坚实可靠的基础。"① 他强调的正是区域史研究的重要意义。

中国西北的甘青地区，黄土高原与青藏高原相连，农耕文明与游牧文明相接，自古以来就是众多族群活动的疆场与迁移的走廊。至清代初期，这里已经

① 章开沅：《章开沅文集》（第八卷），华中师范大学出版社 2015 年版，第 413 页。

形成了汉、回、藏、土、蒙古、东乡、撒拉、保安、裕固等众多族群大杂居、小聚居的基本格局。如果单纯从自然条件与生产水平上考虑，清代甘青不仅在政治上近乎一个整体，在经济上也可视为一个区域。然而言及文化与社会，就不能忽视宗教信仰与社会组织的差异，族群间与宗教间的差异自不待言，即便是在同一宗教之内，也存在激烈的竞争与分歧，如伊斯兰教内部存在老教与新教之争，藏传佛教格鲁派内部不同寺院集团之争等。因而，在甘青藏族聚居区社会的研究中实有必要缩小区域尺度，将研究对象放到显微镜下加以放大观察，进行具体而微的分析。唯有如此，才能真正进入这些族群区域社会的深层结构中，把握其社会特点，了解其宗教、社会冲突的本质。正因如此，杨红伟所著《清朝循化厅藏族聚居区之权力机制》一书，在历史与现实两方面都具有重要意义。

我自2004年受聘为兰州大学“萃英计划”讲席教授，除为研究生系统讲授中国近代经济史研究、经济史理论与方法课程外，连续几年在红伟陪同下奔赴藏区考察观光。一路上所见景观，让我印象最深的就是清真寺唤醒塔顶的银光闪烁与藏传佛教寺院佛殿的金光璀璨，宗教在西北少数族群社会中的浓厚气氛及其在社会生活中的深刻影响让人感叹。当时，红伟正致力近代西北社会经济史与抗战时期西北开发思潮研究，并有若干篇论文发表，于是，我们就宗教对西北社会经济的影响问题进行了讨论。不料言者无意，听者有心，一路上的闲聊竟然导致他转变了研究方向，他还提出，西北地区族群社会与宗教社会的特点，决定了只有在对各族群的族群性与宗教性有所把握的前提下才能对其经济活动进行合理的解释。我当时就表示认同，并从他的交谈中深受启发，希望他以此作为自己近期研究的选题和深入研究近代经济史的前奏。

红伟本科时期就读的兰州大学历史系，承继了顾颉刚、张舜徽、史念海、赵俪生等老一辈史学家的优良治学与育人传统，学风甚浓，教风严谨，他在这里接受了良好的史学训练。之后他在王劲教授、王希隆教授的指导下先后攻读历史学硕士和民族学博士学位，因而能够真正将历史学、社会学与人类学的理论与方法结合起来探讨历史时期少数族群区域社会的社会网络与社会结构。他选取清代循化厅藏族聚居区作为个案，以扎实的实证研究为基础，发现了部落社会制度与政教合一制度既有研究的不足，提出了区域社会权力运作机制的概念，从而将社会网络中的各种权力看作是互相关联的有机整体。2006年章开沅先生至兰州大学讲学时，曾对红伟的这一研究思路给予高度赞赏，并结合一些国外史学研究的案例，谈了深入研究的可能性与方向。

红伟广泛涉猎社会学与人类学的权力理论，较为系统地阅读了马克思、韦伯、涂尔干、罗素、福柯、布迪厄、哈贝马斯、吉登斯、哈耶克等人的经典理论著作，在批判吸收的基础上，凝练出包括知识→资源→权力→符号→权威→秩序在内的诸层次递进的分析逻辑，保证了全书的科学性与内在一致性。他又旁及宗教学、藏学、神话学的相关理论与方法，坚持以地方性知识理解区域社会，以宗教教义理解宗教社会现象，以族性解释族群社会行动，以现场感解释宗教仪式，使其研究既忠于历史真实，又能从新颖的视角提出新颖的见解。他认为清代循化厅藏区的部落权力、宗教权力与国家权力等三种基本权力形成的特殊权力运作机制，在区域社会的知识体系与社会秩序之间起着纽带作用。三种权力以得到价值确认的资源为基础，并以知识特别是符号资本的制造作为竞争手段，以争夺在权力结构中的优势地位；三种权力知识的社会化程度差异，特别是其与地方性知识的相容与改造能力，决定了藏传佛教的宗教权力在区域社会中的优势地位，部落权力的基础地位和国家权力的尴尬地位。这一理论分析过程，通过历史事件动态展示，细细品来，让人耳目一新。

作者多学科的学养与扎实的史料，可以说是本书形成诸多特色的主要原因。通读下来，读者会发现本书直接引用之参考文献数量非常可观，书籍有250种，论文70篇，档案则有177卷之多。此外，据我所知，红伟为写作本书，在史料搜集和田野调查方面颇下功夫。仅青海省档案馆收藏的清代循化厅档案，他就以半年多的时间手抄了40余万字。他前后10余次至甘肃省夏河县、合作市、玛曲县，青海省循化撒拉族自治县、同仁县、泽库县、河南蒙古族自治县，进行田野调查。我们有好几次通电话，他不是在藏族聚居区寺庙访问活佛，就是在深入藏族聚居区的途中，其用心之苦和用力之勤于此可见一斑！

言及于此，我当年在藏区与红伟切磋讨论时的情景，仍历历在目，仿佛如昨日。红伟史学功底好、领悟能力强，思维敏捷，前途可期，我期望并相信他能在对藏族聚居区族群性与宗教性深入把握的基础上，继续研究，写出一部能够体现藏族聚居区族群与宗教文化特点的经济史来。

是为序！

（写于2012年）

（附记：《清朝循化厅藏族聚居区之权力机制》，杨红伟著，高等教育出版社2015年出版。）

一言一行皆关情

——《师生情缘录》序

桂子山不高，但“山不在高，有仙则名”，她不仅是一座大树参天、林木茂盛的山峰，更是一座人文荟萃、名师辈出的高峰！桂子山因华师而闻名遐迩，华师因其百年底蕴而深沉厚重，大师、大树在这里相映生辉！桂子山上印满了华师人的足迹！匆匆而来，又匆匆而别的一届又一届学子们在桂子山留下了奋斗的青春足迹，他们从这里振翅远飞！从满头青丝到华发白头的园丁为了“后浪”的成长而甘当铺路石，他们在华师留下了人生的轨迹，他们将自己的青春和智慧奉献给了三尺讲台，将自己的爱心献给了学生。吴满珍老师就是其中一位，她从华师毕业，又在华师从教，直至退休。摆在我面前的这本《师生情缘录》就是吴老师一辈子教书育人的留痕！这些留痕由她从教 40 多年来所教过的函授生、专科生、本科生、硕士生及其家长的信函组成，无论是文学专业的学子，还是公共课上的其他专业的学生，抑或吴老师自己的研究生，他们回忆起吴老师教授大学语文、文学欣赏与写作、文学概论、文学名篇解读这些课程或吴老师指导他们学位论文让他们获得知识的增进、智力的开发和心灵的升华时，那种肯定、那种欣喜、那份感恩是对一个教师工作价值最难得，也是最可信的评判，这些也是一道道的深深烙印！

坦率地讲，我与吴老师交往不多，当初我投票同意《师生情缘录》作为华师出版基金资助出版的图书之一，并不是因为它有什么重大的学术意义，而是它为桂子山留下了一道由师生情缘构筑起来的亮丽的风景线！其他委员或许也抱持同样的想法。我匆匆浏览完这本 30 余万言的《师生情缘录》，脑子里浮现出三个字：爱！善！真！吴老师和她的学生之间的师生情像绵延了数十年，大概也是缘于这三个字。

武汉高校众多，“爱”似乎成了华师的标签，坊间传言“爱在华师”！此言不虚。大学不仅是学术的金字塔，更应该是爱的圣殿，华师秉承了中华传统文化中的仁爱之道，吸取了西方近代文化中的博爱之基，形成了“博雅、博学、博爱”的华师文化。因此，华师的爱，是人间的大爱，作为一所师范大学，华师不仅注重知识的传授，更加重视爱的传递。教师对学生的爱就是一种大爱，无论是早年的“老”学生，还是近期的“小”学生，吴老师一如既往地倾注了自己全部的爱，她“爱生如子”。学生对吴老师也不吝赞美之辞，有的将她视同“慈母”，有的满含深情地称她为“吴妈妈”“老师妈妈”，有的将遇见吴老师的日子视为“最美的时光”，有的将她比作“心中的一首歌”。我看到，学子们赞美之词的背后，何尝又不是吴老师累积起来的对学子们的爱！学生将吴老师的点滴之爱记在心间，写在纸上，不厌其详：“导师在生活上对学生亦十分关心，她由此得到了‘老师妈妈’的称号，享誉华师。她经常召集学生一起吃饭，有时在食堂定包间，有时在家里下厨房。席间，她总是忙着给大家夹菜，生怕有人吃不饱，学生临走时，还不忘让他们打包带回去再吃。过端午时，她会把香喷喷的粽子、盐蛋带到学校，让学生们在分享食物的过程中品尝到浓浓的节日滋味。一次，得知某学生缺钱，她毫不犹豫借出一大笔钱，帮助该学生渡过了难关。”

爱并非人类所独有，但人类之外的爱，多是一种自然本能，只有人类的爱才是一种善意的表达和自觉。善是一种境界，是一种为人处事的至高至美原则，也是教师应该传递给学生的一种情怀！每当学生毕业时，我常常告之以八个字：与人为善，于事善为！吴老师则是以行为诠释着善、传递着爱。吴老师对学生的关爱无微不至，学生生病，她将感冒药送到病床前。偏远之地学生买不到的书，她买了给寄去。身处困境、心在困惑中的学生总会得到吴老师的安慰和鼓励，学生结婚生子，也会收到吴老师一声温馨的祝福！“人之初，性本善”，人与人之间本应以善相待，以诚相见。但总有人在刻意玷污，甚至亵渎这种“善”。教育应该纠偏，教风应该引导世风，吴老师在践行着一个教师的崇高职责！

吴老师对学生的关爱不是对个别学生的特别关照，而是对一群学生的普遍关怀，不是一时的特殊照顾，而是一种长情相伴的日常行为。没有真诚之心，没有高尚的情操，没有既教书又育人的使命感，她是很难数十年如一日把关爱送给每一位学生的。陶行知先生曾说："千教万教，教人求真！千学万学，学做真人！"一个真正的人，是一个敢于追求真理的人，更是一个热情正直的人！吴老师一辈子践行陶先生的教育理念，她在自序中说，"我的做人理念和教学理念是一致的，那就是学知识得先学做人，教知识得先教学生怎么做人"。学生不仅仰慕她的满腹才学，更喜欢吴老师这位"真人"："吴满珍教授——我们的吴妈妈——真的是一名难以多得的人生导师和榜样！"

吴老师的课自然是很受学生欢迎的，有学生回忆说，"一般老师上课总要点名，而吴老师上课是不用点名的，因为教室里座无虚席"。她把上课看得比天大，哪怕受伤了还没好利索也要拄着拐杖给学生上课，对学生的指导也是极其严格的，有学生既感佩又惭愧地说："吴老师竟挑出标点符号使用不规范、用词不准确和问题设置不合理等错误，当时的我既失落又敬佩。这符合吴老师的一贯作风——对学术求实细致，对学生严格耐心。"当然，这些在吴老师看来，只是一个教师的本分。

作者在自序中引用了泰戈尔的一句哲理名言："天空中没有留下鸟的痕迹，但我已飞过。"鸟虽不留痕，但它是为了飞向美丽的远方！中国民间也有一句俗语，"雁过留声，人过留名"！个人终究只是这个星球上的匆匆过客，但是为了人类文明进步而付出的爱与善，将永远留在后人的心中。在这一点上，华夏子民与印度哲人异曲同工地表达了同样的理性。其实，行者皆有痕，有的人有痕似无痕，有的人无痕胜有痕，吴老师属于默默奉献的后者！

吴老师索序于我，我不敢当，只能拉拉杂杂地写下这些读后感，以此表达对吴老师和像吴老师一样在三尺讲台上勤勤恳恳、兢兢业业的华师老师们的一份崇高敬意！

（附记：《师生情缘录》，吴满珍编，华中师范大学出版社 2021 年出版。）

让班级成为演绎生命的精彩舞台

——《我的班级故事》序

如果说家庭是人生停靠的港湾的话，那么，班级无疑是人生出发的起点。当一个孩子迈开脚步，走进幼儿园小班时，他或她的人生也就正式开始了，之后，从中班到大班，从小学一年级到六年级、从初一到初三、高一到高三，再到大一、大四，人生中有许多时光便是在学校里的班级中度过的。我出生在20世纪六十年代初，当时三年困难时期虽已结束，但饥荒依然没有远去，能够活下来已属万幸。因此，我没有上过幼儿园，其实那时的农村也没有幼儿园，我的幼儿时光是光着脚丫与小伙伴们在乡村的田野上度过的。我的班级生活是从小学开始的，记得到学校报名时，班主任老师问我爸爸叫什么名字？我说不知道，那是真的不知道。在我们乡下，孩子询问父亲的名字或与别人说起父亲的名字，那是不尊重长辈的不孝之举。大约在我上小学二年级时，为了逃避饥荒，我们全家从黄陂塔尔公社（今黄陂木兰乡）迁移到黄陂六指公社，那里田多人少，在农村人民公社制度下可勉强得一温饱，我也因此转学到异乡。人在异乡为异客，一下子进入一个陌生人社会，遇到“欺生”是难免的，幸运的是，我进入了一个友爱、温馨的班级，班主任胡中秋老师待我很好，加上我天性胆小、乖顺，颇得老师喜欢。语文课上，我听讲十分认真，跟着老师的引导，积极举手发言，胡老师也经常给我机会，渐渐地，我的语文考试成绩常常高居班级第一，作文也经常被老师当作范文在班上朗读。多少年过去了，小学生活在我的人生中打下的深深印记，一辈子都难以忘怀。

感谢新民教育研究院组织编写《我的班级故事》，这本书一下勾起了我的这些美好回忆。他索序于我，我欣然应允，是因为在这些年新民教育研究院默默地为校园文化建设做了大量有益的工作。据我所知，由该院创办的“中国班级文化论坛暨班级管理研修班”已经连续举办了六届（期）。该活动的意义在于从文化建设视角来探讨班级管理，将之从经验层面上升到理性高度。因此，新民研究院设立课题研究项目和学术交流项目，开办专题论坛，不能不说是颇富深意的创新之举。在组织论坛和研修班的过程中，新民教育研究院等单位积极组建面向基础教育的学术研究团队，构建学术研究与学术交流的平台，聚焦班级这个十分重要的“文化生活地带”，结成班级文化建设的学术联盟，其工作深受广大教育同仁的认可和支持，也产生了广泛的影响。

《我的班级故事》一书就是班级文化论坛的结晶。论坛从第五届开始，设立“我的班级故事”演讲比赛，从全国各地征集演讲稿 600 多篇，并从中精选 140 篇结集为《我的班级故事》公开出版。该书对做好班级管理，开展班级文化建设，具有十分重要的借鉴作用。这些班级故事都是教育战线上的特殊群体——班主任们鲜活的工作记录，涉及面广，内容丰富，感染力强。有的关乎班集体荣誉，有的关心学生心理，有的留意留守儿童，有的深入挖掘家风家教，有的连接社区社会，一篇篇是那么感人，那么令人揪心，读后或令人会心微笑，或令人捧腹大笑，或令人潸然泪下，或令人掩卷沉思。通读全书，让人受益良多。

首先，班级文化的基础与核心是“爱”。苏霍姆林斯基说过，没有爱就没有教育，这是对教育本质的经典表述。爱是教育的灵魂，也是班级文化的核心，热爱学生是教师职业生活的一项重要内容，爱是化解学生心理问题的灵丹妙药，爱是帮助困难生的最好办法，爱也是教师不厌其烦地传授知识、教授方法的不竭动力。教师对学生的爱是最无私的爱，同学之间的爱是最纯真的友情，人们常常将这种同学情谊称之为同窗之谊。全书收录了 140 个故事，也汇聚了 140 份爱心。故事中呈现的爱既有老师对学生的挚爱，也有学生对老师的热爱，更有同学之间的友爱，每一个故事，无不是对爱的演绎。

其次，要充分重视班级文化在校园文化建设中的重要地位。家有家风，良好的家风有利于孩子的成长；同样，校有校风，健康向上的校风有助于每一位学生的成人成才。校风建立在班风基础上，班级文化是学校文化的基石。班级是学校最基层的建制单位，班级文化是学校文化的重要组成部分，也是学生日常生活中感知最深、影响最大的组织文化。学校文化依靠班级对每一位同学产生影响，只有每个班级都有文化，才能形成丰富多彩、万紫千红的学校文化。

当然，学校文化不是班级文化的简单相加，而是对班级文化的提炼、升华。

再次，班主任在班级文化的营造与建设中发挥着关键作用。班主任是班级文化建设的策划者与实施者。班主任是离学生日常生活最近的老师，学生离开母校后的同学会总是以班级为发起单位，难以忘怀的总是他们的班主任（大学为辅导员）。建设什么样的班级文化，怎样建设班级文化，取决于班主任的价值观念和创造精神。在班级文化的建设过程中，班主任应该秉持学生中心观，一切以学生的生命成长为本，培养学生的自我认知能力、自我管理能力和适应现代社会公共生活的合作精神。

愿更多的班主任和更多的教育同仁都来关注班级文化这个重要的话题，都来研究班级文化这个重要的课题，用行动写好、用语言讲好每一个班级的"故事"，共同谱写校园文化的美妙乐章。

（附记：《我的班级故事》，钱昌炎主编，长江出版社2017年出版。）

积极营造进取向上的班级文化

——《班级文化概论》序

刚读完湖北新民教育研究院组织编写的《我的班级故事》（长江出版社，2017 年），并以《让班级成为演绎生命的精彩舞台》为题写了一篇读后感，权且充序。《我的班级故事》将一个个鲜活的故事汇聚起来，织成了绚丽多彩的班级文化系谱。我在这篇感言中提出，愿更多的教育同仁都来关注班级文化这个重要的话题，都来研究班级文化这个重要的课题。没想到《班级文化概论》（以下简称《概论》）这本书稿这么快就出现在笔者的眼前。

说快也不快。三年前的一次偶遇，就听湖北新民教育研究院的刘勇、赵家明等学者提起过想编一本班级文化建设的教材用于培训中小学班主任老师，可见他们早有谋划。参与编写该书的作者，有北京四中的高杰博士，有作为上海浦东新区优秀教师赴美研修的上海建平实验中学的孙伟箐老师，有参与过人民教育出版社《道德与法治》教材编写的武汉市解放中学的特级教师吴又存，有华中师范大学第一附属中学的武汉市优秀班主任沈胜方等。他们既有较高的理论素养，又有中学一线教学经历，因此他们的撰述理论与实践经验相得益彰，非常接地气。

首先，该书以习近平新时代中国特色社会主义思想为指导，理论基础厚实，学理性强。广义上讲，文化是包括物质文化、制度文化、精神文化等在内的人类创造性活动的产物。文化环绕在人们周围，人类文明的进步也离不开先人所创造的文化成果，并不断进行着新的文化创造。班级虽小，但同样承载着文化的方方面面。《概论》的总体框架涉及班级文化建设总论、班级精神文化、环境文化、制度文化、组织文化、活动文化等方面，集中反映了中小学进行班级文化建设的实践经验和成果，也回答了中小学班主任老师迫切需要理清和理解的问题：如何建设良好班风学风、如何“以文化人”、好班委是怎样炼成的、如何科学进行班级冲突管理、如何设计与组织社会实践活动、互联网条件下如何进行家校互动等。弄清楚这些问题，对于提高中小学班主任的理论思维能力，丰富班主任的创新思维能力，指导班主任进行班级文化建设，具有重要的意义。该书在班级文化理论创新方面做了积极的尝试。例如提出了“班级认同”的概念，论述了班级认同的内涵、表现、价值作用以及培育班级认同的措施与建议。这对于班主任强化学生的班集体意识，增强班级的凝聚力和向心力，振奋班级精神，激发学生搞好学习与提高素养的动力，都有促进作用。

其次，《概论》直面现实，富有批判性和建设性。对于一些容易忽略的教育细节，做了提醒与剖析，便于读者阅读后举一反三。例如某小学一位青年女老师给自己的班起了一个叫“梦幻城堡”的文化班名，并给“梦幻城堡”配上了童话般浪漫的图画。她对孩子们说，这个“梦幻城堡”就是我们的“领地”，我们在这个城堡里生活，就要有规矩。我们每个同学都是这个城堡的“国王”……这位班主任的出发点、文化创意无可非议，这样的班名富有童趣，也会激发孩子的想象与好奇心，应该说没什么可挑剔的。但是这里面有没有问题值得商榷呢？欧洲城堡是人类文化遗产，有极其宝贵的历史文化价值。但是城堡、领地、国王等概念，则有明显的封建色彩，与平等、自由、开放、包容的时代精神相悖。孩子们也许不知道“领地”“国王”的抽象意含，但它们一定会在每位孩子心中留下挥之不去的痕迹。作为老师，要深刻认识“城堡”的文化内涵，在运用时保持一份清醒。又如，学生在制定班规时可能会提出诸如做清洁、中长跑、擦黑板、抄写生字词等处罚措施，来处理违反纪律的同学。在实践中上述措施的确会起到一定作用，但其负面影响也是显而易见的。因为这样做，会使学生误认为劳动或体育锻炼等是耻辱的事情，所以这些也需要老师们进一步深入研究。再如，在某初中田径运动会入场式上，有个班高喊“天行刚健，志在拿云，傲视群雄，唯我独尊”的口号通过主席台。这句口号的最后一个词“唯我独尊”就不合时宜。因为“唯我独尊”是封建意识，不符合平等、包容的时代精神。因此，政教处、班主任此前应当对学生的班级口号把关，指导学生运用传统文化时要注意取其精华弃其糟粕，避免出现价值导向不正确的口号。

再次，《概论》一书中的许多案例生动有趣，兼具可读性与实用性。例如班级制度文化建设，似乎是一件非常严肃的事情，有些班主任却能寓教于乐。例如某小学二年级的班主任根据学生学过的一篇课文，在班上开辟了一个“青蛙看海”的评比专栏，鼓励孩子们学习小青蛙，在学习的道路上一步一个台阶，得到一周的“常规之星”就能往上跳一格，等跳到了山顶就能领一个奖品，学生的积极性非常高。又如，如何抓好班风学风建设，对于“学困生”较多的班，班主任该怎么做？编者介绍了一位高中政治教师的做法：这位教师用“放大镜”找学生的优点，用“十字镐”挖掘学生的潜能。原来被其他老师们认为是“四大金刚”的学生，他激发他们的学习兴趣，赋予他们“时政三剑客”“七彩葫芦娃”的称号；几位做作业认真、独立思考的女生，他称她们为“荷花女生”，还分别写了“诗歌”给她们点赞……结果学生非常喜欢上政治课，班上的学风有明显好转。该书密切联系当代班级文化建设的实际，提供了班级文化建设规划实例、班级公约实例、班委会的班级管理综合积分量化评分细则、小组活动学习法实施模式等，这些便于班主任老师学习和借鉴。

此外，该书的第九章专门介绍了作者亲历的美国、泰国中小学的班级文化建设概况。这对于开阔教师班级文化建设的国际视野，理解不同文化背景下班级文化建设的内容、形式与发展趋势，加深对多元文化的认知、理解与辨析，进一步增强班级文化建设的自觉与自信，都有积极作用。

班级是学生成长的第一个“社会”，是其重要的、后天的成长环境，因此，班级文化的建设就显得格外重要。班级文化犹如空气和水，人离不开空气和水，但只有无污染的空气和水，才有利于身体健康，同样，只有积极进取的班级文化，才有利于孩子们的心灵健康。愿《班级文化概论》一书能够为广大的教育工作者，尤其是班主任们营造优秀的班级文化助一臂之力。吾信吾之所愿！

是为序。

（写于 2018 年）

（附记：《班级文化概论》，张爱群主编，华中师范大学出版社 2018 年出版。）

后记

呈现在读者面前的这本小册子，不是一部严肃的学术论著，但仍然是我围绕专业和职业领域的若干思考，这些思考得益于阅读。我读老师的书，读学生的书，也读身边的人，故将本书名之为《读书与读人》。职业使然，我读了一辈子的书，但回过头来一想，其实也没读多少书，中文书籍汗牛充栋，外文书籍浩如烟海，它们都是人类文明的宝贵财富，穷其一生，能够读到的只是九牛一毛，甚至用“九牛一毛”来形容都有点夸大其词！古人云，书到用时方恨少，我则感叹，花甲之年惜无知！

人生苦短，如白驹过隙，转眼便到耳顺之年。从学习怎样读书，到开始读书，再到教学生如何读书，我庆幸自己一辈子能够与书打交道。虽然人生中有 14 年的时光从事学校管理工作，耽误了读书的工夫，但却丰富了我的人生体验，更重要的是让我学会了读人。读人比读书难得多，读书需要透过文字领悟字里行间的微言大义，真正读懂一个人则需要透过外在的表现直达其内心世界，这个难度大概超过了读书。

在收集、整理与编辑书稿的过程中，我指导的博士生朱勇，硕士生卢鸿源、符育宁等同学做了大量的核对、校对工作，出版社的陈兰枝副编审不仅功底扎实，工作也十分认真，她在初审时提出了很多很好的修改意见，付出了大量辛劳。本书的出版还得益于华中师范大学出版社廖卫鹏书记、周挥辉社长、刘从德总编等领导的鼎力支持。谨记于此，以示谢忱！

作者

2023 年 3 月于武昌桂子山